# 使命的力量

## 知名企业家谈创业

向祖国献礼的作品

共好芷菁创作团队 主编

中山大学出版社
·广州·

版权所有　翻印必究

图书在版编目（CIP）数据

使命的力量：知名企业家谈创业/共好芷菁创作团队主编．—广州：中山大学出版社，2019.6
ISBN 978-7-306-06588-9

Ⅰ.①使…　Ⅱ.①共…　Ⅲ.①企业家—生平事迹—中国—现代　Ⅳ.①K825.38

中国版本图书馆 CIP 数据核字（2019）第 041038 号

SHIMING DE LILIANG ZHIMINGQIYEJIA TAN CHUANGYE

| 出 版 人：王天琪
| 策划编辑：吕肖剑
| 责任编辑：罗雪梅
| 封面设计：若　华
| 责任校对：袁双艳
| 责任技编：何雅涛
| 出版发行：中山大学出版社
| 电　　话：编辑部 020-84111996，84113349，84111997，84110779
|　　　　　发行部 020-84111998，84111981，84111160
| 地　　址：广州市新港西路 135 号
| 邮　　编：510275　　传　真：020-84036565
| 网　　址：http://www.zsup.com.cn　E-mail：zdcbs@mail.sysu.edu.cn
| 印 刷 者：广州市友盛彩印有限公司
| 规　　格：787mm×1092mm　1/16　16.625 印张　300 千字
| 版次印次：2019 年 6 月第 1 版　2019 年 6 月第 1 次印刷
| 定　　价：98.00 元

如发现本书因印装质量影响阅读，请与出版社发行部联系调换

# 编 委 会

主　任：王辽东（景辰）

副主任：梁芷菁　陈思言　龚春燕　温雁冰　刘　娜
　　　　张琳琳　何胜强

委　员：马介璋　黄　鸣　卫泯君　褚慧诗　梁惠明
　　　　何嘉丽　乔　方　旷　玲　燕　军　郭庆彬
　　　　徐　兰　龚元庆　王景辰

共好芷菁创作团队
左起：梁芷菁女士、王辽东先生、黄词瀚先生、刘娜女士

# 序　　言

近年来，中国作为世界第二大经济体正在释放前所未有的活力，中国特色社会主义已进入一个新时代。企业家与创业者作为社会主义市场经济的重要组成部分，是创新创业的宝贵人才，他们有着敢为人先的创新与开拓精神，这种精神也在慢慢驱动着中国经济的历史性转型。在这个信息大爆炸、碎片化的时代，现代企业的竞争不仅是技术信息处理的竞争，而且在产品创新、商业模式、运营系统、顶层设计等方面，也考验着创业者及企业家们的心力与商业思维能力。

《使命的力量——知名企业家谈创业》这本企业家故事集为当下迷茫的人们，特别是为在商海中打拼的人们，提供了一个可供参考的航标。辽东团队亲身走访了数百位各行各业的企业家及创业精英，从中遴选出佼佼者，使读者通过阅读他们的故事，了解改革开放以来我国商业的开拓者、经历者、见证者们是怎样在逆境中克服困难，奋斗出一番无愧于人生的事业的。

何为使命？在汉语词汇里，使命是指出使的人所领受的任务，应负的责任。阅读完一个个企业家的故事，笔者认为使命还有一个意思，就是一个强烈的目标或者召唤，一种为世人、为社会做贡献的强烈意愿。使命是企业家的心力的源泉。心力是一个人心灵宝藏的浓缩，是一个人去除"小我"、成就"大我"的动力。心力不仅决定一个人的生命能量，也决定一个人的心智模式与思维模式，而一个人所具有的心智模式与思维模式，反映了他本人的人生观、价值观与世界观。怎样才能拥有强大的心力？辽东老师的《心之力》已告诉我们答案。

一个人在成长环境中所经历的、所体验的，都会影响他的心智与思维方式，最终形成自己的信念与价值观。使命可以影响人的信念与价值观，一个人具有怎样的使命，其人生就会拥有怎样的思想、行为、习惯，拥有怎样的精神财富与物质财富。一个具有社会使命感的人，他可以拥有更大的能量、更高的智慧、更强的心力。众多优秀的企业家的心力模式中都具有"拥抱时代"、勇于担当的精神。

中国经济体强大的容量与活力也在牵引着中国商业文明的方向。新的时代属于我们这一代人，更属于未来的青年人。未来，国家与国家的竞争是企业与企业的竞争，是企业家与企业家的竞争，归根结底，是人才的竞争。而人与人之间的竞争，其实是人与人的心力与使命的竞争。

随着中国"一带一路"不断取得新进展，中国人及中国文化正在更深入地走向世界，影响世界。那么，在这个新时代，企业家如何找到自己人生的使命及企业的使命？正如辽东老师所说，"使命来自对世界、社会、人生的认知与自我的链接，使命是生命力的热情表达，使命是对生命意义的唤醒"，一个人只有找到自己生命的意义所在，才能找到自己的使命。

每个人来到这个世界上都有自己的使命，使命需要靠自己去觉知与唤醒。正如王阳明所说，人人心中都有个圣人，人人皆可以为圣人，而其关键是找到自己的使命。

如何找到自己的人生方向而不惑？如何在天地间安身立命？如何明心见性、悟后起修而得大自在？如何打造新时代内圣外王的企业家？想要知道答案，那就来阅读这本《使命的力量——知名企业家谈创业》。作为辽东老师的拍档，我真诚为本书作序，望方家多多指正为谢。

梁芷菁

2019 年 3 月 22 日

# 目　　录

**第一章　牢记使命，不忘初心** ………………………………… 1
　第一节　牢记使命，不忘初心——时代的力量之源 ………… 1
　第二节　价值观是生命的根基 …………………………………… 4
　第三节　"致良知"——打造内圣外王的企业家 ……………… 9
　第四节　人生第一大事是"立志"，企业第一大事是"使命" … 15
　第五节　事业力量之源——百技不如一诚 …………………… 18
　第六节　从"小人"变成"大人"的路径 …………………… 20

**第二章　创业维艰：创业者的故事** …………………………… 22
　第一节　世界铝制移动建筑的开创者
　　　　　——记"铝遊家"创始人邝辰道 ……………………… 22
　第二节　"打铁"匠人孙晖铨：因为专注，所以专业 ………… 31
　第三节　陈林：一介布衣的商业王朝 ………………………… 38
　第四节　严子杰："创二代"的梦想追逐之路 ………………… 43
　第五节　高山安可仰，光华耀深港
　　　　　——记佳宁娜集团董事局名誉主席马介璋 …………… 50
　第六节　走近"橙子"
　　　　　——你身边的智能脊椎理疗师 ……………………… 56

**第三章　拥抱时代：企业成长记** ……………………………… 60
　第一节　"龙"的传人，我的中国心
　　　　　——记美国首位华人市长黄锦波 ……………………… 60
　第二节　做"心净全净"的匠人
　　　　　——记皇明集团董事长黄鸣 ………………………… 63
　第三节　马申：天安云谷，未来触手可及 …………………… 71
　第四节　孙启烈：扎根特区，见证时代巨变 ………………… 78
　第五节　千亿企业，百年温氏
　　　　　——温氏人的"伊甸园梦" ………………………… 85
　第六节　"奶爸"农天懂，在寻常的行业一直不走寻常路 … 98

## 第四章 匠人精神 ………………………………………………………… 104

### 第一节 铸工匠之技，立师者之德
——中国职业教育的新使命和新价值 …………………… 104

### 第二节 善行天下，"信义"之城
——记信义集团（玻璃）有限公司董事局主席李贤义 … 115

### 第三节 金庸：侠之大者，为国为民
——记美食评论家查传倜 ………………………………… 120

### 第四节 学习只有一个目的
——记美国亚洲商会执行副总裁南一鹏 ………………… 125

### 第五节 "尚品宅配"开创中国式4.0商业模式
——记尚品宅配创始人李连柱 …………………………… 131

### 第六节 记大道链商中国部落创始人罗维 ……………………… 139

## 第五章 连接女性的力量 ……………………………………………… 144

### 第一节 坚守的赢家
——记清远国际酒店创始人冯丽梅 ……………………… 144

### 第二节 "香菲妃"陪伴沁雅的你
——记香菲妃品牌创始人何嘉丽 ………………………… 153

### 第三节 不走寻常路，绽放生命精彩
——记广东雅尔德律师事务所创办人孙蕴 ……………… 161

### 第四节 一花一世界，盛开的武夷琪玥皇菊
——记菊花仙子张松女 …………………………………… 167

### 第五节 连接女性的力量，专注"美的事业"
——记樊文花品牌创始人樊文花 ………………………… 172

### 第六节 我的美丽配送
——记诚亿集团总裁黄雅琴 ……………………………… 177

### 第七节 中国改革开放40年风云人物
——记深圳外商投资企业协会会长郭小慧 ……………… 181

## 第六章 蜕变成长——内圣外王 ……………………………………… 204

### 第一节 走进LED未来商业
——记中国LED工程商联盟秘书长曹立新 ……………… 204

### 第二节 德胜洋楼：打造"诚信无价"的管理体系 …………… 209

### 第三节 何享健的企业传承智慧 ………………………………… 213

第四节　龚元庆：心性教育，为孩子种下一颗内心强大的种子…… 218
第五节　性格心理学：解密好运，打开慧眼……………………… 231
第六节　徐氏中医：为中医寻找出路的人………………………… 238

**第七章　导航品牌，定位商业领袖**……………………………………… 243
第一节　让世界看见你
　　　　——新时代网红经济操盘手的传奇故事………………… 243
第二节　一切都是伟大计划中的一部分
　　　　——记深圳凯词金融控股集团董事长黄词瀚……………… 247

**结　　语**………………………………………………………………… 250
**参考文献**………………………………………………………………… 252

# 第一章　牢记使命，不忘初心

## 第一节　牢记使命，不忘初心——时代的力量之源

改革开放以来，老一代创业者正慢慢退出一线经营管理，企业家财富面临继承的问题，特别是民营企业家，面临家族财富传承、选择接班人的困惑：企业是由职业经理人打理，还是由子女接班？可能有人才培养上的困难，当然，还可能有子女不愿接班或不适合接班的情况。

相比较德国、美国、日本的企业，尤其是上百年传承与延续的企业，我们却没有可以借鉴的对象或学习的标杆。相比德国、美国等欧美国家完善的职业经理人机制和日本的长子继承或上门女婿继承制，我国民营企业财富如何传承下去，是企业创立者或经营者要去思考的一个重要课题。

在笔者看来，无论是欧美完善的职业经理人机制，还是日本长子或女婿继承制，他们的企业有的经营几十年甚至上百年，他们传承的不仅是现有的物质财富，还有一个共同的核心——企业的经营理念与使命。这是一种精神力量的传承，它不受时代技术变革，不受人事更替的影响，无论时代或人事如何变更，它都能跟上时代的脚步。笔者把它称为"使命的力量"。

2017年10月31日，党的十九大胜利闭幕仅一周，习近平总书记带领新一届中央政治局常委专程瞻仰上海中共一大会址和浙江嘉兴南湖红船，回顾建党历史，重温入党誓词，宣誓新一届党中央领导集体的坚定政治信念，向全党发出"不忘初心、牢记使命、永远奋斗"的伟大号召。参观结束后，习近平总书记说："上海党的一大会址、嘉兴南湖红船是我们党梦想起航的地方，我们党从这里诞生，从这里出征，从在这里走向全国执政，这里是我们党的根脉。"

习近平总书记强调："其作始也简，其将毕也必巨。"98年前，承载民族希望的小小红船，如今已变成承载13亿多中国人民希望的巨轮。习近平总书记说，只有不忘初心、牢记使命，团结一心、实干苦干、永远奋斗，才能让中国共产党永远年轻。只要全党全国各族人民团结一心、苦干实干，中

华民族伟大复兴的巨轮就一定能够乘风破浪、胜利驶向光辉的彼岸。①

早在 2011 年 5 月 9 日，习近平同志在贵州大学中国文化书院与师生座谈时就指出，王阳明一生真正做到了知行合一，他既是一个伟大的哲学家、思想家，又是一个伟大的政治家、军事家。同时，他还指出，王阳明心学是中华传统文化的精髓，是增强中国人文化自信的切入点之一。文化是一个国家、一个民族的灵魂。文化兴，国运兴，文化强，民族强。没有高度的文化自信，没有文化的繁荣兴盛，就没有中华民族的伟大复兴。

那么，我们如何领会习近平总书记关于文化自信的指示？

文化是人的思想、行为、习俗、精神财富、物质财富等的总和，也是一个民族的人生观、价值观、世界观等的总和。我们中华民族是世界上唯一一个文化源远流长且没有断流的国家——尽管历史上有外强侵入，但中华民族文化从未中断过，甚至还将外来文化融合起来。可见，文化自信源于中华优秀传统文化所蕴含的强大文化基因。

我们中华文化的人生观："修身、齐家、治国、利天下。"

我们中华文化的价值观："仁爱、平等、中庸、和谐。"

我们中华文化的世界观："世界大同，天下一家。"

这三个层次包含了我们中华民族的人生观、价值观和世界观，是我们中华民族的力量之源。作为当代企业家，我们处在一个伟大的时代，我们应该持怎样的价值观、人生观和世界观？我们应从何处学习？当代企业家唯有明确时代的使命，明确国家与民族的使命，才可能明确自己的使命，才能真正地拥抱这个时代，而这一切都要从"心"出发。阳明心学是中华文化的精髓，"致良知"是践行中华文化的有效途径，是我们的力量之源。

我们学习"致良知"，可以在"德"的层面唤醒良知，也可以在"道"的层面乃至在"心"的层面唤醒良知。对于广大党员干部，习近平总书记教诲大家在源头处即"心"上下功夫："身之主宰便是心"，"不能胜寸心，安能胜苍穹"，"'本'在人心，内心净化、志向高远便力量无穷"；在"道"上下功夫："爱之不以道，适所以害之也"，"传道者自己首先要明道、信道"；在"德"上下功夫；立德树人，以德修身，以德立威，以德服众。

国家的使命就是我们的使命所在，社会所需就是我们努力的方向，人民所求就是我们的价值的发挥之所。

我们要永远铭记习近平总书记的话："只有不忘初心，牢记使命，永远

---

① 参见新华社评论员《不忘初心　牢记使命　永远奋斗》，新华网，2017 年 11 月 1 日。

奋斗，才能让中国共产党永远年轻。"在以习近平同志为核心的党中央的带领下，中国人民创造了卓越成就，党风、正风、民风越来越风清气正，且与中华民族伟大复兴的中国梦同频共振，为实现这一伟大的历史使命提供了强有力的支撑。我们企业家要紧跟党中央的步伐，为实现中华民族的伟大复兴贡献自己的力量，将自己的使命和企业的使命融入国家与民族的愿景与使命中。党的十九大召开以后，企业家的信心更加坚定，使命更加清晰。

## 结语

中国企业如何做百年企业？企业家如何传承自己的企业？纵观百年企业，它们无不具有自己的使命与价值观，它们传承的也是自己的使命与价值观。作为当代企业家，我们适逢最好的时代，但同样也面临激烈的挑战和诸多发展困境。然而，企业真正的困局不并在于经济环境，而在于是否清晰时代的使命及企业的使命。无论是一个家族家风、家训的传承，还是一个企业使命与理念的传承，真正的传承传承的不是财富，而是文化精神。这是企业家在建立自己的企业使命与价值观、传承自己的使命与价值观时需要思考的问题。

## 第二节　价值观是生命的根基

**明确自己的价值观**

习近平总书记曾强调，如果第一粒扣子扣错了，剩余的扣子都会扣错。人生的扣子从一开始就要扣好。

何为价值？从哲学意义上说，价值是客体满足主体需要的一种关系。从经济学上理解，价值就是凝结在商品中的无差别的人类劳动。从心理学上来说，事物本身没有价值，除非你赋予它价值。什么是价值观？价值观是一个人对事物价值的观点和看法。价值观是对事物重要性的排序，找到序，找到那些你生命中最重要的、最不后悔的、最想实现的、最具有热情的东西，当你赋予它们意义时，你就找到了自己的价值观。

对于世上的人来说，凡事没有价值，所有的价值都是自己赋予的；凡事没有价值，所有的价值都是自己创造的。价值是在互动中感知的。例如，当你关心别人的时候，会感到自己是有价值的；当你尊重别人的时候，也会感到自己是有价值的；当你为国家、社会做出贡献时，会有荣誉感。再如，事业的成功，会让你产生成就感；团队中你说的话或你的意见被采纳，你就会有认同感；你为家庭做出贡献，受到爱戴时，会有归宿感……一个人走过的路及经历的一切事情，都与自己的价值观的维度有关。每一个价值观的维度背后都代表着一个价值规则。要提高思维的维度，提升信念的维度，就要提高自己的心力，并明确自己所持的是什么信念；信念不强，价值观也自然不会清晰。王阳明说的"志不立，天下无可做之事"就是这个道理。立志，就是立人生的方向。

人是一种讲价值的动物，会根据价值来决定自己的选择与行为。价值观是人生的指南针。如果一个人的价值观紊乱了，就如同一个人走在森林里，因为手中的指南针坏掉而失去方向。价值观紊乱，会造成对于一件事情的认知前后不一，自相矛盾。因此，我们只有明确自己的价值观，才能管理我们的行为。

价值观一直影响着我们生命的质量。在生命潜能金字塔中，价值观是一个人动力的能量。我们生命的质量主要取决于上三层（我们的世界观、人生观、价值观），上三层决定下三层（我们所处的环境、所具备的能力、所采取的行为），见表1。

表1　人的上三层决定下三层

| | | | |
|---|---|---|---|
| 上三层 | 使命 | 一个人动力的源泉（独特的贡献） | 世界观 |
| | 身份 | 一个人动力的表达（热情） | 人生观 |
| | 信念 | 一个人动力的能量（鼓舞） | 价值观 |
| 下三层 | 能力 | 一个人动力的技术层面（灵活度、能量级数） | 方法论 |
| | 行为 | 一个人动力的产物（创业精神） | |
| | 环境 | 一个人动力展开的背景（机会选择） | |

## 价值观与目标

价值观是人的生命的根基，我们应该如何做好价值观管理？首先要基于管理目标，目标是实现价值观的动力。例如，如果身体健康是我们的目标，那么，在这样一个目标的指引下，我们是现在就锻炼身体还是10年后再锻炼身体呢？一定是当下的决定，决定了10年后我们的状态。

当情况发生时，我做出了选择，采取了行动，产生了痛苦或快乐的感受，我便感受到我的价值。在价值观管理中，要学会做加法与减法。加法就是写出你想要实现的所有目标，减法就是在这些目标当中筛选出最重要的几个。例如，你有100个想要实现的目标，选择你认为最重要的10个，然后选择3个，最后再3选1，这个做法并不是要你摒弃其他想要实现的目标，而是做一个事情重要性的排序。同样，当你写下能为别人提供的10个需求时，你就会发现什么是你擅长的。

可见，价值观是有规则的陈述。有什么样的情况出现，就会采取什么样的行动，从而实现什么样的价值。我们可以通过对事物的选择来梳理出自己的终极价值观及工具型价值观。

（1）目前对于你而言，你最看重的是什么？
（2）这个目标实现了，对你而言意味着什么？
（3）如果达成了，你会怎样？

目标的设立需要考虑以下几方面：一是我的目标我做主，而不是别人要我达成什么目标。二是目标要容易达成，目标容易达成，才会有良好的价值感、成就感；离目标越近，就对自己越有信心。三是目标要有挑战性，有挑战性才能把自己的目标持续下去。四是目标是清晰的、可衡量的。以下是目标六问。

(1) 发生了什么，表明我的目标达成了？
(2) 为了促成我的目标的达成，我准备如何做？
(3) 我会运用哪些能力来支持我这个目标的达成？
(4) 在我的潜意识里，是什么妨碍或支持了我的目标的达成？
(5) 如果这个目标达成了，我会有不同吗？如有，会有怎样的不同？
(6) 我是为了什么要达成这个目标？

### 拥有强大的内心，拥有自己的价值观

改革开放以来，中国取得了令世界瞩目的伟大成就，成为世界第二大经济体，中国奇迹是很多经济学家、政治家、哲学家研究的课题。世上没有任何一种模式、任何一条路径可供中国参考，因此，中国模式是世界上独一无二的。中国"摸着石头过河"的强大力量是什么？今天，中国蹚过改革深水区，靠的是什么？靠的就是社会主义核心价值观，它指引中国坚定地走自己的发展道路，创造伟大的成就，"因为它是以人民'幸福指数'为目标，不但符合世界现代化建设的新潮流，也是中国共产党人的追求，人民的福祉体现了社会主义的真谛"[①]。

中国共产党的使命："实现中华民族的伟大复兴"。

目标："到中国共产党成立 100 年时全面建成小康社会；到新中国成立 100 年时建成富强、民主、文明、和谐的社会主义现代化国家"。

身份（愿景）：每个中国人都是中国梦的参与者、创造者。

信念与价值观层面：

(1) 有梦就有蓝天，相信就能看见。
(2) 人民有信仰，民族有希望，国家有力量。
(3) 梦想是激励人们奋发前行的精神动力。
(4) 空谈误国，实干兴邦。

党的十八大提出，倡导富强、民主、文明、和谐，倡导自由、平等、公正、法治，倡导爱国、敬业、诚信、友善，积极培育和践行社会主义核心价值观。富强、民主、文明、和谐是国家层面的价值目标，自由、平等、公正、法治是社会层面的价值取向，爱国、敬业、诚信、友善是公民个人层面的价值准则，这 24 个字是社会主义核心价值观的基本内容。

作为企业家，未来的出路在哪里？如果没有清晰的使命和价值观，或使

---

① 龙昌大：《价值观的力量》，二十一世纪出版社 2012 年版。

命与价值观不符合人类或时代的要求，企业是没有未来的。企业唯有明晰自己的使命与价值观，才能发展壮大。例如，亚马逊的第一价值观是客户至上，第二价值观是利润。通过服务客户来实现自己的利润。亚马逊的创业史特别艰难，不过它彻底践行了客户至上的价值观。再如日本著名的企业家稻盛和夫，他的目标不是赚更多的钱，而是让自己的灵魂更干净。

一个企业想要生生不息，就要有一个共同愿景。企业的愿景就是一张拼图组成的图片，每一个人都是一块碎片，每一块碎片和企业的碎片连在一起就是一幅愿景图。因此，企业管理要以人为本，通过实现组织目标去成就人的价值。而作为企业经营者，企业员工价值观的形成在于领导者的示范：倡导什么样的价值观，就要去践行什么样的价值观。当一个领导者以身作则的时候，即使霸道，也会令人舒服地接受。引导员工的价值观要设置规则，例如，张瑞敏当年在接管要破产的国有企业海尔时，设定的规则是不准在工作时间喝酒、不准在车间内吸烟、不准哄抢工厂物资等，最后大家都遵守这些规则。规则一旦被员工接受，就形成了共同的价值观。

找到共同的价值观有两条路可以走：一种是向外征服的外在之路，一种是向内征服的内在之路。房子、车子……用有限的生命填补无限的欲望黑洞，这条路只会越走越累。如果没有内在的价值观管理，没有以生命的根基做支撑，一旦实现了外在的目标，就会发现开心的感觉很快就结束了。因此，我们唯一能选择的路就是征服内在之路。我的快乐不再经由外在带来，而是自己可以做主。

作为企业经营者，如果不帮你的团队、你的员工梳理价值观，你的沟通成本就会很高。唐僧师徒四人在取经的路上历经磨难，尽管孙悟空桀骜不驯，猪八戒贪吃懒惰，沙僧循规蹈矩，但他们的价值观是一致的，那就是"取经成佛"。当我们明白了我们的价值观是怎样形成的之后，就会看到自己的局限性，就会清晰自己"自以为是"的缘由，也会理解和接受别人"自以为是"的现象。

如何梳理个人的价值观？可参阅以下个人规划十问。

（1）如果我将现在做的事情做到极致，我能给这个世界创造怎样的一份价值？

（2）我所期望的是什么？对我来说，人生中什么是最重要的？

（3）什么样的人容易获得此价值？

（4）我的才华与世界的需求是否相符？

（5）什么样的信念才能支持这个使命与身份？

（6）我信奉什么？我有哪些人生信条？这些信条能够支持我实现我的

价值吗？

（7）为了实现我的价值，我最必须具备的能力是什么？

（8）为了获得这些能力，我需要怎么做？

（9）我需要哪些资源？我已有哪些？有哪些是已有但我未意识到的？有哪些是需要我创造的？我如何做才能得到这些资源？

（10）倾听内心的感觉：这些真的是我想要的吗？

## 结语

想要明晰并梳理自己的价值观，就要做好人生的两种算法：一种是加法，一种是减法。加法就是给你人生所做的、热爱的事情加分。减法就是为那些你不喜欢，但是又不得不做的事情，找到有效的解决途径。但一切的前提是要明晰自己真正想要什么。可以写下过往所有的梦想，在这些梦想的背后，看你真正渴望的是什么，实现之后对你而言意味着什么。

## 第三节 "致良知"——打造内圣外王的企业家

当今，企业家面临管理复杂性提升、数字化等带来的众多挑战：事业越做越大，面对繁华与诱惑，内心的压力也越来越大；自己拥有远大目标，但总感觉力不从心；公司要发展，核心团队成员却存在"小富即安"的心态，没有艰苦奋斗精神。企业家应该如何面对市场竞争？如何唤醒企业团队的心力？是什么决定了企业的生命力？中小企业又该怎么做？社会如此浮躁，如何走出心灵迷茫、让内心强大起来？企业的竞争是产品的竞争还是商业模式的竞争？怎样破解经营困局，实现业绩突破？

**明心见性**

"明心见性"一直是人们的追求。所谓明心，就是要深深地明白关于"心"的三个真理。

一是"圣人之道，吾性自足"。每个人心中都有无尽的宝藏，就如王阳明所说，"人人自有定盘针，万化根源总在心。却笑从前颠倒见，枝枝叶叶外头寻"。人往往被欲望遮蔽双眼，被物欲牵走心力。

二是"种瓜得瓜，种豆得豆"。因果法则是亘古不变的真理，如果一个人做了很多对人民有益的事，人们就会记得他，他也会得到人们的爱戴、帮助与支持，这就是简单的因果法则。

美国有部电影叫《把爱传下去》，讲述的是男孩特雷弗向世间传递大爱的故事，他不索求任何回报，只是希望有人能把爱传下去。当这份不设防的爱唤醒许多麻木已久的心灵，甚至变成一个"积聚善的力量"时，特雷弗却倒在血泊中……那时他只有 14 岁。这是一个真实的故事，至今美国已成立近千家以"把爱传下去"命名的慈善基金会。

主人公特雷弗的妈妈阿琳·麦肯尼是一位生活拮据的单亲妈妈，为了抚养他拼命地工作，借酒浇愁是她唯一的爱好。这一切在这一天发生了改变，老师尤金·赛门特给特雷弗的班级布置了一道特殊的家庭作业：让世界变得更美好。特雷弗决定从自己做起，因为他相信做善事一定会有善报，他想出了一个办法：去帮助其他人，并让被帮助的人承诺去帮助其他人，于是他把无家可归的流浪汉请到自己家里。特雷弗的这一举动起初遭到人们的嘲讽和不解，慢慢地人们逐渐认同他的做法，因为他们发现，向别人付出爱心的同时也得到了别人的帮助，世界变得更加美好了。

假定我们建设一个"致良知"学习馆，一个月内帮助 3 个人找到自己的热情与使命，让他们拥有爱与自信，而这 3 个人在一个月内分别再帮助其他 3 个人，以此类推，我们计算一下，在一年之中会有多少人被影响。

1 月份：1×3＝3 人

2 月份：3×3＝9 人

3 月份：9×3＝27 人

4 月份：27×3＝81 人

5 月份：81×3＝243 人

6 月份：243×3＝729 人

7 月份：729×3＝2187 人

8 月份：2187×3＝6561 人

9 月份：6561×3＝19683 人

10 月份：19683×3＝59049 人

11 月份：59049×3＝177147 人

12 月份：177147×3＝531441 人

三是"心能转物，物能转心"。心是能量的源泉，一个人的心在哪里，他的注意力和能量就会在哪里。心是一切创造资源能量之源，但人的心也会因外物而迷失，金钱至上、拳头理论、霸权主义也会让人们的价值观迷失。最初人们创业可能持一个简单的想法，或许是想让家庭有好的生活，或许是想让自己为社会做出贡献，等等。当有了第一辆车时，他们感到很高兴；但想要拥有更好的车时，就要操车的心。当钱足以让自己提高生活品质时，还想拥有更多的金钱，就被钱迷失了心，这就是物能转心。

## 连接心性的力量

从求学到参加工作，再从工作到创业；从对金钱的追求，到物质丰富后又感到内心匮乏，再到学习成长、寻找精神追求，人生好像就如从一个圈子跳入另外一个新的圈子。用陈霞老师的话说就是"用情做事，为情所困；用理做事，为框所困；用性做事，力着万物"。这个"性"便是人的"心性"。普通人的心性很容易受外界干扰，会把工作上的不如意带回家里，把家里的不如意带到公司。同时，一旦遇到不顺心的事，长时间身心状态都不佳。

对于很多企业经营者来说，人生最大的悲哀不是没有理想，而是心有余而力不足！这就需要我们用心做事，让事情与自己的心性连接，连接自己内在本源的力量。

在功名利禄场中奔波、与世浮沉的现代人，唯有找到自己的"定盘针"，方能以强大心力屹立于世间。所以说，心之力不是激情，不是欲望，而是一个人连接万事万物的动力。

人生犹如一条 U 形曲线，当一个人或一个企业遇到迷茫或瓶颈时，"致良知"告诉我们，不要继续在结果上下功夫，因为这样的努力是徒劳无功的，而应该在"道与德"上下功夫。人在厚德上下功夫，可以让自己慈悲、感恩、仁爱、智慧、胸怀和能量有所提升，这样才能拥有底气和能量，才能走得更远。

黄石公在《素书》中说："德足以怀远，信足以一异，义足以得众，才足以鉴古，明足以照下，此人之俊也。"

"德足以怀远"，是指一个人只有具备德行，才能使人们心悦诚服，才可能走得更远。为什么有的人担任一定职务后就会出事，就是因为德行不够，没有德行去承载。

"信足以一异"，即一个人表里如一，言行一致，可以使不同的意见得到统一。在五行（金、木、水、火、土）与五常（礼、义、仁、智、信）中，"土"主"信"，大地可以承载万物，因为万物源于大地。在管理中，最有力的权威并不是权而是威信，最好的信就是以身作则。一个人如果诚信不够，就会因为"土"太薄无法成长。

"义足以得众"，是指具有正义、心存仁义的人才能得到众人的拥戴。企业一定要有自己的"大义"，要明白是为了什么而存在，能为这个社会带来什么价值。

"才足以鉴古"，是指有才能的人能够鉴古知今。

"明足以照下"，指的是一个人只有明察秋毫、洞明世事，才能宽厚容人。心正意诚、内心至善才能影响别人，"此人之俊也"；德才兼备、信义充足的人才能担当大任，才可以称为出类拔萃的人。

纵观当今起起伏伏的企业家，心强则胜，心衰则败。小老板用脑力，大企业家用心力。企业家没有远大的愿景，没有雄心大志，没有将自己的事情与员工的事情进行连接，没有自己的"僧团"，再伟大的梦想、再大的志向也不可能实现。所以，优秀的企业家往往是有信仰、有梦想的人，他们具有领导、调动别人跟随自己的能力，具有带领和引导一群人实现目标的能力。例如，巨人史玉柱身负巨债却可东山再起，再造巨人网络和脑白金商业奇迹，稻盛和夫已年过半百创建 2 家世界 500 强企业，马云面对"传销、骗子"等质疑，仍创下了阿里巴巴，八旬老人褚时健走出监狱后仍可创造商业传奇褚橙，原亚洲首富李嘉诚 90 岁才退居二线，任正非 43 岁才创办华为。

可见，一个强大的心力系统，包括表达愿景的能力、影响他人去实现目标、鼓励团队合作、成为典范的能力。表达愿景可以确立一个方向，然后激发动力和创造力，设立长期的目标。尤其是一个人想创造什么样的未来时，愿景可以激发人的意识与动力。

作为一个拥有强大心力的领导者，要实现愿景需要做好五项修炼，一是要有勇气不断地自我超越；二是要持续地学习改善自己的心智模式；三是要将自己的愿景与他人的希望相连接，从而建立共同的愿景；四是团队要建立共识，共识来自学习与培训，学习不仅能获得新资讯，还能帮助你忘掉旧有的心智模式；五是要建立并形成自己的知识体系，系统的知识体系能让我们系统地思考问题。

当一个人为自己好时，这是利己，是小我；当一个人为别人好时，这是大我；当一个人为整个社会好、为整个世界好时，这是超我。企业家通过愿景建立共同的"僧团"，打造一个更高生命维次的生态圈，企业家通过使命让自己回归生命最初的状态，让企业拥有种子破土而出的力量。

### 实现梦想，打造企业的"僧团"

在《西游记》中，即使孙悟空神通广大，也经常碰到让自己束手无策的妖怪，不得不向菩萨神仙求助或借用他们的法宝，或者请他们亲自出面才能降服妖怪。孙悟空一个跟头就是十万八千里，翻一个跟头就可以到达西天，可唐僧决不会让孙悟空背他去西天，因为人生之路，没有人可以替你走，必须自己去走。

孙悟空骄傲好胜，因此吃了不少性格上的亏，但历经九九八十一难后，我们发现，孙悟空变成熟了，不再是二不说就抄家伙打架的猴子；猪八戒也变得有担当，会协助孙悟空办事了。这个故事告诉我们，哪怕一个人能力再强，在这个社会大系统里，个人也是非常渺小的，人生的路上需要借助他人的力量才能成功。

人生的意义不仅是拥有梦想，更重要的是要找到自己的热情所在，将自己的热情与人生的使命连接起来。人不是只活在一件事里，同时要面临家庭、事业、朋友等多种关系，每一种关系都需要修炼。要实现生命的绽放，就要处理好各种关系。父母、丈夫（妻子）、孩子是你家庭里的"僧团"，事业的合作伙伴是你事业上的"僧团"。

在事业上，想要拥有强大的心力，要实现生命力最大的发挥，令所做的事业生生不息，一是要保持自己最佳的心智模式，要不断地学习成长，由内而外实现一致；二是保持专注，清晰自己向往的未来，清晰自己人生最重要的是什么；三是建立强大的合作团队，事业上需要建立包括帅才、慧才、将才在内的"僧团"；四是保持灵活度和控制力，有效地克服艰难险阻，能控制自己的情绪，拥有转换事物与转换思维视角的张力；五是要在创造、创新中不断完善自己，在"事上炼"，在"事"中修行一颗拥有强大生命力的"心"。

其中，最重要的是要具有"僧团"思维，不论你做什么事情，都需要找一些好搭档，而且这些搭档中必须有"帅才""将才""慧才"，"帅才"即要有格局与胆识，"将才"要有活力与魄力，"慧才"要有智慧与灵活力。而团队成员的关系核心是"诚实"，这几个元素非常重要。假如团队中有一个不认真工作的人，同样会造成负面影响。更糟糕的是，你的"僧团"中有一个既聪明又认真的骗子搭档，他的所作所为完全与你的目标相反，所以，一定要鉴别你的"僧团"成员。

可见，一个具有集体智慧的完美团队，需要诚实、尊重、善良与奉献的精神。同时，需要有"帅才"型的梦想家，他们负责想象什么是可能的；同样，也需要有执行力的"将才"型的实干家，他们负责规划如何实现目标；另外，还需要"慧才"型的批评家，他们根据价值评估规划，并找出问题和解决方案。

## 用心连接"道"

连接"心"的力量，要做到"明道、悟道、行道、得道、守道"这五点。要让心力显化为强大的能量，一是要"明道"，要明白自己做的事业是否符合宇宙的道、世界发展的道、人心之道。二是"悟道"，在这万千世界中找到自己生命力的表达，将自己的热情与这个世界连接，带给这个世界更美好的改变或影响。三是"行道"，将所做的事业深度连接，影响更多的合作伙伴。四是"得道"，积极创造成果，用成果惠及更多人。五是"守道"，敬畏人性，敬畏规则，守住道、德、法的底线，向这个社会传播更多的正能量。

## 王阳明"为学"功夫

王阳明在《传习录》中清楚地提出了"为学"功夫："教人为学，不可执一偏。初学时心猿意马，拴缚不定，其所思虑，多是人欲一边。故且教之静坐、息思虑。久之，俟其心意稍定。只悬空静守，如槁木死灰，亦无用。须教他省察克治，省察克治之功，则无时而可间，如去盗贼，须有个扫除廓清之意。无事时，将好色、好货、好名等私逐一追究，搜寻出来，定要拔去病根，永不复起，方始为快。常如猫之捕鼠，一眼看着，一耳听着，才有一念萌动，即与克去。斩钉截铁，不可姑容，与他方便。不可窝藏，不可放他出路，方是真实用功。方能扫除廓清。到得无私可克，自有端拱时在。虽曰'何思何虑'，非初学时事。初学必须思省察克治，即是思诚，只思一个天理。到得天理纯全，便是'何思何虑'矣。"

王阳明提出的为学功夫可概括为"静坐息虑—省察克治—扫除廓清—无时即克—搜拔病根—无私可克"。由静入动、由浅及深、由低到高、由一时到时时，是对心学修炼功夫的整体概述，具有非常好的指导价值。王阳明的"为学"功夫正是儒家"身心之学"精要之处的具体体现。

### 使命为你连接更大的资源与能量

使命的力量可以激活生命更大的潜在力量，可以令一个人的生命力得到最大限度的表达，可以突破现有环境或资源的限制。拥有使命的力量，一是可以连接客户。一个企业明晰自己的使命后，便可以明晰自己的价值观，就能更好地与客户建立信任。二是可以唤醒员工。有了使命也就有了前进的方向与动力，才能克服征途中的种种困难，带领团队万众一心，开创新事业。三是可以成就高管。人活着不仅仅是为了钱，更是为了有一个好的未来，使命可以引导人走得更远。四是可以改变企业家。企业家有了使命才具有人格魅力，才能获得更多人尊重。五是可以影响社会，使命能连接更多的社会资源与能量。六是可以托起国家的未来。一个国家或一个民族唯有使命才能走得更远，方能万众一心。

### 结语

唤醒"良知"的力量，打造内圣外王的企业家。企业家要围绕着两个核心关键词进行建设：感恩、慷慨。一是感恩团队成员的支持，感恩社会，感恩国家，感恩这个伟大的时代；二是要对自己的合作伙伴、员工、社会、国家慷慨，要回馈社会、回馈国家，为社会、为国家做贡献。

## 第四节　人生第一大事是"立志"，
## 　　　　企业第一大事是"使命"

**人生第一大事是"立志"**

人为什么要立志？自古以来，人们就有"志不立事不成"的说法。人是受心力思维驱使的高级动物，人可以通过自己的想法去创造自己想要的世界，立志就是立人生的方向。一个人的志向决定了一个人心智能量如何释放，这个志向会驱使他的心智能量转换成物的价值与意义。立志就是将自己生命的意义放大。找到自己的使命，便可以提升一个人的热情。使命会给一个人勇气和智慧，使命可以让一个人把愿景带给这个世界。

习近平总书记说："我的人生第一步迈出来，就是来到了梁家河，在这里一下子就待了7年。那个时候我就想，今后如果有条件、有机会从政，就要做一些为百姓办好事的工作。"这是习近平总书记最朴实的话语，也是他的初心和使命。

人只有树立远大的志向，才能让生命力更强大。当一个人有了使命之后，就有了自己的主心骨，就有了自己的价值导向。人唯有明晰自己的使命，找到社会的需求，将你的使命同社会的需求相结合，内部才能拥有强大的动力，外部也会得到更多的支持及资源。

**企业第一大事是"使命"**

习近平总书记指示："希望广大民营经济人士加强自我学习、自我教育、自我提升。民营企业家要珍视自身的社会形象，热爱祖国、热爱人民、热爱中国共产党，践行社会主义核心价值观，弘扬企业家精神，做爱国敬业、守法经营、创业创新、回报社会的典范。民营企业家要讲正气、走正道，做到聚精会神办企业、遵纪守法搞经营，在合法合规中提高企业竞争能力。守法经营，这是任何企业都必须遵守的原则，也是长远发展之道。……新一代民营企业家要继承和发扬老一辈人艰苦奋斗、敢闯敢干、聚焦实业、做精主业的精神，努力把企业做强做优。民营企业还要拓展国际视野，增强创新能力和核心竞争力，形成更多具有全球竞争力的世界一流企业。"

以上是习近平总书记于2018年11月1日在民营企业家座谈会上的部分

讲话内容。

习近平总书记教诲我们："'本'在人心，内心净化、志向高远便力量无穷。"做企业其实就是一场修炼，修身也修心，修心第一步就是正心，然后是立志。

对于企业家来说，为什么立志这么重要呢？因为企业家只有立下远大的志向，才能承担起社会的责任。企业家有了自己的志向与使命，才能带领团队成员克服困难，走向成功。这就是使命的力量。无论是个人还是企业，唯有使命的力量，才能赋予其立于社会的更大的力量与价值。为什么有些人不能成功，有些企业走不远？就是因为没有明晰自己的使命。

### 坚定信念，不负使命——人生强大的力量之源

有一部电影叫作《血战钢锯岭》，笔者第一次观看时，除了受到战争枪爆视觉冲击外，笔者的内心更多地是受到精神的震撼与洗礼。男主角多斯和大多数爱国青年一样参军进入部队，但是他一直拒绝拿枪，这一点让很多人误以为他是一个矫情的懦夫！直到战争开始的那一刻，在冲绳钢锯岭血战中，美军节节败退，而他这个被众人所鄙视的医务兵，不仅留了下来，还独自营救了75个人！多斯虔诚、坚定且无畏的勇士形象在大家心中悄悄树立起来。

信念是人精神意义上赖以存在的基础。当一个人拥有强大的信念时，通过自己的诚意和努力创造出来的奇迹，是超乎想象的。信念是一种能感受到自己，并且是独立的个体的感觉，而不是随着社会既定程序运行的一个"零件"。如果说人与人比的是思维方式，观看完本影片后不如说人与人之间比的是坚定的信念。当你坚定自己的信念的时候，信念会为你提供源源不断的强大精神动力。

在生活中，我们也会遇到许多看似难以逾越的"钢锯岭"，也有很多的烦恼，我们之所以很多时候做不到自己所承诺的抑或自己所期盼的，是因为我们还没有足够的理想与信念支撑！如果拥有像多斯那样坚定的信念、坚强的精神，相信再大的困难也只能是过眼烟云。当你坚定信念的时候，所有的困难都会为你让路。

### 结语

真正的内心强大只有在"事"上磨炼，才能站得住脚，才能做到静中能安定，动中也能安定。马云曾说过，一切都顺顺利利，就不会有企业家、优秀的企业，企业家都经历过甚至诞生于困难时刻。所有了不起的企业都历

经经济周期性灾难,只有经历过这种灾难的企业,才是真正了不起的企业。而使命是企业家克服困难的法宝,它能提高创业者的生命维度,让所做的事产生更大的意义。因此,企业要树立自己的愿景、使命、雄心,让企业使命成为一种传递企业价值、升级企业生命的"软件"。

## 第五节　事业力量之源——百技不如一诚

要想在事业上取得一番成就，就需要伙伴的支持、客户的信赖；想要成就一番经得起洗礼和考验的事业，需要对这份事业保持真诚。"诚"有三个境界：坦诚、意诚、至诚。

"诚"的第一境界是坦诚。

面对自我，勇于承认自己的不足。一些容易急躁、以自我为中心的人，往往不愿意听取别人的意见，即使听了，也会找各种理由进行反驳。然而真正能够取得一番成就的人，是怀着坦诚之心、经常听取别人意见、会经常自我反省、能够正确认识自己的人，这样的人周围就会凝聚同样心态的人，从而拥有众力来推动事业的发展。

作为企业家或创业者，"诚"并不是顺从别人的态度，而是用心同对方沟通，承认自身不足，并保持努力改进的谦虚态度。一个团队里如果没有坦诚之心，就可能会出现尔虞我诈，无法成长进步。

"诚"的第二个境界是意诚。

《大学》开篇就讲道："古之欲明明德于天下者，先治其国。欲治其国者，先齐其家。欲齐其家者，先修其身。欲修其身者，先正其心。欲正其心者，先诚其意……"

第一句"古之欲明明德于天下者，先治其国"，指的是古时候想要使美德显明于天下的人，先要治理好他的国家。第二句"欲治其国者，先齐其家"，指的是要想治理好自己的国家，一定要先治理好自己的家族。第三句"欲齐其家者，先修其身"，指的是要想治理好自己的家族，一定要先努力提高自身各方面的修养。第四句"欲修其身者，先正其心"，指的是想要提高自身品德修养，必须先端正自己的内心。修身的关键就在于正心，这个"正"，指的是人生所做的事要符合宇宙之"道"、人伦之"德"，要有利于社会的发展、人类进步。而"欲正其心者，先诚其意"，指的是想要端正自己的内心，必先使自己的意念诚实。明则诚，诚则明。诚是做事的前提，事业取得成功的一个关键是"诚"。

那么企业家如何做到诚信呢？首先是不自欺、不欺人、不被人欺。其次是你的事业对家庭、对社会、对国家、对世界是正向的。所谓"得道多助、失道寡助"，一个人诚实守信，自然会有许多人真心相待。

"诚"的第三境界亦即最高境界是至诚。

"至诚"指的是做人做事要抱有纯粹之心。例如，古印度有一位圣人曾说："伟人的行动之所以成功，与其说凭借其行动的手段，不如说凭借他心灵的纯粹。"日本知名企业家稻盛和夫也说过："只要抱有纯粹之心，我们就会走上一条正确的人生道路。"

黄公石在《素书》中说"神莫神于至诚"，"诚"可以让人心志专一，聚精会神，无虚无妄。人心达到专一、真诚的极点，就会出现不可思议的"奇功异能"。

企业家应自觉践行爱国、敬业、诚信、友善的社会主义核心价值观，对员工、对客户、对社会诚实守信，为人正直，胸中就会有刚正之气；态度诚恳，心态就会平稳，会有海纳百川、有容乃大的气度。只有切实践行社会主义核心价值观的人，才能拥有正心、诚意、担当的素质，这就是政治意识。增强社会主义的政治意识，即是企业家内圣外王的一个境界。

**结语**

人在拓展事业的过程中如果失去精诚纯一的精神，事业则不济，便感受不到在奋斗事业过程中的幸福与快乐。人生最大的战略就是提升心灵的品质。一个人只有对国家、对社会、对人民、对员工、对客户、对合伙伙伴心正了，意诚了，才知道自己真正想要什么，才能更深刻地理解只有私心了无，才能明心见性，才能找到自己真正的使命。

# 第六节　从"小人"变成"大人"的路径

## "大人"与"小人"的区别

"小人"在平常看来是一个贬义词，而"大人"是一个高贵的词汇。《大学》里有讲，"大学之道，在明明德，在亲民，在止于至善"。大学者，即"大人"之学也。"大人"之学就是要学习明理、学道、处世、做人，指的是人的道德修养。

古时候的人们对"大人"和"小人"的定义是君子喻于义，小人喻于利。意思是君子能够领悟的是道义，小人能够领悟的是利益。也就是说，二者的价值取向不同。"大人"与"小人"的区别在于精神境界、品格、德行等方面。重道者为君子；以物质为重者为小人，是思维格局狭小的人。其实，《大学》里"大人""小人"并无褒贬之分，如今人们常常把小人比喻成道德行为不端、贪图小利的人。

## 企业家的"大人之学"的四个要点

一是愿景。企业家应具备描绘愿景的能力，多问自己：你想为世界创造什么？你希望看到这个世界什么更多、什么更少？你想要归属的世界是什么样子的？

二是使命。你为实现愿景提供了什么服务？你的独特贡献是什么？达成愿景所需的天赋、资源、能力是什么？

三是雄心。你想要创造什么样的生活？你想成就什么？你想要达到什么样的状态？你想要别人认可或记住你什么？

四是角色。为了创造你想要的生活，你需要成为什么样的人？你想拥有怎样的身份？你希望别人最终怎样称呼你？

愿景是一个关于未来会是或可能像什么样子的头脑想象。成功的企业家的愿景是"创造一个人人想要归属的世界"。例如，特斯拉创始人埃隆·马斯克、苹果公司的乔布斯等心中都有一个美好的愿景。因此，作为一名企业家，想象力比知识更重要，知识是有限的，而想象力可以包围整个世界。使命是一个强烈感觉到的目标或者召唤，使命服务于愿景。雄心是想要去做或达成某件事的强烈愿望，通常需要决心和毅力。角色则是为了创造你想要的生活，你需要成为什么样的人。

本书的目的是帮助更多的人定位使命、实现使命，从而明白企业家真正的力量之源，不是向外求，不是烧香求佛，而是树立自己企业的愿景与使命，活在当下。例如，凤凰卫视是一家 24 小时昼夜播出的电视台，能够第一时间抓住时机获取消息，及时释放价值给客户，这就是当下的力量。作为一名企业家，要实现价值，完成使命，就要把握当下，提升认知能力。

对于当下的企业家来说，特别是中小企业家，不应太在意虚浮的面子，要脚踏实地，一步一个脚印，将你的使命与能量带给更多的人。人的心力强大了，思维的维度自然就会自动提升。人生的维度提升了，财富就自然来了。

### 结语

如果企业家在"心性"的层面唤醒良知，其格局和境界可以提升一倍甚至十倍。企业家应切实体悟习近平总书记一以贯之的无我利他、化育天下之心，领会习近平总书记梁家河"大学问"，心中时时装着人民，为广大人民谋幸福。企业家若把"成就社会、服务民众"作为企业的使命，必定会铸就伟大的企业，成就伟大的事业。

# 第二章 创业维艰：创业者的故事

## 第一节 世界铝制移动建筑的开创者
——记"铝遊家"创始人邝辰道

**人物名片**：邝辰道，广东肇庆亚洲铝业集团董事总经理、"铝遊家"品牌创始人、世界铝制移动建筑的开创者、中国绿色环保移动建筑传播者、新式移动建筑行业标准推动者。

### 出身于铝材家族

出生于铝业家族，邝辰道注定与铝业结缘。邝辰道小时候与同龄的小朋友不同，他比较喜欢玩乐高积木，将积木搭建成各式各样的房子和桥梁，摆弄各种积木造型成为邝辰道生活的一部分。邝辰道中学时期便前往美国留学深造，随后在美国南加州大学攻读国际管理专业。

邝辰道先生

期间，邝辰道也在不断关注铝材的创新应用领域，关注环境保护及资源综合利用事业。

2004年，为了更好地发展家族事业，扩大铝材生产经营，回国后，邝辰道开始参与家族业务，作为集团新一代"开疆拓土者"，统筹占地6000多亩的亚铝工业城的规划建设和经营管理事务。经过近10年的运营管理，他管辖的铝板带事业也实现了2011—2013年连续3年跨越式的发展，产品销售额从10亿元增长至40亿元。然而，邝辰道不仅仅满足于此，他的内心一直有一股不安于现状的冲劲。世界上伟大的发现都不是按逻辑法则发现的，大多是凭着一颗敢于去冒险的心创造出来的。

**神奇的金属：有灵魂的"铝遊家"应运而生**

由于出身于铝材家族，因此邝辰道对铝材有深刻的认识，铝合金质量轻，强度高，是一种应用广泛而且可塑性很强的金属材料，它可以应用于小到手机、电脑，大到高铁、航空航天器等，还可以应用于饮料罐、门窗等，可谓"无所不能"。2012年，邝辰道和父亲一起喝茶聊天的时候，萌发了在园区内建造一间小小的茶居的想法，这样，在繁忙的工作之余，一盏茶、一本书，享受品茗的乐趣和宁静的休闲时光，是一件很惬意的事情。起初邝辰道想着以木材建造，但同事认为木材昂贵，在广东这样潮湿的环境中极不耐用。邝辰道想既然如此，为什么不用我们的铝去建造这所房屋呢？如果房屋不用了，铝又可以回收再利用。

"可是从来没有人用铝建造过房子啊？""那如何防风、防火、隔热呢？"这个时候不同的声音都出来了。在邝辰道看来，正是无人做过这件事情，我们做起来才更有意义，如果因此能为更多的人带来便利，我们又能生产出环保可回收利用的房子，那岂不是更好？邝辰道认为，如果只是模

邝辰道的铝屋产品

仿别人，走别人已经踩烂的路，还有什么意义？只要我们全力以赴地去做了，又何惧失败。这个世界变得越来越发达，同时由于发达之后导致很多人感到无聊，当这个世界变得出奇无聊的时候，有些人就变得出奇的聪明，把别人的无聊变成现金，这就是想象力。

邝辰道开始坚定地把他的想法变成现实，这个茶居便成为他首个铝屋产品。铝屋茶居防潮耐蚀、安全环保、易于组装运输、易维护的特点，让他嗅到了无限商机，直觉顿时让他萌生了将铝屋商用的大胆想法。

从此以后，他开始组建研发团队，尝试开发、设计、建造多样的铝合金

房屋，把工业生产的铝材通过模块化装配的方式，加工建造成铝屋。"铝遊家"由此应运而生，"旅遊家"以香港为总部、肇庆为基地，专注于预制移动建筑的创新研究，技术开发新的铝制模块化建筑单元。就这样，邝辰道赋予"铝"一种新的充满灵魂的灵动生命，让它焕发了新的生命力。

邝辰道说："我们要么不做，要做就做好，决不降低自己的标准。铝屋走进商业，创新就要站在客户的角度满足对方的需求，要敢于大胆地尝试，同时也要耐心地等待。从 2012 年开始萌生建造铝屋的想法，到 2014 年投产，两年当中，我和我的团队不断地研发，不断地创新，不断地设计、实践、回炉，这当中耗费了多少精力、多少时间、多少研发费用，用掉多少铝来做实验，只有我们自己最清楚。当然，铝可以回收，不成功，我们可以回收再利用，所以当'铝遊家'的铝屋面向市场的时候，得到了众多客户的高度认可，尤其是来自国内旅游度假村、旅游开发者的高度认可，因为我们为其定制的景区别墅既解决了传统房屋交工期长、粉尘污染等问题，同时我们也打开了一条广阔的市场渠道。也因为如此，开始有众多的模仿者、'山寨'铝屋出现，但是模仿终究都是形体的模仿，这其中的灵魂是没有办法模仿的。"

质量、要求如何达标？如何为客户带来价值，保证品质和质量？这些都是至关重要的。这关系到这个行业的健康发展。因为铝制的移动房屋在国内乃至全世界都是一个全新的产品，没有标准可以参考，无疑成了摆在邝辰道面前的一道难题。

### 建规则，树行业标准

回想起公司起步时，邝辰道不禁感叹道："铝屋结构系统建造技术是我们当时面临的一大难题。因为这是一个全世界都未曾出现过的建筑物，我们没有可以参考的对象，整个领域一片空白，一切都是从零开始。当时虽然已经出现了大量集装箱房，而我们的定位是做高端舒适，而且结构和装修可以预制的房子。集装箱房寿命非常短，空间比较狭窄，保温隔热效果不好，居住体验感不佳。我们要做质量最好、使用寿命跟传统房子一样甚至更长的房子。"

为此，邝辰道邀请两位在建筑工程技术方面拥有超过 30 年的工作经验，曾参与广州白云机场、白天鹅宾馆等项目建设的香港工程师加入自己的研发团队。然而，创业的路程从来不会一帆风顺，从第一间茶居试验品到第一间可量产的铝屋面市，这一条建筑系统的研发之路，邝辰道足足走了 4 年，仅铝屋结构设计系统，就进行了 6 次迭代升级。

功夫不负有心人，最终，邝辰道带领的"铝遊家"团队经过研发攻关，发明了一套铝结构房屋模块化装配系统技术。基于此结构系统的成熟运用，铝屋的各项性能测试，包括抗风、抗震、防雷、水密性、气密性、承载能力、保温隔热系数，等等，都通过了国家测试标准，并一举拿下了

企业文化墙一角

170 多项国家专利认证，房屋设计更是拿下了意大利、美国、德国等多个国际设计奖项。

当"铝遊家"的铝制移动房屋受到市场的欢迎时，一时间，国内移动房屋市场开始涌现了各种形式的铝屋，竞争态势逐日形成。"当一个品类出现的时候，如果一个品牌足够强势，往往就能成为该类产品的代名词，这才是'铝遊家'的价值和定位目标。"显然，邝辰道并不惧怕竞争，而是想成为品类的先锋。他很欣慰同行能够认可这个品类，共同壮大这个市场、百花齐放才是品类合理存在的意义。

然而，当看到市场出现了众多打价格战的"山寨"铝屋时，邝辰道开始忧心，如何保障消费者的利益，规范铝屋的安全、质量与性能，对消费者

预制组合建筑

以及这个行业的健康发展有着至关重要的意义。面对这样一个全新的领域，邝辰道决定建立行业规则，树立行业标准。内心的责任感让他不得不慎重考虑承担起这份责任。2016 年，"铝遊家"与广东建设工程研究院共同主编起草铝结构房屋行业标

准，并在住建部进行了立项，这份标准从安全、质量、技术、验收等各个维度，对铝结构房屋进行了规范指引。

面对众多的模仿者，邝辰道说："很多企业所说的精品铝屋，看起来价格低，其实根本是在违背住房安全的情况下进行设计和制造的，所用的材料和系统设计都不是最合理安全的，在极端天气环境下，存在重大安全隐患。"邝辰道进一步解释道："我们不排斥竞争，但应该是在同一标准线上进行竞争才有意义，所以，'铝遊家'从不打价格战，因为品质和安全始终是我们的底线。"

2018年10月11日，国家住建部主持的预制铝结构房屋专家审查会的最终一轮送审顺利进行，"铝遊家"主编的这一国家行业标准有望于2019年正式发布。

邝辰道说："虽然我们一直被人模仿，形体可以被模仿，但是灵魂永远没有办法被超越，归结起来，'铝遊家'决不会为了价格而降低品质和安全。目前，铝屋受到了来自美国、加拿大等国客户的认可，所以我们也在加紧研发、调整、测试，以获得国外标准的认证。如今，'铝遊家'正式获得香港屋宇署公布的组装合成建筑'预先准入许可'，成为首家在香港拥有MIC建造资质的企业。这让我们的产品离走向世界更近了一步。"

## 环保移动建筑：重新定义未来移动共享空间

邝辰道认为，铝屋不能只是一间光有科技、时尚感的屋子，而是既能保障建筑的需求，又能保护生态环境的新型绿色环保建筑。传统城市建筑要占用大量土地、砍伐树木、排放建筑垃圾和有害物质，而新一代新型建筑应该是绿色的、清新的、可回收利用的。因此，在铝屋的设计和建造上，邝辰道始终融入环保的理念，采用新材料、新科技、新商业模式，助力移动铝屋全面升级。

移动铝屋采用模组化组装，在建造期间，全程均在工厂内预制组装，就连精装修（水电、空调、橱柜、浴室等）都是预制好的，然后才用吊车

组装中的铝屋

或拖车进行移动，搭建过程和工序也远比传统房屋简单，产生的建筑废料可减少约八成。由于铝材甚为坚固，移动铝屋平均使用期限可长达数百年，耐用程度远远超于一般房屋。即使铝屋其后被拆卸，铝材亦可回收，再重新用于制造成其他铝制品，如铝罐，甚至飞机外壳等，绝对不会造成浪费和污染，非常环保。

"铝遊家"品牌产品经过不断改良，更新迭代，邝辰道用他敏锐的商业触觉，在铝制成品的战略布局中，编织了一张全新的事业版图，融入了新材料、新建筑、新科技，甚至是新的商业模式。

邝辰道带领他的团队为铝材注入一种文化，一掀起了一场创新的变革，打破了金属材料冰冷的属性，将铝材创新应用到建筑领域，开启新型建筑革命之门，同时奠定了铝屋"未来移动空间"的基础。

"移动空间不只是简单的位置移动，而是根据需求轻松改变它的结构和用途。"邝辰道对"未来移动空间"的概念有自己的一套想法："由铝制组合房屋制造的多功能空间，安全的同时兼具可移动性、拆装便捷、重复利用等优势，可以进行多元化的自由组合，就像乐高积木一样，小到几平方米，大到几百平方米，一层、两层甚至多层，定义了新的空间概念。"

邝辰道说，移动空间可以被打造成不同的场景，可应用在旅游业、零售业、地产业、文创业，铝屋可以是旅游民宿、移动酒店、商业店铺、移动餐厅、移动健身房、移动展厅、移动办公室，等等。在不同的场景中，空间内部被轻松装饰，也可以为不同的空间设置不同的场景内容和主题。

在建筑行业创新发展过程中，2018年，中国质量检验协会首次对装配式建筑行业进行质量评选，"铝遊家"以产品的创新研发、高质高标生产、多领域应用开发摘得桂冠。"铝遊家"主导的项目，在甘肃嘉峪关、云南昆明、广东英德、广西钦州等地旅游度假酒店项目陆续落地，为旅游地产开发商、民宿投资者提供了一个良好的酒店空间载体解决方案。

2017年，天猫等电商平台及国内知名品牌企业纷纷提出移动商业、新零售、未来商店的概念，欲在零售"4.0时代"树立标杆，引领未来商业市场。凭借敏锐的触觉，邝辰道再次从新零售的概念中发现商机。"一开始，一家经营无人零售业务的公司找到我们，该公司希望在腾讯开放日上用我们的产品展现一个有未来科技感的无人零售便利店。"这次合作经历，带给了邝辰道全新的体验，他认为铝屋能够为这样的商业模式提供一个很好的经营空间，借助铝屋便捷的优势，可以孵化出更多的新零售互联空间，既可以是一个线上商城的线下实体空间，也可以是一个新零售商业经营载体。利用铝屋移动空间的无限可能，筑建共享商业的无限可能，新零售的经营只有想不

## 使命的力量
——知名企业家谈创业

到,没有做不到。于是,邝辰道研发了若干款新零售概念的载体,包括无人便利店、智能跑步仓、品牌快闪店等共享建筑空间。

而为了让更多有创业情怀的初创企业能够减轻资金的压力,邝辰道更是多次奔走金融机构,最终与一家知名金融服务公司签订了一项金融服务合作协议,为客户提供分期付款的金融服务政策。

邝辰道设计的移动空间建筑

从创造生活休闲互动空间转变到肩负革新铝工业的使命,顺着城市发展的轨迹,"铝遊家"作为铝结构装配式建筑的开拓品牌,带动了装配式建筑业及建筑材料行业走向一个全新的时代。

在开启建筑行业创新的同时,邝辰道认为,"铝遊家"不仅仅只是一个铝屋研发和生产制造的品牌,而且还可以跨界到移动商业,将移动铝屋推向新零售市场,发挥铝屋的自身优势和技术服务配套,融入各行各业,在任何地方让一个个新零售商业梦想落地扎根,承载着移动商业的一切可能。

从铝材生产到创新铝屋,从移动铝屋到移动商业,从未来铝店到未来商业,邝辰道用一片小小的铝材,引爆出一个个未来商机,"铝遊家"重新定义了生活空间,是共享建筑空间的创造者。

移动铝屋

## 创新之路,永不止步

"创新之路,永不止步,筑梦未来生活,打造服务性平台,建立合作联盟机制,为创业者提供共享商业资源,搭建一个集商业、居住、办公、休闲等多功能于一体的移动空间,共筑未来商机。"邝辰道在未来商业模式探索过程中,有着超前的想法。"铝遊家"一直以来朝着这个目标,秉承企业"巧创业、巧移动、轻生活、轻资产、铝生态"的理念,不断优化铝屋产品,不断升级空间服务。

为了始终走在创新和技术领先的前沿,"铝遊家"与香港科技界合作,在2018年9月,与香港理工大学CNERC(中国钢结构技术研究中心香港分中心)联合建立"预制组合建筑技术"实验室,优化、升级预制组合建筑的应用。不断从空间布局设计、外观设计、智能家居、智慧生态系统等方面改进移动铝屋性能,同时不断研发铝制新材料,并应用于铝地板、铝墙板、铝桁架、铝天桥等。

邝辰道说:"我们在制作铝合金高层预制装配式建筑领域进行大胆地革新和创造,尝试在全球孵化首个铝合金高层装配式建筑,把铝屋做到10层、20层,甚至40层楼高,为此我们会一直走在奋斗和创新之路上。"

商品开发离不开创新构想,而创新构想是人类智慧中最美的花朵。这位"80后"铝屋移动建筑的开创者,正在用他独特的视角、思想大胆地走一条无人走过的路,精彩而又刺激。如同他的另外一个鲜为人知的身份——赛车手一样,赛车的赛道上拼的是速度与激情、勇敢与专注。而他正在用不断创新的方式书写他的创业人生。

2018年9月,邝辰道在首届国际钢结构工程研究与实践大会上发表演讲

天才的主要标志不是完美,而是创造,唯有创造才能开创新的局面。正是源于这种创造性的灵魂,"铝遊家"才能走得更加广阔与深远。

## 结语

在邝辰道身上,我们看到了当代企业家一种难得的品质:一种敢于尝试、认准一件能干而且必须干的精神。在邝辰道脚踏实地的坚定力量中,我们看到了他对环保事业的情怀,对社会可持续发展环保材料应用的建筑情怀,对可持续再利用环保材料社会价值的坚定。

邝辰道以发展绿色家居建筑、推动中国环保事业发展为使命,"铝遊家"品牌团队在邝辰道的带领下,创造了众多行业第一,例如,第一家"移动建筑行业标准完善"的推动者,对规范与推动整个行业发展做出了重大贡献;第一家无甲醛伤害、现代纯绿色建筑公司等。邝辰道始终以环保可持续发展为企业产品核心理念,将他的美学创意融入"现代移动建筑居家生活"中,以让更多的中国人住上"绿色环保、温馨时尚的建筑"为企业使命,以此推动世界移动房屋的发展。

守藏史企业家研习社团队与"铝遊家"创始人邝辰道留影

## 第二节 "打铁"匠人孙晖铨：因为专注，所以专业

人物名片：孙晖铨，金德鑫集团董事总经理、香港金属行业协会会长。

现在传统制造行业面临着生死关头的大转型，制造业进入新时代，从低端走向中端，传统低端制造业必定被市场淘汰。那么，传统的制造业如何转型升级？带着这个问题，我们走进了金德鑫（深圳）科技有限公司。

### 因为专注，所以专业

金德鑫集团自1987年从香港葵涌起家，到2012年在香港联交所主板成功上市，企业走过了30多年的风风雨雨。从创始人孙国华的智慧开拓，到孙国华的弟弟孙晖铨的勇于创新，这家企业一直保持着勃勃的生机。

走进金德鑫在深圳观澜的工厂，我们发现，该工厂建筑面积大约5万平方米，整体布局精致优雅。孙晖铨带我们参观了车间，整个车间有条不紊，线条整齐划一，人行线、车行线清晰可见。当大多数五金厂还在人工手动冲压时，金德鑫早在2012年就引进了三条机器人手臂生产线，我们看到用电脑控制的机器人手臂灵活高效地进行着精密的流水线操作。

孙晖铨幽默地称自己是"打铁"出身的。然而，这"铁"一打就是30多年，并且打到了日本、美洲、欧洲等，为全球知名的企业诸如飞利浦、富士施乐、IBM等服务，金德鑫有着怎样的魅力与品牌以及独特的技术优势，才能取得今天的这番成就呢？

从深圳对外开放引进外资到在深圳投资建厂，从原来的来料加工到代工，发展到现在，金德鑫是怎样走出一条有别于其他代工制造商的路的呢？

孙晖铨告诉我们："我们的眼光是长远的，不会为了今天的利益而放弃明天，我们一直践行着这个核心理念，要把'打铁'这件事做到极致，也因为专注，所以专业。"

全球经济的一体化、移动互联网的发展、科技的创新都在影响着人们的生活方式，进而也影响了这个精密五金行业，影响了孙晖铨的"打铁"事业。20世纪90年代出现的大哥大、BB机等，你再也找不到了，如今，办公设备中的传真机也在逐渐消失，导致这些产品中的金属部件的生产也变得"毫无意义"，所以企业需要根据时代的转变来转换经营方向，死守一隅必定死路一条。如今，金德鑫已经转变成先进精密金属工程解决方案供应商。从与客户携手开发、原型设计、限量试产到量产全面制造配套、全面供应链

管理、全方位生产组装及质量测试服务、环保包装及全球物流服务，金德鑫转换了经营方向。

金德鑫提供的产品及服务多应用于高新科技产品制造，而在策略上尤其专注于八大类产品的开发及制造，八大类产品包括航空部品、网络及数据储存设备、金融设备、医疗及检测设备、办公室自动化设备、电子消费品、自动售卖机、汽车零件及模具。

## 立足长远，技术创新，迈进"工业4.0"时代

孙晖铨告诉我们，金德鑫最重要的就是要立足长远，注重技术创新。现在制造业的日子不好过，最糟糕的企业无外乎是一无技术、二无管理、三无品牌的中低端企业，转型的成本都压在他们身上，而成本又在节节攀升，终端产品竞争又非常的残酷，人工成本、地产租用成本、原材料成本大幅上涨都造成了制造业发展越来越难。没有倒闭的行业，只有倒闭的企业，艰难时期就会倒逼企业自己进行变革，进行改变。

在这个过程中，技术的创新尤为关键。市场在变，为了满足客户的需要，企业需要积极探索。由于金德鑫的客户不少是国际知名品牌，主要客户的产品均是极为复杂、精密、技术先进和创新性的产品，因此需要不断地加大研发力度，尤其是来自德国的客户，对金德鑫的要求更加苛刻。正如稻盛和夫说过，正是松下的苛刻要求成就了现在的京瓷，客户的严格要求也锻炼了金德鑫。

提起德国的制造业，就不得不提"工业4.0"。关于"工业4.0"，很多人都在谈论这个概念，但并不是所有人都知晓其中的本质。"工业4.0"，简而言之，即第四次工业革命，区别于蒸汽动力的第一次工业革命、电力生产的第二次工业革命和电脑应用的第三次工业革命，工厂的智能化生产是它的最大特点。

可以想象吗？你家的吸尘器因为房子内部装修的问题总会磨损某一个零件，或者在某一个地方需要特别加固，此时安装在吸尘器上的感应器就会自动收集现场数据，通过网络将数据输送给工厂的机器，负责制造吸尘器的机器在收到指令后与其他生产零件的机器沟通，在调整了参数之后，一台专门适合你家地形的吸尘器便可以制造出来。也许在一周之内，你就会收到专属于你的吸尘器。在整个过程中，没有任何人员的参与，从提出要求到制造出符合条件的产品，全部由机器之间的互相沟通与协作完成。这就是"工业4.0"，在不久的将来很可能会实现。我国正积极推动的"中国制造2025"，就是在朝着这个方向努力。

同时，我们也了解到，"工业4.0"对整个供应链的影响必将是革命性的。因为全球化的大发展，所以企业可在全球范围内采购原材料，以确保最佳性价比；在全球范围内寻找生产区位，以使劳动力、运输、生产成本与市场因素达到最佳匹配。现在的供应链竞争日趋激烈，"即时供货"（just-in-time）才能使企业在竞争中立于不败之地。不过这样的供应链环环相扣，因而同时拥有极其脆弱的结构，一旦发生不可预知的事件，比如2011年日本"3·11"大地震，很快就波及整个供应链，导致生产停滞，

现代机器人设备

甚至无法恢复。与此同时，现存的供应链无法对客户的需求变化做出积极的应对，因为存在着"牛尾效应"（Bullwhip Effect），下游的一个很小的波动，会给上游的供应商带来巨大麻烦，调整的成本也是巨大的。在"工业4.0"的情境之下，客户的一个小小的需求，可以立即传递到与变化相对应的一环，而机器之间通过相互沟通与协作，能够随时做出调整并不影响原来的生产结构，实现自由度的最大化。

为什么机器之间可以快速沟通？是因为有"云端"的存在。"云计算"成为可能，令所有的信息都可以储存在共有的"云端"，而供应链的每一步都可以与共同的"云端"保持密切沟通，摒弃了以前制式化、程序化的操作方式。

而各个机器身上与"云端"沟通的"大脑"，就是一个叫作eGrain的微型芯片。产品的第一代编码，是条形码取得成功的结果。条形码使产品相关的信息变得可读，并储存在电脑中，这样，每一个产品就有了"身份证"。第二代产品的发展是射频识别（RFID）技术取得进步的结果。这种技术进步的关键是使产品可以无线识别，不再需要之前条形码的近距离光学扫描了。而eGrain就是更进一步的发展了，它最大的特点是产品与产品之间可以相互沟通，装载它的产品或者机器部件可以定位自己并且主动发出信息，

而其他部件上的 eGrain 在收到信息后经过计算，就可以调整下一步的动向。可以说，根据环境信息自动做出行动决定是"工业 4.0"的技术特征。

孙晖铨告诉我们，在向"工业 4.0"迈进的过程中，他们成立了以他为核心的专门研究"工业 4.0"的研究小组，并建立了公司的大数据中心，以推进企业的"工业 4.0"进程。

守藏史团队访问金德鑫企业车间

"工业 4.0"前景一片美好，不过也有一些棘手的问题。除了技术条件有待成熟测试之外，大量的资本投入是"工业 4.0"成功与否的关键。"工业 4.0"需要大量 IT 技术的支持与投入，是绝对的资本密集型领域，这对众多中小企业来说，是天然的屏障。所以一开始很多中小企业就直接出局，或许是因为投资无以为继，又或许是因为盈利效果不彰。另外一个巨大的隐患就是网络安全问题。如席卷全球的"想哭"勒索病毒着实给大家上了一课。将来，"工业 4.0"所有沟通都会通过云端与大数据处理完成，一旦云端安全出了问题，其传染程度无异于"想哭"勒索病毒的升级版。所以说，网络安全方面的投入，也将成为真正实现"工业 4.0"的又一个亟须解决的问题。

## 管理的创新与人才的培养

在孙晖铨看来，想要在金属制造行业取得一定成绩，必须要敢于创新。所以在接手深圳金德鑫的运营后，他特别注重创新和变革。创新会使企业具有核心竞争优势，能够使产品及服务更加贴近市场需求。同时，孙晖铨重视与客户联络沟通，并收集顾客意见，评估市场需求，在产品功能、材料、外观甚至结构方面进行实用创新。

"管理上以诚为本"，笔者在和孙晖铨交流的过程中，就能够真切地感受到他的率真。他说真诚才能永恒，无论是对待客户、合作伙伴，还是员工、朋友。都说管理难，其实管人就更难，在孙晖铨看来，管理应该回归简单，人心复杂，事情就会复杂。复杂主要来自不透明、不信任。在接手金德鑫的第一年，也是他最艰难的一年，他要处理职业经理人遗留下来的各种问题，如老员工被迫离开、核心骨干层不作为、订单下滑、外部合作难题、基层员工没有激情，等等。在管理流程上，他一点一点地摸索梳理，亲自飞往上海请回为公司服务了28年的老员工，通过不断地沟通，解决了外部合同；通过积极地引导以及岗位的调整，处理了不作为的管理层，提拔了年轻积极的新晋员工；同时，还推出共享企业发展红利的方式与员工分红利，将企业盈利部分的30%用来激励团队成员、40%作为企业的发展基金用来培训学习、购置先进设备、改善产品质量。在他进行了一系列壮士断腕的改革后，企业又重新焕发了新的活力，效益有了近一倍的增长。

在我们前往采访金德鑫的前一天，企业举办的"走进金德访鑫亲子活动"刚结束。金德鑫企业发展了30多年，有的员工已经有三代人在这里工作了，这次活动让金德鑫员工的后代走进企业，让青少年们了解企业的发展、了解厂房、了解设备与最新的工业技术以及他们父母的工作环境，让青少年们开阔了眼界，并由此树立梦想。孙晖铨说，关爱员工，其实更需要关爱他们的家人。

一路走来，在孙晖铨的带动下，企业的凝聚力逐渐增强，这与他的职务无关，而在于他的个人魅力，在金德鑫，刚毕业的年轻人、70多岁的老员工和顾问智囊都成了他的粉丝。

一个企业要发展，总是离不开人才，所以在人才培养方面，除了企业内部培养外，金德鑫还同香港大学、深圳大学合作建立产学研基地。在基地进行科研与教学，在企业进行实践，使金德鑫现已拥有数十项注册专利技术，其中还包括两项发明专利。这些都得益于金德鑫对人才的培养。

**学习是企业发展不竭的动力**

无论是技术创新，还是组织变革，企业都离不开学习，而企业的学习不仅仅是老板个人的事情。孙晖铨告诉笔者："我鼓励员工多方位发展，比如有的人喜欢唱歌，有的人喜欢舞蹈，我都鼓励他们。"他会请专业的老师来企业培训，而且他本人也特别喜欢唱歌，网上还有他在公司年会上的表演视频，看着在舞台上表演的孙晖铨，你很难想象他是一个管理着上千名员工的企业家。

因为是制造业，所以车间里还有很多操作工，普遍学历不高，而企业在向智能化推动的进程中，对员工提出了挑战，提高业务操作水平是必然的，更多的是要加强学习，因此公司鼓励员工进行高层次学历提升。员工获得一定的学历如大专、本科、硕士、博士等，都会有不同的奖励。在这个世界上，逼着我们学习的有两种人，一种是我们的父母，他们掏钱让你学习，一种就是你的老板，他出钱鼓励你学习。

学习的资源与机会有时候是有限的，但是读书是无限的，金德鑫设有自己的图书室，员工随时都可以去借阅学习。通过员工的集体学习，企业发展的动力增强了。

## 走在普及急救知识的道路上

守藏史团队访问企业负责人孙晖铨

企业一路的发展，都有着各自的故事。孙晖铨在经营企业的同时，一直在坚持做另外一件事情，即普及社会居民的急救知识和急救技能，提高居民的自救互救能力。作为香港圣约翰救护救伤队九龙西分区副会长，孙晖铨一直在内地普及急救知识。2017年6月，香港圣约翰急救伤队与惠州市120急救指挥中心和博罗县手有余香志愿者协会的各志愿者团体共同为"惠州社区急救知识普及示范基地"揭牌，并做了推广活动。

在访谈中，孙晖铨向我们透露，最让他感动的是一次在惠州的公益活动，现场有一位市民告诉孙晖铨，因为一次偶然的机会，参加了孙晖铨组织的急救培训，在关键时刻救活了两个人。当时他激动得眼泪都快流出来了，真的很感动，因为这份坚持，可以帮助很多人获得自救互救的能力。

孙晖铨还告诉我，很多人在意外受到伤害时，周边的人不知道该如何急救，有时甚至无意中对受伤的人造成二次伤害。在急救知识中，有一个生命黄金10分钟，当身体受伤或出现其他意外时，最初的10分钟非常重要，这也是他坚持做了9年普及急救知识的原因。普及急救知识，让生命得到及时的救护。

在访谈临近结束时，我们请孙晖铨给经营企业的人一句忠告，他思考了一会，谦虚地说："不敢说忠告，仅是我个人拙见，走出舒适区，创造你的可能性。而要走出舒适区，就必须在新的环境中找到新的不同的行动方式，同时为这些新的行动方式所导致的结果负责。所以，用行动去践行，创造属于你自己的可能性。这也正是优秀的企业家身上体现出来的冒险精神。因为做企业本身就是一条'不归路'，在这条路上你没有舒适区，只有创造的可能性。"

如同金德鑫30多年的风雨兼程,孙晖铨每一步都在创造可能性。之所以称他为"打铁"匠人,正是因为他在精密五金这个领域专注了30多年,而且还将持续下去,从而创造了他的可能性。我想,"工匠精神"落在企业家层面,就是企业家精神。创新是企业家精神的内核,敬业是企业家精神的动力,精益求精、执着专注是企业家精神的底色。这些,孙晖铨都在践行。

### 结语

采访孙晖铨的时候,他对产品与技术创新等问题的看法,让我们一行人感受到了他的那种热情与梦想,感受到了这位设计师出身的企业家的匠人情怀。习近平总书记指出:"历史只会眷顾坚定者、奋进者、搏击者,而不会等待犹豫者、懈怠者、畏难者。"在孙晖铨身上,我们看到了一个奋斗者的时代精神。他专注于一个点上,专注是他匠人精神能量的源泉,特别是在企业遇到技术难题时,孙晖铨总会找到关键点,集中所有的力量打到这个点上,让自己的资源与能量聚焦在一个点上发挥到极致。经营企业也要如此"力出一孔",这也是企业多元化经营之本,而多元化也是专注服务某一领域的基本功。

笔者一行与孙晖铨留影
左起:任晔、陈思言、孙晖铨、胡大姐、王辽东

## 第三节  陈林：一介布衣的商业王朝

人物名片：陈林，广东宏远集团董事局主席、广东宏远篮球创始人。

说起陈林，可能会有人不知道，但谈起宏远篮球，也许就耳熟能详了，说起宏远集团，就更无人不知了。陈林就是广东宏远集团有限公司董事长，广东人亲切地称他为"林叔"。这位充满传奇色彩的老先生，从一介农民白手起家，创建了东莞第一家上市企业，同时创办了中国第一家民营职业篮球俱乐部，也是CBA第一家盈利的俱乐部。林叔个头高瘦，声音洪亮，言谈举止间带着学者的派头。

### 第一个敢吃螃蟹的人

改革开放以前，陈林是篁村生产队的大队长，那个年代，尽管他每天带着村民们起早贪黑地干活，可是生活依然十分贫穷。陈林希望带着乡亲们脱贫致富，因此一直很用心地留意最前沿的信息。

1986年，有着敏锐的商业嗅觉的陈林决定拿出全部的积蓄盖厂房，承接香港的产业转移。这关键时刻做出的选择，奠定了如今宏远集团庞大的产业根基。陈林认为："如果我们不开发，土地放着不用，迟早会被征用，你不发展别人就发展，所

陈林先生

以我们就找了土地，建了厂房。"当时在篁村大队当大队长的陈林拿出队里的380亩土地同东莞市外经委合作，在市外经委的担保下向香港的银行借款1240万美元，成立了乡镇企业宏远有限公司，外经委占60%，大队占40%，成立后的宏远有限公司从1990年开始回收资金。后来新任的外经委主任对公司的发展前景缺乏信心，陈林以1500万回购了外经委60%的股份，陈林坚定地相信自己会干出一番不一样的事业来。

然而，人们会疑惑，一个农民出身的人怎么会有如此眼光与自信？陈林

道出了其中的秘密："我相信天道酬勤，我是个很勤奋的人，喜欢跟有办法的人交流，学他们的思维，听他们的观点，每晚睡觉前我都会回想一遍，想其中有哪些是适合我们发展的路子。"

从 1992 年至今，担任广东宏远集团公司董事长的陈林，就这样凭借 380 亩低产荒地创建了宏远发展有限公司，办起水厂、电站、基础设施，筑巢引凤。随后有近 10 家企业接踵而至，日本 TDK 集团属下的新科电子厂、美国史丹夫集团属下的添迪制品厂等一批国际加工企业相继在新开辟的宏远工业区落户。1994 年 8 月 15 日，陈林带领的宏远在深交所终于正式挂牌上市。那时能在深交所挂牌上市的乡镇企业寥寥无几。

### 创建中国篮球的王者球队

陈林是个篮球迷，当初投资篮球是因为想建设企业文化，想为员工的业余生活增加点色彩。随着企业的发展初具规模，1990 年年初，为了提高企业知名度，陈林想在报纸上刊登一个版面的广告，但一打听，广告费至少要 16.2 万元。"我一算，如果一个月登一次，一年就是 200 万，那为何不想个别的法子给自己做广告，既能提高知名度，将来还可能赚钱？"想来想去，最终宏远选择了篮球。

陈林找来一些从专业队退役或即将退役的老球员、老国手来"打天下"。其中就包括国青队教练张勇军、宏远主帅李春江等。刚开始的时候，这些老将的确表现不俗，帮助宏远拿到了乙级联赛冠军升入甲级（CBA），又连续拿到了 CBA 季军和亚军的好成绩。但宏远缺乏后备梯队的建设，所以当这些老将不能打的时候，宏远的成绩就开始滑坡，1997 赛季宏远只获得了第 6 名。也正是从那个时候起，陈林下定决心要狠抓二线队的建设，关键就是要和广东省篮球队搞合作共建。

从 1996 年开始，宏远和广东省篮球队均开始加强后备力量的培养，双方在全国范围内一起选"苗子"、一起交流，杜锋、朱芳雨、王仕鹏、易建联都是那

笔者一行与宏远集团举行篮球友谊赛

时从各地选来的，后来宏远有了名气，各地"好苗子"都自己送上门来。挺过了那段艰苦岁月之后，宏远终于开始有了回报，继 2006—2007 赛季失利之后，宏远在 2007—2008 赛季再次崛起，问鼎总冠军，将常规赛和总决赛冠军双双收入囊中。宏远培养的球员优秀到令人羡慕的程度，有李群、宋希这样关键时刻能压住阵脚的老将，也有朱芳雨、杜峰这样的国家队中坚力量，还培养出了易建联这样的明星队员。

对于 10 年前的中国来说，同时拥有一支甲级足球队和一支甲级篮球队的，宏远无疑是第一个，在 2000—2001 年、2001—2002 年两个赛季，宏远虽然只获得了第 6 名和第 7 名，但是陈林从未想过放弃，用他的话说，"要做就做到最好，要用心去搞。从商 30 年，成功过，失败过，如果遇到失败就放弃，那就再没有今天的发展了。欲做成一件事，总会有曲折、有失败，最重要的是永远不要失去信心"。已拥有亿万身家、年过七旬的陈林，依旧还在追寻着他的梦想。陈林的 30 年创业史告诉我们一个道理：有一种成功叫永不停息地追逐。

### 与时俱进，多元化发展

从建工业区开始，宏远集团先后开发了宏远、宏远长安沙头、宏远大岭山三个工业区。宏远集团总部所在地曾是篁村 380 亩的低产坡地，如今已发展到占地 1950 多亩，内有几十家工业企业和数万人口，区内规划整齐，配套设施齐全，共吸引近百亿元的外来投资。随着多元化发展条件的成熟，陈林以敏锐的洞察力相继进入房地产、医药、汽车等众多领域，开发了江南世家、江南第一城等一批高品位住宅项目，并于 1991 年 4 月成立广东宏远集团药业有限公司，集科研、技术开发、生产、营销于一体，主要开发、生产和经营针剂、片剂、口服液、原料药、胶囊、冻干粉针等多种剂型，拥有 39 个国家准字号药品、国家 GMP 认证的高新技术企业，将"制好药，为众生"视为企业生存和发展的理念，产品畅销全国。在 1998 年与中国汽车工业总公司合资建立中汽宏远汽车投资有限公司，主要研发生产大中型豪华客车，重点发展新能源和环保节能汽车，包括混合动力、纯电动等新能源客车，LNG 清洁能源客车、欧五、欧六高排放等级客车。市场范围重点覆盖华南、华东地区，辐射全国和东南亚，并直接进军欧美等发达国家市场。

### 老骥伏枥，活出生命的精彩

在陈林的世界里，从来都没有退休的概念，陈林认为能工作就证明身体健康，大脑要常用，否则会"生锈"。尽管曾经创立了在甲 A 风光一时的劲旅——广东宏远，但年近八旬的陈林更钟爱篮球，仍然能上场打全场，体力不输于年轻人，甚至现在有的年轻人上场跑几个来回就大喘气，而陈林一上场就令人感觉他浑身充满力量，这是他对篮球的热爱与执着，他很喜欢与年轻人在一起交流，陈林说："只要这些年轻人不嫌弃我，不认为我老，我就与他们一起工作，一起打篮球。"

陈林这种脑力与体力相结合的工作方式，是他精神与身体状态保持良好的原因所在。陈林认为良好的精神状态由心而定，从养生上说，年纪大了的人记忆、体力等都会下降，这个时候就要学猴子，猴子反应敏捷、行动活泼轻快，是终日具有朝气与活力的动物。所以要多动，这不一定就指跑步、打拳，平常尽量少坐车，以走路为主，能达到锻炼目的的都算多动。还有就是要戒惰，多动偏重机体（身），戒惰偏重思想（心）。同陈林在一起，会有一种儿童般的愉快和满足。

陈林崇尚"蚁食"和"龟欲"。"蚁食"有两个含义，一是像蚂蚁那样，饮少食微，即吃得少；二是像蚂蚁一样，什么都吃一点，即吃得杂。龟欲，乌龟因其寿命长，被奉为祥瑞的象征。对于我们来说，值得借鉴的是乌龟与世无争的胸襟和一无所求的淡泊。在大是大非面前决不能做缩头乌龟，但对一般问题，当学乌龟，以静制动，以不变应万变。陈林总是能轻松面对工作的压力，从2000年以后，对于企业的经营管理，他不再亲力亲为。现在的经营是在平稳之中略有进步，这是陈林最大的放心。

但陈林现在反而会比以前更留意一些细节，他会去听业主反映一些意见，这些是经营者听不到的，觉得有道理的，就会把意见反馈给经营人员，平衡协调这些矛盾。陈林不愿意当英雄，更不愿当模范，他常常把自己的位置放低。低姿态的他，留一缕坦然于心间，让平平淡淡充盈内心，让真真实实流于外表。

"留很多钱财给后代没什么用，最重要的是教会他们敢于承担，广结善缘。"这是陈林不变的观念，他常常用厚德载物这四个字来教育孩子。

从一个贫穷的农民白手起家，到如今成为亿万富翁，陈林认为，人心向善才能焕发出强大的生命力。在一些回报社会、扶危济困的公益活动中，总能见到陈林伸出温暖而又坚定的援手。据不完全统计，多年来陈林在捐资助学、扶贫赈灾、捐赠慈善基金、"广东扶贫济困"等社会公益活动中捐款捐物近亿元。

## 结语

同陈林在一起，能够感受到他的慷慨与大格局、大智慧的气场。用陈林的话说,"人要大气,人大气了,思考问题的起点也就不同了。人可以总结过去的事,也可以思考现在的事,也可以探索未来的事,关键在于想不想、要不要和行不行动"。

是的,当一个人格局大了,意识到自己可以干更大的事业时,人的意识可以穿越时间、空间,可以连接更大、更多的资源。当一个人连接更大世界的时候,在自己的世界里什么资源就都有了。要慷慨地为他人提供有价值的服务,慷慨地为社会解决问题,慷慨地将自己的能力贡献给这个社会,人只有慷慨了才能绽放更大的生命力。

王辽东先生同陈林先生合影留念

## 第四节 严子杰："创二代"的梦想追逐之路

人物名片：严子杰，香港时捷照明有限公司执行董事、深圳市外商投资企业协会副会长、深圳市海外经贸文化促进会海外理事、LED 移动媒体整体解决方案开拓者、绿色环保节能推动者、香港仁爱堂董事局总理、屯门区消防安全大使名誉会长、香港半岛青年狮子会副会长、香港电子业商会青年委员会会员、香港青年联会永远会员及香港政协青年联会会员。

在人们看来，"富二代"这个词总是充满了很多的含义，总的来说，就是跳过白手起家、艰苦创业阶段，直接站在上一代成功肩膀上起步的人。尽管他们当中有很多人并不愿意被称作"富二代"，但父辈积攒的积蓄依旧可以让他们年纪轻轻就能够使用"身家"一词。我们今天的这位主人公——严子杰，与其说他是"富二代"，不如称他为"创二代""创二世"。

"85 后"的严子杰是很不愿意别人把他当成"富二代"的，因为他从小就有一个生意梦，这个梦不是要带着父亲的光环去实现，而是要依靠自己的打拼和追求去实现。

身为家中的长子，在父母的教导下，严子杰早早养成了独立的个性，也听着父亲的"生意经"成长起来。因为小时候去过英国读暑期班，很喜欢那里自由自在的生活，在小学五年级时，他就提出只身前往英国读书，父母竟然也爽快地答应了他。追逐自己的梦想，总要出去看看世界。高中时期，每年暑假严子杰都会去做暑期工，积累经验，让自己一点一点地向梦想靠近。

### 创业之初

由于从小耳濡目染父亲的生意往来、生意谈判，因此严子杰从小到大都很明确自己的方向，那就是创业做生意。但是他大学考取的竟然是英国最好的艺术高校，修读"平面造型设计专业"，而不是商学相关专业。我们很好奇这个问题，他是这样回答我们的，因为自己对艺术、绘画、设计有着特别的敏感和喜欢，也是自己的兴趣，所以那是自己读书阶段很想去深入探索、领会的一个领域。没想到这对他未来的创业，以及在 LED 照明的设计方面发挥了巨大的作用，比如对 LED 灯光的柔和度、线条设计，以及 LED 灯和周围环境的融合方面，都发挥了积极的作用。为了更进一步实现他的创业梦想，严子杰又去攻读了工商管理硕士。

在校读书时，严子杰就有意识地去锻炼自己，做过贸易、会计、市场推广等暑期工作，这些工作都增加了他对市场的敏感度。毕业之后，他没有直接去创业，也没有选择去父亲的公司，而是选择了历练，去了一家银行打工。打工的经历让他懂得了如何做好一个员工和一个管理者，懂得了如何做好管理者才能更有机会去做好一家企业。

他父亲的公司——时捷集团，成立于1981年，并于1994年在香港联合交易所主板上市，业务遍布全国各地，共有11家子公司。2012年，时捷集团在元器件领域的业务已经遍布世界各地。严子杰发现市场上的LED灯要么是灯光太刺眼，要么是灯光的柔和度不够，而父亲的集团公司在LED灯领域业务是空白的。

半导体（LED）照明亦称固态照明，是继白炽灯、荧光灯之后的照明领域的又一次光源革命。其因节能环保、寿命长、应用广泛而成为节能环保产业的重要领域，被列入我国战略性新兴产业。

2011年，国家发展改革委、商务部等部门联合发布了《中国逐步淘汰白炽灯路线图》，推动了照明产业结构优化与持续发展。据测算，若将我国全部在用的白炽灯替换成节能灯，每年可节电480亿千瓦时，相当于减排二氧化碳近4800万吨。若进一步更换为LED照明产品，将带来更大的节能效果。

LED照明技术发展迅速，成本快速下降，产品示范应用逐步推开，节能减排效果日益明显。LED照明产品已成为下一代新光源的发展方向，我国LED照明节能产业形成了较完整的产业链和一定的产业规模，具备了较好的发展基础，已成为全球LED照明产业发展最快的国家之一。

基于此，严子杰决定去开拓这块新市场。严子杰告诉我们，别人质疑过他的创业初衷，因为别人总会把他和"富二代"联系起来。但是他自信满满地说："我就是从一点一滴的销售开始的。"时捷照明初创的时候也只有三个人，那个时候他们既要研发、设计LED产品，还要一个商场一个商场、一个客户一个客户地去拜访，有次接到一个商场的LED订单时，由于人手不够，严子杰就一个一个地去安装。"不仅设计、销售、还包安装"，说着严子杰不禁笑了起来，"当然现在就不用我安装了"。就这样，严子杰开启了他的创业之路。

## 用心服务，永远不变的旋律

LED照明领域虽然机会大，但是同样也面临激烈的竞争。在严子杰看来，要想在市场竞争中立于不败之地，最重要的就是用心服务客户。销售不仅仅是把产品销售给客户,最重要的是要提供贴心的售后服务和与顾客维持健康良好的关系。

让笔者感受最深刻的是严子杰所提到的服务客户最本真的就是"用心"。而这份来自时捷照明的用心服务,首先是从他开始的。

严子杰告诉我们,他大部分的时间都是在服务客户,要么在客户那里,要么就是走在服务客户的路上。当时结束我们的访谈之后,他就要赶往东莞一家客户那里。每周有 4～5 天的时间,严子杰都是在

严子杰向笔者一行介绍公司产品

国内外客户或者供应商那里。他说客户也需要安全感,用心的服务就是要让他在需要你的时候能够第一时间想到你,而不是你把产品销售给他后热情就减少了。产品销售给客户后,才是销售的开始、服务的开始。严子杰会给客户带来最新的 LED 领域资讯,为客户检查照明设备,或者是咨询客户是否需要更新 LED 芯片,等等。重要客户他都会亲自拜访,这样客户能从中获得被尊重感和被重视感。

有一次,严子杰接到一单大型工程,原本按照设计师的设计安装 LED 灯,但客户突然改变主意,从头到尾修改了这个设计,时间紧迫,他跟客人在香港开完会后,马上飞往内地工厂亲自监督。最终努力没有白费,工程顺利完成,也给客户留下了深刻印象。有时候他也会为了一个客户的改良方案和团队成员争论,方案常常到凌晨才能最终确定下来。用心和努力让他一步步走到了今天,他掌管的时捷照明从创业至今已有超过 10 亿的产值。

做生意的人,讲究的就是一个"信"字,这也是他父亲的告诫,和客户建立良好的关系就是从这个"信"字开始的,如果做不到就不要应承别人。实事求是,能做就是能做,不能做就要如实相告。正是因为他这样的真诚与实在,莎莎国际、堡狮龙、香格里拉酒店等著名企业都成了时捷照明的长期客户。

时捷照明成立初期，拓展业务也并不那么容易，也遇到过很多困难。例如当时公司接到香格里拉大酒店LED灯的设计、施工，对方对照明供应商要求十分严格，要求产品测试期为一年。对于年轻的时捷照明来说，产品一年测试期，这在行业中是少见的。而在严子杰心里，时捷照明就像是自己的孩子一样，于是他答应了客户的要求。在这个过程中，他多次拜访客户，深入了解客户的需求，严格按照客户要求保质、保量完成施工。最终，经过一年测试，没有一盏灯出现问题，而且整个设计、灯光视线与整个环境完美融合。用严子杰的话说，"在这等待测试结果的一年中，时间是漫长的，说句实话，我也会忐忑，天天都会祈祷，安装的灯有上千个，千万不要出问题"。靠着这股精益求精的事业精神，严子杰带领时捷照明接下了内地以及国外香格里拉酒店大部分照明业务，成功打开在香港本土零售业、超级卖场及酒店业等市场，为客户提供LED产品及售后服务。经过多年努力，坚持以客户为先的宗旨，让时捷照明获得业界不错的口碑及认同。

## 模式创新，走出自己的特色

公司快捷发展的背后是行业日趋激烈的市场竞争，在市场需求增长的带动以及国家政策的引导下，传统照明领域内的企业也纷纷开始向LED家居照明积极转型，再加上行业门槛较低，行业内投资者数量不断增多。目前，国内做LED家居照明的企业有几千家，过多的企业数量使行业产能过剩的弊端开始显现，市场竞争程度不断增加，市场集中度下降，进而造成行业内秩序混乱，利润空间也逐渐被压缩。

严子杰在介绍公司产品

因此，严子杰提出"不拼价格、拼服务"，在严子杰看来，经营最难的是"从0到1"。在激烈的竞争中，价值往往是业务成交的关键因素，时捷照明不拼价格，因为低价值产品和服务也不是严子杰所看重的。

与国内一些 LED 照明公司不同，严子杰将时捷照明定义为"为客户定制设计+技术服务+施工安装提供一站式照明解决方案"的供应商。

起初在推出 LED 产品时，价格比传统灯具贵好几倍，所以有很多客户听了价格后都对使用 LED 灯有顾虑，但 LED 灯对比传统灯可以节省 70%的电费，节能效果十分显著。当时严子杰专门为堡狮龙这类大型连锁店企业量身订制了一款 LED 灯，以满足其在价格、质量效果上的需求。后来无论是国内各大零售商如莎莎国际、惠康超级卖场，还是国际知名品牌如欧米茄等，都使用了这款产品。

对于初次接触 LED 产品的客户来说，他们可能对照明灯光技术应用的认识还不够，也不太清楚自己想要何种效果，针对这种情况，严子杰提出："我们要给客户提供建议和安装服务，帮助客户清晰自己想要的效果。"于是为客户提供了一套 Light in Motion 的 LED 灯模块式分析方案，客户选择的自由度就非常大，给予客户最大的弹性选择。后来这套方案深受各大商场、地产发展商、设计师的喜爱。例如新世界中国、崇光百货，甚至一些知名酒店如香格里拉、喜来登和澳门一些知名酒店等都使用了时捷提供的这套方案。

"为客户定制设计+技术服务+施工安装提供一站式照明解决方案"深受不同国际品牌的青睐。时捷可以根据客户的需求，帮客户做分析，为业主做风险评估，根据情况客户还可以采取分期付款的模式。在严子杰看来，客户拥有了你，你才拥有了客户。有了服务的价值，客户才愿意接受相应的价格。

为让时捷照明业务收入持续增长，严子杰在做好技术、服务的同时，不断优化创新，向零售业商户及商厦增设 LED 广告显示屏，同地产商合作在楼顶及户外做广告 LED 电子显示屏，并提供整体的一站式项目管理服务。

严子杰以"市场痛点即卖点"的思维方式，将 LED 照明的模式延伸到商厦的 LED 电子屏，将 LED 电子屏变成 LED 媒体，将租物业转化为广告服务媒介商，让广告变成收费平台，让工程费变成广告收益。

目前，时捷照明作为时捷集团的子公司，弥补了集团公司在照明业务的空白，分拆上市是时捷照明未来的计划目标，这将意味着公司的知名度、品牌、规模效应要上一个新台阶。

## 企业新机遇："一带一路"与"湾区经济"

谈到"一带一路"，严子杰认为，随着国家"一带一路"倡议的推出和实施，作为市场主体的外向型企业，将迎来新的发展机遇。例如，交通运输业将成为重点。交通既是经济社会发展的命脉，也是一个地区文明程度的重要标尺和对外形象的集中展示窗口。包括高铁、公路、水路、航运、港口等在内的不同类型的交通工程都将成为"一带一路"建设的重点，不管是国内涉及"一带一路"的省份，还是"一带一路"沿线的国家和地区，都应发展交通，

严子杰在接受笔者采访

"一带一路"沿线的许多国家正处于工业化、城市化快速推进的时期，对基础设施建设的需求非常大。我国很多从事基础设施建设的企业已经在国内外积累了丰富的经验，有着较强的建设和服务能力，而基础设施的发展同样会带动LED照明产业的发展，比如东南亚国家，新的基建都需要优质照明，时捷在这方面有很好的客户基础和行业影响力，严子杰强调，"一带一路"和大湾区规划"1小时经济生活圈"将推动区域互动合作和产业集聚发展。未来，时捷集团会在高铁站及交通便利的枢纽点增设办事处。企业完全可以利用"一带一路"及大湾区发展战略实施带来的机遇，做好布局，进一步促进自身的发展。

### 做慈善会让自己更快乐

对于严子杰来说，忙碌工作之余，抽时间做慈善或做义工，可以让自己内心更充实。做慈善，是从小受到父母的熏陶，尤其是其母亲，潜移默化影响着严子杰。他是香港慈善机构仁爱堂第三十二届董事局总理，他常常抽空探访独居老人。在严子杰看来，做慈善除了捐钱以外，实质行动也是非常重要的。2008年，时捷集团积极捐款支援汶川地震的救援工作，并组织员工参与汶川地震"5·12关爱行动"。用严子杰的话说，做慈善或做义工，帮助别人的同时，也让自己更快乐！

## 结语

在严子杰身上,我们感受到一种格局与境界,一种淡定与睿智。对行业发展有一种深度、宽度与广度的见解,是他长期在市场一线摸爬滚打的结果。用严子杰的话说,他80%的工作时间都在客户那里,都与市场一线人员在一起。

在严子杰看来,作为企业经营者,一定要清晰客户的需求与痛点,要解客户之所难、助客户之所求。正是以这种"专注为客户提供价值解决方案为核心原点"为企业经营理念,严子杰带领他的团队创造了一个又一个行业奇迹。

访谈结束后,严子杰与我们热情告别后,便匆忙赶往东莞,去服务他的下一个客户,这样努力与拼搏的人生,是不是一个"创二代"在用生命的热情追求梦想的精彩呢?

**笔者一行与严子杰留影**

## 第五节　高山安可仰，光华耀深港
——记佳宁娜集团董事局名誉主席马介璋

人物名片：马介璋，深圳市佳宁娜集团董事局名誉主席，曾任第九、第十、第十一届全国政协委员，广东省政协常委，深圳市政协常委，华南城控股有限公司联席主席等。

马介璋，深圳第一代港商的杰出代表和领军人物，他靠着过人的胆识和卓越的商道智慧，尤其以一颗赤诚的爱国之心，不畏艰险，不惧失败，率先走上支持中国改革开放、投资深圳，与深圳经济特区同呼吸共命运的道路。由他引领的深圳港商，也毋庸置疑地成为我国改革开放的一个生动事迹。

马介璋现任佳宁娜集团董事局名誉主席、香港潮州商会永远名誉会长、香港潮属社团总会永远名誉主席、香港广东社团总会会长等。自 1985 年投资深圳以来，他的商业版图不断扩大，遍及国内外，涉及房地产开发与投资，酒店、餐饮、食品、商贸物流等众多行业。他见证深圳自改革开放以来的沧海巨变，他是深圳这座城市值得铭记的开拓者，是深圳"敢为天下先"精神的坚定践行者。

### 苦难催奋发，远见夺先机

1942 年，马介璋出生于广东潮阳，幼时家境极为清寒。20 世纪 40 年代末，年仅 7 岁的马介璋便随父母前往香港谋生。父亲马明耀为人敦厚朴实，为了一家老小的生计做一点小贩生意，每天早出晚归。由于本小利微，每每入不敷出。日子在艰辛中一天天过去，懂事好学的马介璋不忍心看着父母整天为生计而愁苦，且弟弟们年纪还小，还在读初中的马介璋便毅然辍学，到母亲就职的毛衣厂打工。他要用自己稚嫩的双肩为父母分担身上的重担。可谁知上班第一天，马介璋不知手里的活儿怎么做，便心急火燎地去问别人，结果被老板发现并炒了鱿鱼。

对于那次经历，马介璋回忆道："其实我真的很看重那份工作，是我想把它做好才去问别人的，没想到适得其反，那次对我打击很大。"为此，他暗下决心，将来一定要开一间比那家毛衣厂大 10 倍的工厂。就是抱着这样的一个决心和信念，他从制衣领域起步，栉风淋雨，艰辛打拼，最终获得了香港"牛仔裤大王"的称号。

在改革开放初期,他凭着敏锐的嗅觉、长远的眼光,大手笔投资国内制衣行业,成为最早赴深圳投资的港商之一。1985年,他投资500万港元在深圳南头收购了一家简陋的制衣厂,并进行全面改造,立即开工。翌年,将投资增至3000万港元,1998年再次增至8000万港元,一家颇具规模的现代化制衣厂在深圳特区绽放出独特的馨香。时任香港总督卫奕信爵士访问深圳,专程参观了他的制衣厂,作为深港经济合作的成功典范,卫奕信爵士给予了该厂高度褒奖和赞扬。

马介璋的远见卓识和率先行动,为他日后在深圳特区乃至全国的发展奠定了不可估量的重要基础。

### 信念难撼动,祖国在心中

1989年,面对某些外媒对中国改革开放负面新闻的诸多报道,马介璋并没有动摇在深圳投资的信心。当年他以2210万港元收购了深圳丰富染织厂原甲方拥有的50%的股权,并追加800万港元对企业进行改造。就在他准备增资时,国外的朋友提醒他投资有风险,不建议他继续投资,但马介璋却认为,"中国这么大,中国人口这么多,未来祖国一定会发展起来的",就是抱着这种对祖国未来必将发展的坚定信念,他毅然逆水行舟,不畏艰险。

与此同时,他还劝说其他商界朋友继续在内地投资。"不是勇气或聪明,而是坚信自己的祖国一定会发展起来。在国外也是投资,为什么不建设自己的国家呢!我立足中国这块土地,就希望中国好,没有人要求我做贡献,我完全发自内心。"迄今为止,在马介璋带领下的达成集团已在深圳单独投资近20亿元,拥有著名的佳宁娜友谊广场、骏庭名园两大物业。2004年12月6日,由深圳侨商国际联合会会长马介璋和常务副会长孙启烈、马伟武,以及理事郑松兴、梁满林5位企业家共同投资26亿元打造的珠三角"物流旗舰——华南国际工业原料城"建成,对深圳物流业和相关产业的发展,对提升泛珠三角地区区域经济的竞争力无疑具有里程碑意义。

### 成功跨数行,人才多元化

马介璋的事业,与中国的改革开放、与中华民族在全球的再次崛起紧紧相连。30多年来,他的事业蒸蒸日上,如日中天。他创办的佳宁娜集团(前身为达成集团)于1991年在香港联合交易所上市时,业务网络便已扩展至全国各地,以及亚洲、美洲、欧洲与非洲的诸多国家和地区。现在,佳宁娜集团已将业务扩展至酒店、餐饮及食品制造、零售、房地产开发与投资、商贸物流等,成为一家创立于香港特别行政区、植根于内地,实力雄厚、业务多元化的综合大型集团。

随着中国改革开放事业的深化,马介璋在国内投资的范围以深圳为中心,拓展到其他省市。2007年年底,马介璋又联袂香港、深圳两地商界精英斥资50亿元,以华南城模式在连云港建设"华东城"。

对于大手笔项目的成功运作,马介璋坦率地说:"成功不仅在于认准方向,更在于执行。一个人的智慧与精力都是有限的,对于集团多元化的成功,关键是培养多元化人才,有大将方能干大事。"

在马介璋的经营理念里,要打造培养"三才"(帅才、将才、慧才)所需要的环境:一是要打造人才激励机制,工资只是一份生活的基本保障,还要建立一套科学的激励机制;二是要树立目标与奖励相结合;三是要不断吸引人才,建设自己的企业文化与愿景。在马介璋看来,有人才就会有财。作为企业经营者,首先要懂得用人,要用福利留人,用机制留人,并要考虑人才的发展。人才是第一力量,要一切围绕着发挥人才的才智,重视人才梯队建设,培育人才的凝聚力。多元化发展需要专业化技术顶尖的人才与多元化且有远见的人才。

马介璋不仅对产业发展具有独到睿智的眼光,他本人还是一位人性化管理大师。

## 热心创协会,搭桥助政企

以马介璋为代表的港商刚来内地投资时,对政府的很多政策都不太了解。同时由于历史的原因,内地与国外经营理念和方式有诸多不同,亟须有一个政府之外的第三方民间机构"桥梁"组织,帮助外商企业协调处理企业在发展中遇到的问题,于是他向市政府领导提出了创办外商投资企业协会的想法。但协会成立缺少经验,更缺乏人才,当时市政府从北京引进了王丹亚、郭小慧两位人才,经过一系列的努力,深圳外商投资企业协会终于在1989年成立了,选举深圳市副市长朱悦宁为会长,马介璋为副会长。

协会刚成立时,会员较少,既无办公经费,也无办公地点,马介璋就赞助协会办公场所、工作车,积极帮助协会解决发展中遇到的问题,同时帮助协会解决会员企业发展中所遇到的问题。例如,每月邀请政府不同职能部门,如海关、工商、税务、劳动等同企业进行座谈交流,及时反映企业经营的困难与问题。马介璋和协会的努力工作,赢得了政府的高度赞赏和会员企业的信赖。

### "一带一路"与"粤港澳大湾区"

早在十几年前，马介璋多次就"加强深港合作，两地优势互补"向有关部门建言献策。到今天，"深港一体化"已经获得了广泛的共识。在马介璋看来，"一带一路"对整个亚洲地区的经济发展都大有裨益。用经贸带动地区乃至世界经济的发展，巩固和谐的周边关系，这是我国高瞻远瞩的倡议。我国已是世界第二大经济体，我国的成功，也会推动亚洲各国的经济发展，乃至推动整个世界的经济发展。

对于粤港澳大湾区的建设，马介璋表示高度支持。大湾区建设让人流更通畅，"1小时经济圈"，即各城市高速公路及高铁实现1小时便利出行，有利于缓解一线城市的高房价压力。

马介璋认为，现在高房价的原因，一是一线城市土地匮乏，二是基于中国人"有房才有家"的思想习惯。房地产在经济发展中具有重要地位，但深圳房价奇高，主要原因是深圳人多地少，所以粤港澳大湾区的建设将有助于降低深圳房价，为年轻人提供更多的发展机会。

### 承社会责任，倾公益大爱

马介璋不仅具有潮汕人善于经商的智慧，同时他也是一位"吃水不忘挖井人"、热爱家乡、关注深圳慈善与公益组织事业的企业家。关于做慈善，马介璋特别低调，他从不会去对外界说自己做了多少好事或为社会捐了多少钱，而是用心把每一件公益的事情做好，真正帮助那些需要帮助的人。

马介璋是深圳市社会治安基金会（现为深圳市见义勇为基金会）发起人之一，该基金会的目的是维护特区投资环境，保障社会安全，增加市民安全感，鼓励市民见义勇为，促进警民合作。在他的努力下，深圳市社会治安基金会于1992年1月正式成立。除了马介璋个人捐资200万元以外，为了协助基金会募资，他还牵头先后搞了3次活动，邀请香港的张学友、刘德华、黎明、郭富城以及徐小凤等歌手、演员来深圳演出，最后共募得资金3000多万元，为深圳社会治安管理做出了贡献。

与此同时，他不遗余力地屡捐巨资用于国内的公益慈善事业，云南地震、华东水灾、希望工程、光彩事业、家乡教育、见义勇为基金、残疾人事业……随处都有他坚定而温暖的援手。

2001年，他捐资1000万元在潮汕老家建起一座占地3万多平方米、建

陈思言总编同马介璋先生合影

筑面积 1 万多平方米的现代化的马介璋中学。他还为深圳市见义勇为基金会、深圳市警察基金会、广东省潮剧基金会等捐出上千万元。他还做了许多慈善工作，如资助残联、资助汕头成田中学、资助基层侨联、捐助潮人海外联谊会，等等，这样的事例数不胜数。据不完全统计，马介璋个人为公益慈善事业捐出了过亿元资金。

谈及做公益，马介璋坦言，有爱心，有爱国心，自然会做好，靠自己的力量，尽自己的心意，为社会做贡献是一件幸福开心的事。

马介璋的人生注定与香港和深圳这两地休戚相关。他助力过香港的繁荣，也参与了深圳的崛起。他在深圳的 30 多年，是陪伴深圳一路发展、风雨兼程、同舟共济的 30 多年。他慷慨投资，砥砺前行，那种心存志远、脚踏实地的仁商风范，那种宠辱不惊、得失无意的超然境界，那种心怀社稷、泽被桑梓的家国情怀，无不展现出他作为中国改革开放历史上一位受人敬重的杰出的港资企业家的深厚禀赋。

## 结语

在同马介璋的交流中，我们感受到这位最早响应中国改革开放的香港同胞拥抱时代的使命感，这种使命感来自一种强烈的意愿，一种为国家、为世人、为社会做贡献的爱国思想。马介璋四十年如一日，用他的行动创造了一个又一个商业传奇。他将自己的命运与国家和社会的命运连接在一起，将社会发展的需求及为人们提供价值服务作为自己的使命。我想这就是他们那一代人的力量之源所在。

笔者一行与马介璋留影
左起：陈思言、任晔、马介璋、王辽东

# 使命的力量
## ——知名企业家谈创业

## 第六节 走近"橙子"
### ——你身边的智能脊椎理疗师

人物名片：陈智，橙子大健康（广州）科技有限公司董事长。

2017年12月6日，笔者一行随橙子大健康（广州）科技有限公司陈智董事长来到哈尔滨工业大学机器人集团华南总部（简称"哈工大机器人集团华南总部"），见证了双方战略合作签字仪式。哈工大机器人集团成立于2014年12月，是由黑龙江省政府、哈尔滨市政府、哈尔滨工业大学共同投资组建的高新技术

笔者一行随陈智董事长来到哈工大机器人集团华南总部

企业，主要从事机器自动化装备、服务机器人及工业自动化机器人应用产品的研发与设计，其中，耳熟能详的就是中国第一台月球车、空间机器人、爬壁机器人等尖端科技产品。近年来，哈工大机器人集团将自己的技术资源与市场需求相结合，将人工智能机器技术应用到医疗健康等领域。

### 认定大健康管理的"橙子"

橙子大健康（广州）科技有限公司是一家专注于脊椎健康服务领域的专业化健康管理公司，专注研究脊柱康复健康多年，2017年正式进行市场化运作，将传统的中医脊椎治疗原理与技术进行信息化管理、数据化分析、系统化运营，将理疗与健康培训相结合，使更多诸如商务人士等人群接受脊椎健康管理知识，形成一系列健康知识管理体系。此次与哈工大机器人集团的战略合作，标志着橙子大健康（广州）科技有限公司将尖端脊疗智能机器人技术应用到大健康领域，这也是顺应时代发展的大趋势。将尖端技术应

用到老百姓大健康服务领域,对于大健康产业来说,具有重要的历史性意义。

### 健康是一份责任,认定投身大健康

第一次见到陈智先生,就能感受到他身上有一股学者型企业家的儒雅气质。陈智出生在汕头海丰县一个普通农村家庭,父母都是普通的农民。陈智从小就懂得父母供他们兄妹几人读书的艰辛与不易,所以学习也就格外努力。1978年,陈智参加高考,成功考取了武汉大学统计学专业。1982年毕业后被分配到广东商业学校,成了一名大学老师。1992年随着改革开放的浪潮,陈智决定下海经商,从广州来到改革开放最前沿的深圳,就职于一家建设投资公司,从一名财务办公室人员一直做到公司副总裁。

2010年的某一天,陈智突然感觉腰部疼痛、胸闷气短,到医院检查发现自己胸椎、脊椎出现了问题。经过中医康复与理疗技术结合,加上自己坚持锻炼身体,脊椎慢慢康复。从那时候开始,陈智体会到"健康是一份责任",是对自己爱着的和爱着自己的亲人与朋友的一种责任。

2014年的一天,陈智与一位好朋友本来约好见面,但怎么都打不通好友的电话,最终等到的却是好友因为突发心脏病永远离开了的噩耗。好友的离世所带来的悲痛,让陈智深深地感受到生命的无常及健康管理的重要性。于是他做出了一个重大决定,不再亲力亲为他之前所做的商业地产领域,接下来的岁月只专注于一件事——全身心投入健康管理领域。为了将中医理疗技术应用到健康管理中,陈智先后多次走访中医、脊椎管理专家学者,后来联合哈尔滨工业大学机器人集团,推动研发针对脊椎健康管理人群的脊椎康复机器人项目。研发的这款脊疗机器人,是根据中医原理采用的穴位康复按抓式,而不是市场上一般的滚轮式按摩椅,从而与人体构造相对应,对腰椎、脊椎有良好的预防保健作用。

陈智的学生,也是他的好友与多年的合作伙伴卢总告诉我们:"老师同我说过,橙子脊椎健康事业将是我们的'收官'之作,也是我们用下半生的生命活力去经营的健康事业。"可见,健康事业在陈智心中的份量有多重。

### 橙子科技:专注脊椎健康管理

近年来,随着人们工作节奏越来越快及移动设备的快速发展,越来越多的商务人士、开车一族、"低头一族"等出现脊椎健康问题,这是由长时间久坐及未注意脊椎健康管理造成的,而且脊椎问题越来越年轻化,轻则影响工作效率、影响家庭生活,重则需要手术治疗。

保护脊椎健康最好的方法就是预防与保健,目前国内最有效的治疗方法是中医理疗,但要找到一个好的老中医并不容易。市场上按摩店的职员大多也不是中医师,并不能针对脊椎进行有效的康复理疗。而橙子大健康(广州)科技有限公司联合哈工大机器人集团,以最尖端科技与中医理疗相融合,研发出专门针对脊椎健康管理人群的脊疗机器人,这也将开启人工智能时代——机器人康复理疗仪在健康领域的应用。

橙子大健康(广州)科技有限公司将专注于对研发出的脊疗机器人进行技术应用与培训推广,帮助人们解决脊椎健康管理问题。

### 以点带面,连接大时代,搭建共享生态系统

"驻在您身边的脊疗师"——脊疗机器人,具有高频短波震动、超速筛体、自重牵引、S摇摆、颤足抖脊、颈腰辅热与颈腰点压等功能,可用于颈椎痛、腰间盘疼痛、骨质疏松、慢性病缓解和康复调理、神经内分泌和心血管及生殖系统的改善调理、脊椎亚健康人群的养生调理,以脊椎健康管理为核心,具有实现自动有氧运动、激发细胞潜能、改善身体微循环、提高免疫力、甩掉赘肉和延缓衰老等作用。

橙子大健康(广州)科技有限公司即将在市场上投放1000台脊椎康复机器人,计划培养1万名脊椎理疗师。同时依靠尖端智能机器人技术,对信息进行数据化处理,将人工智能、机器人与互联网大数据技术进行连接。将健康管理与医疗预防相结合,可以通过人工智能建立健康管理数据。根据不同年龄段人群,提供健康管理指引,如根据不同年龄段人群体质及运动数据,提供骨质、血液密度、肌肉力量等数据分析结果。在未来,橙子大健康(广州)科技有限公司将以健康领域为根源,以尖端技术为核心,以提供服务为连接,使脊椎理疗机器人像自来水一样流进千家万户。

橙子大健康(广州)科技有限公司在依托脊疗机器人技术优势的同时,与健康行业前景相结合,推出匹配不同体型、骨质特点的健康绿色食品,包括20种蔬菜粉的健康饮食推广、健康知识分享、食疗平台学习等。以图书为媒介,以线上教育为资源,以线下体验为中心,以社群连接为家庭,立体式服务于健康产业。

据健康产业协会统计,未来大健康是一个万亿的产业,而橙子大健康(广州)科技有限公司将智能机器人技术信息化、建立数据化云管理中心,对健康数据进行优化处理,以社区为基础,以对接社区医疗、社区保健、社区康复、社区家庭医生等诊疗系统为端口,将数据化连接到用户体验、用户

定期健康报告、就诊信息指引与建议等社区服务中去。同时将准确的数据与用户共享，与医疗医师情况、资格、等级、评价等信息接合，使人民群众得到更好的医疗卫生服务，使医疗卫生资源得到更优的配置。

未来，社会发展将走进一个万物互联的时代，橙子大健康（广州）科技有限公司将用户体验、用户反馈、用户需求与下一代系列智能产品的开发与应用相结合，使用户信息、市场需求、产品更新、技术改良等形成良性循环。同时以平台共享为动力，融合最新健康产品，扶持健康创业。联合名医名师将最新健康理论与知识进行出版对接，形成健康产业的发展。

## 结语

正如陈智所说，"健康是一种责任，你的健康不只是你自己的，还是你的爱人、子女、父母和兄弟姐妹的，是你的家人和家庭的"。但很少人会想到这一点，于是才有了那么多悲剧。纵然有压力或不得已的原因，但假如自己足够重视和学会自我调节，就绝不会造成严重后果。很多人认为年轻时就要多付出、多挣钱，给家庭多担负一些责任，却往往忽视了最重要的一点——健康。如果问才华、事业、金钱、健康哪个最重要，答案会是健康，因为健康才是基础和第一位的。世界上最贵的床就是"病床"。一个人失去了健康，疾病缠身，不仅自己难受痛苦，还会给家庭带来很大负担，其他如养育子女、赡养老人、工作事业等也就都成了空话。

**笔者一行与陈智留影**
**左起：陈智、陈思言、卢总、王辽东**

# 第三章 拥抱时代：企业成长记

## 第一节 "龙"的传人，我的中国心
——记美国首位华人市长黄锦波

**人物名片**：黄锦波，美国首位华人市长，原美国加州喜瑞都市市长。

一个人的信念有多强，力量就有多大；一个人有多大的愿力，舞台就有多广。有一位美国华侨，他坚信"一个人活着就要为社会创造价值"。凭着这种价值信念，他抓住了人生的一次又一次机会，实现了人生不同领域的一个又一个目标。他是一名知名的妇产科医生，从业期间接生过3000多名婴儿；他是美国第一位华人市长，也是至今为止任期最长的华人市长；他是一名形体导师，不仅自己拥有无限的精神能量，还有一套自己的健身养生方法论；他是一名歌星，在1985年春节联欢晚会上，以一首《龙的传人》打动海内外无数中国人的心；他是中美电视台董事长，是香港国际投资总商会荣誉会长；他还是教育慈善家，捐资助学无数。他就是人称"七位一体美男子"的黄锦波先生。

黄锦波的一生充满着传奇，少年时代的黄锦波在平凡中度过，他的祖籍是中国广东台山，1941年出生在香港。18岁时带着200美元只身从香港前往美国，边打工边求学。1983年，他成功竞选并出任美国加州喜瑞都市市长，成为美国首位华裔市长。在美国，他为在美国的华人树立了榜样。在任职市长14年间，黄锦波为加州喜瑞都市建设尽职尽责，同时，由于深受中国文化影响，他从1984年起多次往返中美两国，为改革开放中的中国招商引资，宣传中国改革开放政策。1988年，黄锦波创办了中美电视台，用英语向美国观众播放介绍中国的电视节目，宣传中国改革开放的政策。不管走到哪里，他都有一颗中国心，正是因为这强大的信念，促使着他不断地向前。

如今，黄锦波是美国第一位华人市长，是医学博士，在美国有自己的私人诊所，他还是美国中美电台的董事长，同时，他还是香港国际投资总商会名誉会长。在众多的头衔之下，黄锦波不忘立志报效祖国，20多年来，他往返中国100多次，致力于中美两国之间的政治经济文化交流。

1991年，中国南方部分省份遭受了洪水灾害，作为医生，黄锦波顶着烈日，冒着酷暑，划着他的铁船走村串巷，为灾区的人们把脉诊病。这只由轮胎和铁锅做成的小船，见证了那些生死之间最真挚的感情和最真实的感动，见证了一个海外赤子的拳拳之心，是在无情的洪水中留下的爱与赤诚的高贵见证。深深的爱国之情让他担负起属于自己的那份责任，也许在这个世界上，再也找不到第二个美籍华人像他那样，坐在一只用大锅制作的船上，飘荡在被肆虐的洪水吞没的灾区。

1998年，我国长江流域遭受了继1954年以来的特大洪涝灾害，当第六次洪峰逼近湖北监利时，黄锦波对家人写下了遗书，再一次来到抗洪第一线，为灾民们义诊，并为参加抗洪抢险的居民进行文艺表演。这位美国市长，在应邀参加CCTV《同一首歌》的活动中说："我们华人虽然身在海外，但永远有一颗中国心，也正是这颗中国心，促使着我们不断向祖国靠拢。"黄锦波利用自己在美国创办的中美电视台及各种华人集会的场合，为灾区募捐，在黄锦波的感染下，不少海外华人华侨捐款捐物，为当时中国的抗洪救灾做出了很大的贡献。祖国的人民遇到灾害，对黄锦波来说，就像母亲受伤了一样，他会不顾一切地来到他们身旁，减轻他们的痛苦，抚平他们的创伤。

2008年，四川汶川发生了大地震，黄锦波离开他89岁的妈妈，随"杰出华商为灾区送温暖春节慰问团"奔赴四川灾区，与来自全国的企业家共80多人为灾区的人们送红包、送爱心，与灾区的人们共度春节，黄锦波是这次灾区春节慰问活动中唯一的海外华人，他希望能够鼓励更多的海外侨胞早日回祖国参加慈善公益活动。每到灾区，黄锦波会与灾区的人们一起合唱《龙的传人》，以振奋人心！同时，黄锦波还积极地参与各种资助四川汶川大地震的捐款活动，并号召社会各界人士有钱出钱、有力出力，希望工程也有他的一份爱的奉献！在这个世界上，他不一定是力气最大的人，但是笔者敢肯定地说他是这个世界上最有力量的人，因为他有影响力、毅力、活力、精力、体力和魅力。他是一个支点，我们借助他能够撬动地球。

黄锦波把美国比喻成自己的"养母"，把中国比作自己的"生母"，在尽心尽责为养母服务的同时，又真诚地为生母尽孝心。黄锦波对中国有着满腔的爱心，他没有一刻忘记自己身上流淌的是华夏儿女的鲜血，血浓于水的情感使他无时无刻不密切关注祖国发生的一切变化，也许他具有普通人难以企及的才华，但再有才华的人如果没有深厚的仁爱，也将一事无成。

黄锦波还关心台湾问题，身为美国官员，他毫不隐讳地向全世界呼吁，台湾是中国领土不可分割的一部分。江泽民曾称赞他说，"黄锦波这个名字我早听说过，在国内学习雷锋，在国外学习黄锦波"。

此外，黄锦波还是一位健身专家。1992年9月，黄锦波在武汉横渡长江，创造了世界上第一位华人横渡长江的记录。2006年7月，黄锦波同时任广东省省长黄华华一起横渡了珠江，这些至今仍为许多人津津乐道，因为他是横渡长江、珠江的第一位美籍华人，他说："我是龙的传人，龙有一种自强不息的精神。这是作为中国人的骄傲与自豪。"

2008年，在中国举办奥运会期间，曾有记者问黄锦波，"您认为在奥运推动上，您最想推动的事是什么？"黄锦波说："我想做的事是推动国人学英语，因为只有中国民众的英语水平提高了，才有更多的人可以更好地和外国人沟通交流，才能真正地将中国的文化推向世界。才能让世界更多的人了解中国，让中国的文化影响世界。"

对于未来中国经济的发展，黄锦波则认为，中国是世界第二大经济体，中国的几个省市经济总量相当于欧洲几个发达国家的经济总量。随着习近平总书记提出的"亚投行"及"一带一路"等倡议的推行，中国经济的发展推动了世界经济的发展，中国经济发展的福祉也会造福"一带一路"沿线国家和地区，带动更多国家发展，这是中国的共赢思维。未来，中国无论是在经济，还是在政治影响力上，都将起到举足轻重的作用。

## 结语

黄锦波是每一个华人的骄傲与自豪，他是美国历史上第一位华人市长，他关心、支持、维护华人的权益；他是1985年中央电视台春节联欢晚会《龙的传人》的演唱者；他从医一生，接生了近2000位婴儿；他创造了华人的传奇，他是华人学习的榜样。

**笔者一行与黄锦波先生留影**
**左起：温雁冰、潘志虹、黄锦波、王辽东、吴洁仪**

## 第二节 做"心净全净"的匠人
### ——记皇明集团董事长黄鸣

人物名片：黄鸣这个名字在中国企业界非常响亮，他是皇明集团董事长，第十、第十一届全国人民代表大会代表，国际太阳能学会（ISES）副主席，中国可再生能源学会副理事长，中国节能协会副理事长，中国农村能源行业协会副会长，教授级高级工程师，皇明太阳能股份有限公司董事长，山东亿家能太阳能有限公司董事长，个人著作有《皇明商道》《将心共鸣》《干法》等。同时，黄鸣先生还有很多"标签"，他是太阳能产业领航者、立法推动者、节能环保实践者、行业匠人、企业家导师。他创建的皇明太阳能品牌价值达 51.3 亿元，他也被国际太阳能同行称为"太阳王"。

黄鸣董事长

### 从父亲身上汲取力量

1959 年，黄鸣出生在江苏泰兴的一个普通职工家庭里，父亲黄宏远在农业局工作。1965 年的一天，父亲骑车去 50 公里以外的地方出差，没想到回来的途中突然天降暴雨，被大雨浇透的父亲回到家时双脚抽筋，很快被送往医院救治，医生给父亲打吊针、扎针灸，都没能让父亲站起来。经诊断，父亲得了末梢神经炎，是由工作劳累过度和淋雨导致的。从此他便卧床不起。父亲一开始根本无法接受这种突如其来的变故，痛不欲生一段时间后，开始学着接受现实。

黄鸣的父亲管教孩子的方式很严厉，黄鸣从七八岁开始就帮着家里干活，"倒腾鸡窝，倒腾柴火垛，倒腾床，倒腾屋里、地面等"。总之，黄鸣一刻也没闲着。为了让黄鸣这棵小树苗迅速成长，父亲采取的教育方式是简单粗暴的，繁重的家务活让 11 岁的黄鸣感觉越来越难以忍受。黄鸣讨厌父亲这样对他，他相信如果父亲身体健康的话，他们俩一定会打得一塌糊涂，但现在，他只能默默接受。黄鸣如果不听母亲的话，母亲不会表现出来，可如果他不听父亲的话，母亲的脸就会拉长，而黄鸣最受不了的就是看到母亲不高兴。瘫痪在床的父亲急于让年幼的黄鸣尽快自立，当自己的"手"和"腿"，为这个苦难的家撑起一片天。虽然心疼黄鸣，但也只能狠下心来磨炼黄鸣，而黄鸣看着瘫痪在床的父亲，只能逆来顺受。

时光飞逝，转眼间黄鸣到了上高中的年龄。黄鸣那个时候在工地上打工，暑假 30 天，父亲一定要黄鸣在工地上干满 29 天。可是，黄鸣干到第 28 天的时候，累得实在受不了："浑身上下晒得全脱皮了，还要往三层楼上抛砖，手上一道一道的口子，没有一块好肉。"黄鸣请求父亲让他休息一天。虽然黄鸣的辛苦父亲看在眼里，疼在心里，可就是不同意他休息一天。因为在父亲不想黄鸣重复他的老路，所以对黄鸣的要求格外苛刻。

黄鸣当然不明白父亲的这份良苦用心，只当父亲太狠心，对父亲产生了极大的怨恨。万般无奈之下，黄鸣只有忍着伤痛将最后一天的工作完成。就这样，在父亲严厉的教育下，黄鸣迅速成长起来。1979 年，黄鸣以优异的成绩考上了华东石油学院机械设计系。上大学以后，照顾父亲的重担就全部落在了妹妹黄丽的身上，这一照顾就是 30 年。妹妹对父亲的细心照料让黄鸣没有了后顾之忧，使他能安心学习。1982 年，黄鸣大学毕业后就职于德州石油钻探技术研究所，在当地来讲，那是个收入较高的单位。

## 瞒着父亲下海创业

经过自己的努力，黄鸣在事业上如鱼得水，工作 10 年后，即 1992 年，他当上了德州新能源高科技公司的总经理。那个时候，黄鸣终于领会到父亲当初对自己苛刻的真正用意。"实际上，儿时对家庭、对家务的那种态度会延续到长大以后的工作、生活中，曾经的苦难生活让我在工作中受益匪浅。"黄鸣深有感触地说道。看到儿子有出息，父亲非常欣慰。虽然自己瘫痪在床，经受疾病的折磨，但是脸上却常常充满笑容。黄鸣回家也经常告诉父亲自己工作上的事情，与父亲分享外面的世界、他的世界。然而，有一段时间父亲却发现，黄鸣来看自己的时间减少了，而且很少向他提及工作，好像在隐瞒什么。这是为什么呢？原来黄鸣隐瞒父亲开始创业了。

1995 年，对黄鸣来说是很重要的一年，这年 5 月的一天，他辞去了待遇优厚的工作，准备下海创业。从小就被父亲指挥着做事情的黄鸣，带着逆反的心理，这一回想自己做主，闯出一片完全自由的天地。

黄鸣下海创业瞄上的是一种新的能源——太阳能，而他创业的方向就是太阳能热水器。对于创业这件事，黄鸣想尽一切办法隐瞒父亲。他对父母亲、兄弟姐妹、同学全部封锁了消息，就怕万一谁说漏了嘴给他捅出个"大娄子"。黄鸣之所以选择太阳能，是因为在石油系统工作多年的他深知石油资源的危机，太阳能资源是可再生资源，太阳能行业不仅是一个很环保、很节能的行业，而且是一个全新的行业。从事这么好的一个行业，黄鸣为什么要瞒着父亲？

其实，黄鸣隐瞒父亲下海创业是有原因的。因为当时下海的名声不太好。下海之前，黄鸣也试探着向父亲提及下海创业的事情，但是遭到父亲竭力反对："研究所是个金饭碗，把金饭碗扔了下海做个体户，我接受不了。"隐瞒父亲还有一个原因，那就是太阳能行业是一个全新的行业，市场前途未知，他不想疾病缠身的父亲对自己的事业牵肠挂肚。

对家人严密封锁消息的同时，对太阳能事业一片痴情的黄鸣开始了创业之路。但是，创业伊始，黄鸣还是遇到了许多无法想象的困难。企业最艰难的时候，只要稍微有一点风吹草动，都有可能倒下。而那时，父亲的病情也越来越严重，甚至医生还叫家人准备后事。尽管多次生命垂

黄鸣在皇明太阳能集团质量手册发布会上

危，可是父亲却一次又一次奇迹般地挺了过来。"我觉得父亲纯粹是对生命的一种渴望。他哮喘住院的时候，躺不能躺、卧不能卧、日复一日、月复一月，坚持了很多年。这种痛苦常人是难以忍受的，可是他还这么坚强地活着，我有什么理由倒下呢？"

受父亲这种坚韧的生命力的影响，黄鸣内心充满了无穷的力量，虽然创业艰难，但是他都坚韧、乐观地面对。榜样的力量是无穷的，黄鸣从父亲身上汲取了力量，让企业逐步走上正轨，可是为了不让父亲担心，他还是没有向家人提及自己下海创业的消息。这个消息，黄鸣隐瞒了整整3年。

1998年的冬天，黄鸣终于决定把自己创业的事情告诉父亲。因为那时

皇明太阳能已经打出了自己的一片天地,同时,有关皇明太阳能的媒体报道铺天盖地而来。黄鸣担心父亲天天看报纸,没准儿哪天就得知他下海创业的事情。所以,他决定亲口告诉父亲,要让自己由被动变为主动。忐忑不安的黄鸣在一天下午把隐瞒3年的事情告诉了父亲,他做好了迎接"暴风骤雨"的准备,可是,父亲的反应让黄鸣大感意外,脾气暴躁的父亲这一次并没有暴跳如雷。

原来,父亲虽然病重瘫痪在床,但一直关心时事政治,还经常和邻居谈论天下时政大事。就在黄鸣隐瞒父亲下海创业的3年里,父亲每天都看报纸,几年来对下海有了更深的认识。父亲的思想慢慢开通了,看到了很多有能力的人下海的真实报道,由衷地为儿子的这份事业心感到高兴与欣慰。

## 产品匠人:中国太阳能开拓者

30多年前,黄鸣尝试制作太阳能热水器时,因为没有钱,所以只能淘最便宜的材料,且不说性能、功能无法保证,尤其是总出毛病和事故,更不要说能用多久了。黄鸣就不停地改善材料和工艺,成本也就一点一点上升了,但毕竟只是试验品,最多送给同学朋友试用,有问题大家也不好意思抱怨。但是让试验品变成消费者用真金白银买来自家用的产品时,就不像白送的那么容易过关了!对此,黄鸣的压力也就越来越大。

后来黄鸣把那些年送人的试验品的各类毛病总结了一下,发现要想做成一个好用的产品真的不容易,眼前能用还好说,要想使其在使用寿命期内稳定可靠地工作,还得花大力气。

比如,真空管玻璃材料的优劣成本差距很大,镀膜和抽真空工艺成本与性能品质差距也无法想象。如果一台太阳能热水器像一个普通

皇明太阳能产品

暖瓶胆一样用了几年就不保温了,冬天和阴天就不能出热水了,怎么对得起人家花费的几千元呢?在遇到任何困难时,黄鸣始终把产品的品质当作企业

的生命线。曾在石油研究所工作过的黄鸣，一直把石油系统的"王铁人"当成自己的榜样，铁人的"三老四严"，即"说老实话、办老实事、做老实人、严格要求、严密组织、严肃态度、严明纪律"作风精神早已融入黄鸣的骨头里。在黄鸣的带领下，集团自主研发现代化的精密生产线，现代化的体系管理确保产品质量的精准。黄鸣说："无论谁劝我，都是一句话，让我拿质量换销量，除非我死了或者从我身上踏过去！"

有一次，北京昌平区某部队连队宿舍楼因原先的太阳能热水器老旧，需要安装新的太阳能热水器，于是部队相关领导找到了皇明太阳能公司。黄鸣团队技术人员发现，该连队原先的太阳能热水器无水处理装置，水箱内水垢占据了水箱空间一半之多，每台太阳能热水器容水量一半都不到，管路堵塞，水流量小，水垢的导热系数比金属低得多，真空管结有水垢会严重影响热水的温度，坚硬的水垢能使太阳能的热能转换率降低甚至失效，这就是太阳能热水器水温降低和供水量减少的原因。水垢中含有多种化学成分，长期的沉淀和积压使水中的有害物质不断增加，可能会导致皮肤过敏。同时，原先的太阳能热水器室外管路无防冻功能，因此导致冬季无法使用。每年冬季需要人工放水处理，因为卸水不彻底而导致的管路冻裂漏水问题屡屡发生，造成大量人力、物力的浪费。针对这个问题，公司安装太阳能热水器室外管路全部进行保温处理，内置防冻带，双层保护，杜绝了室外管路冻堵问题，保证冬季太阳能热水器内热水能顺利输送到室内。

皇明太阳能设备在管壁有自动修复保护膜，可阻止产生水垢及水中微生物对金属材质的腐蚀。此外，它还能渗入锈瘤使其脱落而光洁管壁，从而保证了整个太阳能热水系统长久稳定使用。同时，原先的太阳能热水器无智能控制系统，手动阀门上水，每天至少需要一人去开关阀门一次，每次水满后就会从水箱溢出（因无法知道水箱何时水满，只能看到雨水管流水后，再去关闭上水阀门，这时已溢水多时），造成大量水资源浪费、人员时间浪费。如今安装了皇明太阳能最先进的智控系统，自动上水，水满自停，全自动运行，只需要简单的日常巡视即可。黄鸣带领的皇明太阳能制造施工团队，注重产品的每一个细节，一个个太阳能精品工程为皇明太阳能集团赢得了良好的品牌口碑。

## 中国能源环境立法的推动者

随着中国的快速发展，城市垃圾、农村秸秆焚烧、燃煤污染等一直是黄鸣关注的环境保护与再生能源利用问题。为更好地推动环境保护与再生能源利用，黄鸣作为中国可再生能源行业中唯一的全国人大代表，深入农村了解秸秆、燃煤等炉灶能量使用情况及国内外可再生能源如太阳能、风能等资源数据资料，提案制定《中国可再生能源法》，由于该提案数据、理论依据对未来中国可再生能源发展、未来能源可持续发展具有很高的理论科学性与社会发展价值，该提案很快便获得全国人大常委会通过，奠定了缓解能源环境危机和常规能源替代的法律基础。他还提出制定《建筑节能法》《能源持续利用入宪》等议案，引起高层和社会的高度关注。他在中国率先提出"G（green）能源替代"战略，用太阳能光热大规模替代工业、农业、建筑、生活热能，极力推动能源的可持续利用，促进经济社会的可持续发展，并被列入国家发展规划中。

### 中国节能环保事业的实践者

黄鸣创造了世人瞩目的"8122读数"。他以太阳能科普为己任，自1996年开始，创办《太阳能科普报》，其发行量达300万份。1997年起，先后发动科普宣传万里行活动和百城环保行活动，启蒙了中国太阳能产业，有力地促进了中国太阳能科普事业的发展。"8122读数"指的是10年间，皇明集团科普万里行活动行程达8000余万千米，累计推广太阳能1000多万平方米，为国家节约标准煤2000多万吨，减少相应污染物排放2000多万吨，为中国能源可持续利用和环境保护事业做出了巨大贡献。黄鸣的努力得到了社会及国内外的认可，被国际可再生能源界誉为"太阳王""中国太阳能产业化第一人"。他带领的皇明太阳能集团，在全球太阳能产业中走在世界的前列，跳出中国企业"引进消化吸收落后，再引进吸收再落后"的怪圈，通过自主创新，创造出中国太阳能可持续发展模式。

### 世界太阳能产业化的领航者

在内无参照、外无引进的情况下，黄鸣不仅建立了涵盖世界太阳能热利用研究领域的核心技术体系，完全自主创造了一套完整的太阳能产品工业化生产体系，而且在市场、服务、研发、管理、上下游产业链等方面完成了产业系统化建设。他开创的太阳能可持续商业化的发展模式，成功实现了发达国家几十年没有完成的产业化梦想，为世界可再生能源发展树立了榜样和方向。据相关数据显示，我国已成为"世界太阳能热水器总量和太阳能节能环保第一大国"。2006年5月，应联合国第14届可持续发展大会特邀，黄鸣在大会介绍了中国太阳能产业发展的经验。2006年8月，"皇明模式"被中央党校列为教学案例，成为全国列入中央党校教学案例的第一个民营企业案例。

## 管理之道：从"我以为"到"我体会"

作为公司近 3000 名员工的管理者，黄鸣是如何进行企业管理的呢？黄鸣讲了这样一个小故事，一次他正乘电梯上楼，与他同乘电梯的一位员工很自然地帮他摁了 X 楼层号，黄鸣问他为什么要摁 X 楼？这位员工说："您在 X 号层办公啊！"黄鸣说："你也没问我去几楼，我在 X 楼办公，不代表我现在要去那个楼层，我是要去 Y 楼层听技术人员汇报的。"这位员工一时惭愧地回答："我以为……"黄鸣说："如果你确认一下就好了。"黄鸣并不是要责怪那位员工，或者是对他人的帮助不领情，而是仅以此说明一种现象，即"我以为"的现象。人要清晰自己的想法与别人的需求是否是一致的，如果不清晰对方的想法与需求，就是在无效率地忙无用的事。所以，在皇明公司，"我以为"是禁语，而要从"我以为"转变为"我体会"。在黄鸣看来，"我以为、我认为、我觉得、肯定是、应该是这样"这些语言词汇都是概念性的思维表达方式，往往是脱口而出，然而很多时候都是因为人是在自我世界或过去历史经验的思维误区中来认定事物和他人，但往往被我们忽略掉的恰好可能是事物真正的本质。从这一点上可以看到黄鸣带领的团队是具有一丝不苟的工作作风与高效的团队。这种管理思维让企业避免了在执行力上找理由、打折扣、为自己找后路的现象。

## 敢于仗义执言的企业家

黄鸣是商界出了名的敢于仗义执言的企业家，2012 年 10 月 15 日新闻曝出，黄鸣公开实名举报江苏××院以虚假检验报告骗取节能补贴，发微博指出江苏××院不敢公布检测的相关凭证。随后，黄鸣于 10 月 23 日再次赴京实名举报江苏××院伪造质检报告，××院于 28 日表示愿意复检。

一次，黄鸣参加一个企业座谈会，轮到国资委的一位司长发言，当他讲到国企的几大优势时，黄鸣感觉讲得有道理，但是他又讲国企老总不像民企老板"爱跑路"时黄鸣坐不住了，可是看了一下全场占半数以上的民企老板中没有一个人有异议，觉得自己有责任替大家说句公道话，所以不顾主办方的面子就站起来提出异议："我不同意你的说法，这是对民企的歧视，民企是有不少老板'跑路'甚至连根拔起不回来的，但也有些国企老总'跑路'的。再说民企老板是爱国的，今天在场的不都是很好的例证吗？拿我来说吧，以我在国际上的威望和人脉，分分钟可以移民，可是别说我和太太没有绿卡，连我们在国外学习工作 10 多年的女儿也没有办绿卡！你应该收回你的说法，并向爱国企业家们道歉！"黄鸣说完后掌声雷动，连在场的国企代表都鼓掌赞同。那位司长发完言之后还专门走下台到他跟前道歉。

黄鸣的家人及一些好朋友都很敬佩黄鸣这种敢于仗义执言的胆识，但同时也担心他这样很容易得罪人。可黄鸣说："遇事不要唯唯诺诺，不敢出头，怯懦麻木是极其有害的，只要凭良知，不做亏心事，人人都可以拥有正能量。"

## 结语

黄鸣作为几千名员工的公司领头人，他的管理理念非常朴实：制度是线底。更重要的是，当领导要修炼到一个境界，"就是在员工看来像个'仆人'，一个能以身作则的'仆人'。这个'仆人'作为领导者，要有服务员工的能力"。黄鸣认为服务力是领导者的根本核心，过去自上而下的领导方式不但已经过时，而且更重要的是，它只会起到反效果。领导者如果过分关注控制权和目标，对员工的关注反而不够，那么他们就会很难实现自己想要的结果，很难真正调动员工内心的积极性。如果说20世纪是以生产为导向，那么21世纪是以服务为导向，为员工做好服务是领导者最重要的职责之一。解决方法就是：你要让员工觉得有使命感、有动力、有活力，这样他们才能发挥出最大的潜能。

王辽东先生与黄鸣先生合影留念

## 第三节 马申：天安云谷，未来触手可及

人物名片：马申，现任香港天安中国投资有限公司总经理，深圳天安数码城有限公司董事总经理，深圳市第三届港澳政协委员，深圳市房地产协会副会长，深圳市外商投资协会副会长，深圳市荣誉市民。

2017年5月11日，深圳天安云谷获评首批唯一"国家文化新经济开发标准试验区"。文化新经济在此领域有更宽广的舞台。天安云谷作为广东省首批十大"互联网+小镇"之一，崇尚开放、协作、共享，旨在打造绿色、智慧产城社区。天安云谷将以更宽的视角拥抱中国下一轮经济发展趋势。为此，笔者一行采访了天安云谷的创造者马申。

马申，20世纪40年代出生于上海的一个工商世家。1948年，随父母由上海移居香港。20世纪50年代中期返回国内求学。1970年起涉足商海，进入家族公司进行最初的历练，先后任香港大智投资有限公司和香港上海国际贸易公司的经理、总经理。1983年，加入香港新鸿基有限公司和天安中国投资有限公司，专职从事中国投资业务。

### 踏时代节拍：从工业区到数码城

1980年，与香港一河之隔的深圳成了中国最早的经济特区，引起了全世界的瞩目。1986年，有着敏锐商业嗅觉的马申，跨过罗湖桥，创办了天安（深圳）实业发展有限公司。20世纪80年代末，公司与泰然实业有限公司合作成立了深圳天安开发公司。

那时的车公庙，还是一片默默无闻的、荒芜的滩坡与鱼塘。在短短数年里，车公庙工业区建成了标准工业厂房5栋、公寓7栋、入驻企业约100家。尤其值得一提的是，公司依托天安集团在房地产运作方面的丰富经验，利用北临深南大道、南依滨海大道、东临136万平方米的高尔夫球场这得天独厚的地理条件，推出了高尔夫景致高级住宅3栋，受到了市场的热力追捧。

20世纪90年代末，一股以电脑、网络技术为核心的信息化热潮正在全球兴起。马申敏锐地感觉到，一次以信息化为标志的新经济革命已经来临，并且势不可挡。而当时的深圳房地产业，由于楼市竞争越来越激烈，土地资源越来越少，且越发昂贵，房地产暴利时代已成明日黄花。告别单纯传统模式的房地产已势在必行。受香港"数码港"和北京"中关村"成功案例的

启发,赋予地产科技的力量,马申果断决定将工业区重新定位为中小民营科技产业园区,并将其命名为"天安数码城"。

1999年下半年,"天安数码城"在深圳亮相,通过中小企业的集聚,构建产业集群,建立起第一个主要针对中小企业的工业园,让车公庙的商业氛围逐渐聚集起来。如今,车公庙早已成为深圳商业气氛浓厚、堪称最繁华的地段之一,其物业价值与中央商务区(CBD)不相上下。可以说,没有天安数码城,"深圳梦"会少了很多精彩。

"天安数码城"在2012年被授予全国首家"国家级民营科技园区"荣誉称号。从工业区到数码城,从传统产业到知识新经济的嬗变,无疑,马申踩准了市场的节拍,将自己的项目与深圳的城市发展很好地结合在一起,并成功地置身于世界的聚光灯下。

### 智慧园区:"天安云谷""行云"之路

在"马申模式""天安数码城"现象引起业界广泛关注时,另外一场文化新经济的变革已在悄然进行中。

在"互联网+"上升为国家战略,大数据、云计算产业互联网席卷传统行业的当下,各大行业均在寻求创新和改变,产业园区也需要顺势而为。对此马申认为:"不断创新的精神与能力正是天安集团

天安云谷产业园

企业文化的核心所在。创新是一座城市的灵魂,也是一家公司的灵魂。"

如何实现园区的创新?"云"恐怕是便捷和可行的办法。借助"云"帮助产业园区不断完善产业链、创新链和价值链,升级为智慧园区。将园区搬上"云端",以IT服务化的方式为企业提供服务,摆脱传统上因IT重投入带来的束缚,是打造新型智慧园区的绝佳之路,也是园区运营商保持竞争力的绝佳之路。

2011年,天安云谷项目诞生。天安云谷占地面积76万平方米,总建筑

面积 289 万平方米，分六期开发建设。天安云谷项目通过城市更新，将原来低端落后的加工工业区升级为聚焦智慧产业的国际化产业社区。

守藏史团队一行参观天安云谷产业园

如今，天安云谷园区已经成功地吸引了华为，世界 500 强埃森哲，外企德科，上市企业中软国际、艾比森等共 230 余家优质企业入驻，是广东省首批"互联网+小镇建设单位"、特区内外一体化和产业升级的示范项目。每天来自各地的政府、企业参观考察团络绎不绝。

园区以云计算、移动互联网、物联网、智能设备、机器人为主要目标产业，是集研发、教育、公园、商业、居住及公共服务为一体的新型产城社区。园区一期 55 万平方米已经建成。天安云谷打造了一个创新孵化的"全服务体系"。据介绍，作为集产业研发、居住及商务环境于一体的世界级智慧产城社区，天安云谷为入驻的企业提供了包括战略协作服务体系、创新驱动服务体系、人才关爱服务体系、企业配套服务体系、拎包入住服务体系、采供服务体系、融资租赁服务体系、孵化器服务体系八大服务体系。一个创业者，只要有一个好的想法或一份具有创意的创业计划书，只需要带着自己的想法进驻，社区可以 30 分钟内为创业者安排好吃、住、行、资金乃至一般采购。

笔者一行走进天安云谷所在的坂雪科技城，在天安云谷张总和讲解员的陪同下，亲身体验了天安云谷的"行云之路"。来这里参观的人络绎不绝，活动场面通过"云端"同步在大型显示屏上播放。

（1）创业旅程，一站解决。通过"易招商"软件，人们可以清楚了解天安云谷园区所有的服务项目。园区设立一窗式行政服务大厅，作为深圳龙岗一窗式行政服务系统在天安云谷的落地基地之一，在天安云谷的行政服务窗口可以直接办理营业执照，而且是多证合一，不用验证，只需提交有效证件给窗口工作人员，就可以一次性办理好营业执照，同时获得龙岗区政府的优惠政策，并能及时申请资金扶持或者补贴。

办理完营业执照，紧接着就是办公环境，工位、经理室、会议室包括展厅等都可以租赁，形式灵活，按天或者按小时租赁都可以。换句话说，初创企业所需的办公场所、人员、资金、管理、IT基础设施等都可以在这里一站式解决。简而言之，拎包入住创业。

（2）一卡通，走遍园区。天安云谷园区的所有服务都可以通过一卡通实现，它既是门禁系统，也是收费系统，包括停车收费、车辆管理、路线指引、物品存放、就餐、园区购物等。同时基于一卡通实现一站式人员管理，"一张卡"代替员工身份证、工卡、钱包、钥匙，亦能对访客进行全面智能化管理，为园区业主和访客提供良好的服务体验。

天安云谷电子大屏幕

（3）车辆管理，自动识别。在车辆管理上，视频自动识别，免刷卡自动出入，提高通行效率和安全；精确车位引导系统，实现停车场的高效管理；进行违法停车管理，有效消除园区乱停乱放现象；车辆行驶引导及轨迹跟踪，保障企业物资安全。人们再也不会因为忘记停车位置而到处找车了，只需打开天安云谷APP软件即可轻松解决。

（4）天安云谷智慧平台——总裁驾驶舱。总裁驾驶舱打造园区高度信息集中化平台，实时了解园区运营情况及工程建设相关数据。在这里，所有的操作都可以由线上的互联网平台或手机应用"CC＋"来完成。

## 天安云谷"两极"生态服务模式

作为坂雪科技城"率先启动示范项目"，深圳特区一体化、城市更新、产业升级示范项目，天安云谷一直聚焦产城融合发展，打造现代化智慧园区标杆，以服务"时代的企业和创业者"为己任。马申称此为"两极"服务，既"扶强"，又"扶弱"。

所谓"扶强",即为诸如华为,世界500强埃森哲,外企德科,上市企业中软国际、艾比森等时代企业服务。"扶弱"即扶持中小企业。众所周知,中国中小企业是中国企业发展中不可忽视的主力军。2016年,我国经工商行政部门注册的中小企业已超过360万家,个体工商户有2790万家。可见,中小企业已成为中国社会发展创新的主要力量。但中小企业在发展中面临人才难、市场难、融资难的困境。针对中小企业的发展特点,天安云谷提供的是拎包式入住的工作生活环境,为创业者提供运营、管理、金融、资源、服务、孵化、引导、平台和生态圈构建的产城一站式智能服务体系。

两极扶持,产生了"道生一,一生二,二生三,三生万物"的多维生态空间。由大企业持续引领,中小企业持续创新追赶。天安云谷的创新产业群,不仅让创新的企业聚集到一个平台上,还提供了一个支持可持续性发展的生态运营服务系统。天安云谷正是着眼于这个时代的"势能",以"服务创新、服务创业"为理念,致力于可持续性生态服务模式的打造。

### 智慧园区:产城融合的先行者,引领智慧生活

产城融合的实质是居住与就业的融合。城镇社区与产业园区的融合,是以人文为导向,通过多元素的均衡协调发展,打造"生产空间集约高效、生活空间宜居适度、生态空间山清水秀"智慧园区。

深圳机场天安云谷城市候机楼的筹建,也是天安云谷遵循城市节点发展规律,在园区更完美高效植入城市功能和公共配套的诸多举措之一。云谷候机楼设施精致完备,环境清新典雅,服务贴心,使旅客由天安云谷城市候机楼出行,体验从云谷到云端的美妙。

马申接受采访中

在生活文化方面，智慧园区提供社区图书馆、国际影城、社康中心、咖啡馆、便利店、超市、健身房、物流快递、通勤巴士、"舌尖上的云谷"等全方位的社区生态服务。

在公共服务方面，智慧园区融合了人才服务、企业服务、物业服务、行政服务，可为客户提供人才引进、知识产权代理、职业补贴、政策申报、公安户政、社会保障等业务的公共服务生态。

各种创新与"智慧"元素的融合，促进了运营方与客户、客户与客户之间的沟通，构建了一个资源、信息共享的开放式园区，同时，构建了园区全信息科技智能运用服务体系。在这里，人们能体验到科技的神奇与便利，体验到智慧服务的无处不在，体验到未来是那么触手可及，这里有一种共荣共生、生生不息的社群生态圈，体现了深圳现代精神。

## 天安云谷哲学："心之力"

马申先生说："作为当代人，我们应该拥抱时代，尽自己的责任。"从这句朴素的话语中，我们感受到天安云谷的梦想与使命。天安云谷始终以"服务创新、服务创业，为时代的企业和创业者服务，为企业搭建面向世界竞争的平台，推动城市向更高目标迈进"为己任。这种使命与责任代表了天安云谷前进的方向，这个方向凝聚着天安云谷开拓创新的精神、发挥出无限的创造力。

时代的召唤、企业家的担当促使马申拥抱时代发展。"引凤筑巢、与凤共舞，在共舞中多赢"，把深圳打造成"动感之都"。从他坚定的信念中，我们看到一种"笃定的心之力量"，一种时代企业家的担当精神与家国人文情怀。

## 结语

马申先生是深圳改革开放的开拓者、见证者、经历者、创造者，他是深圳这座城市建设发展的功臣，他的企业从"天安数码城"到"天安云谷"，成为深圳这座城市的名片，集团将他所创建的"马申模式"发展到全国20多个省市。在天安云谷，每天都有来自全国各地的政府工作人员及企业家来参观学习与交流。

马申用他的"知行合一"将美好的想法转化为企业成长的强烈意愿，创造了一个又一个奇迹。人只有内心的意愿强烈而持久，才能表现为外在的变化，这种想法是发自内心深处的。马申说："人生就是修行，要将自己的想法转化为行动。"当问到给现在的青年创业者一些意见或建议时，他说：

"这个社会最大的特点,就是不会饿死人,只会饿死懒人,有好的想法就去做,社会所需、人民所望、行业所痛,就是有意义的事。"

守藏史团队一行与天安云谷创始人马申先生留影

## 第四节　孙启烈：扎根特区，见证时代巨变

人物名片：孙启烈，深圳建乐士集团董事局主席、深圳市第一届政协委员。

### 创办实业，扎根特区

孙启烈祖籍浙江宁波，父母于1948年先后从上海移居香港，因此孙启烈从小生长在香港，父亲从纺织厂的机修工做起，后创办了小工厂，先是生产拜神用的小酒杯，后生产手电筒、螺丝刀等五金制品，勤劳的父亲为孙启烈的成长提供了一个很好的学习环境。20世纪70年代初，孙启烈前往加拿大卑诗省读中学后继续就读维多利亚大学，大学毕业后在加拿大从事了两年的商务工作，1978年从加拿大回到香港。"由于学的是物理学和机械工程专业，接触到的又是西方工业生产模式和自动化理念，一回到香港我便投身到家族事业中。"当时孙启烈的父亲于1949年创立的建业五金塑胶厂在香港业界已颇有名气。

原来的老工厂是孙启烈的父亲在1965年购地建立的，到1978年的时候，发展空间已经饱和，而内地刚好百废待兴，当时华润公司的人跟孙启烈的父亲说，现在内地有大量劳动力，恰好是建厂的一个有利条件，也可以解决企业在生产上的困难。1979年夏天，孙启烈就跟华润公司的人一起到广东地区寻求加工贸易的渠道，记忆中那是孙启烈第一次来内地，当时坐火车去广州路过深圳时，发现那里四处还都是农村景象。经过考察后，孙启烈决定将工厂开设在佛山南海、东莞等地。

经过一段时间的发展后，东莞的工厂提升了一个层次，原来的来料加工模式已经不能满足需求，政府便要求合资经营。"当时我们还不熟悉内地的体制和环境，所以不敢合资。"正好孙启烈的一个朋友告诉他，在原宝安县平湖镇（即现在的深圳龙岗区平湖街道办）有一个来料加工厂，是可以独立经营的，虽然叫来料加工，但是这个企业完全是香港老板自己派人管理，自己招聘工人，比较符合孙启烈当时较熟悉的运营模式。

1979年，孙启烈先后在佛山南海、东莞、上海和深圳设置加工点。1988年，朋友带孙启烈到深圳平湖考察，当时村里盖了900多平方米三层高的厂房用来招租，村民说："你办什么厂都可以，只要整栋每个月给5000块租金就可以了。"于是孙启烈将全部生产基地转移到深圳平湖做来料加

工，在当地注册了建乐士综合制品厂。孙启烈说："当时我还不算是企业的老板，村里有个发展公司，那家公司的总经理就是我们 20 多个厂的法人代表，因此我们称那位总经理为'厂长'。"尽管这样，在生产和管理上孙启烈仍有自主权，厂长主要帮他们解决海关、税务等对外事务。刚开始去到深圳平湖时，由于内地与香港在法律上的差异，企业只能在夹缝中寻找经营空间。尽管 1983 年国务院发布了《中华人民共和国中外合资经营企业法实施条例》，但实际上法治化环境还没完全形成，那时很多事情都是采取"一刀切"的方式。为了防止外商"钻空子"，政府就出台了很多规定。比如，工厂用电需要预先交保证金，防止生产以后老板跑掉，留下一堆烂摊子。"这份保证金除非企业倒闭结算才能够拿回来，这让企业额外多付了一笔资金。还有其他方面，如违背契约精神的一些做法，等等，都导致了我们成本的增加。"

### 加入外商协会，和特区一起成长

说起参政，孙启烈说，这是他之前没有想过的事，"这首先要感谢深圳外商投资企业协会，是协会推选我当深圳市政协委员，后又任深圳市政协常委。这一切都是我没有想到的，多亏当年朋友介绍加入协会"。另外还有一个原因就是，1978 年他在香港就参加了香港青年商会，感觉在协会里能见到各行各业优秀的人，对开阔视野很有帮助。而最早参加香港青年企业家协会也很偶然，因为当时香港青年企业家协会有要求用英语发言的规定，那时孙启烈刚好从澳大利亚回来，英语水平还可以，于是就加入了香港青年企业家协会，并结识了不少优秀人才，也学到了不少协会的知识，后来孙启烈发起并创办了深圳华侨国际联合会及深圳模具协会等。

当问到为什么要创建协会时，孙启烈先生回答得很直率，"因为在香港有参与协会的经历，在香港，协会可以向政府献言献策，可以向政府提建议。当时刚来内地投资发展，发现两地法律法规不同、政策不同，作为投资商，在遵纪守法经营的同时，当遭遇偏离裁量权的执法行为时，不得不通过组织去据理力争。相信随着内地经济发展，政府开明，协会也会发挥很大的作用"。

来到深圳后，孙启烈主动加入深圳最早的"外商之家"——深圳外商投资企业协会，先是会员，后来是常务理事，尽己所能，积极推动改善深圳的投资环境。1994 年，孙启烈在任深圳市政协委员时，就提议将香港的商协会经验带到内地借鉴，同时对自己来说，参与不同的平台，不但开阔了自己的视野，也为自己的事业发展提供了很好的机遇。例如，当时孙启烈向政府写了一个提案，建议允许持有文锦渡、沙头角口岸两地牌照的私家车、公务车和商务车在零时至 6：30 从皇岗口岸出入境，最后得到了政府有关部门的采纳。

## 参政议政二十三载

从 1994 年起，孙启烈作为增补委员成为深圳市政协第一届委员。1995 年换届选举后，孙启烈被分到了提案委。提案委负责的主要工作是审议 400 多名政协委员提交的提案和建议。由于政协委员来自社会各界，在这个过程中，逐渐加深了孙启烈对深圳的了解，这也让孙启烈的实践能力得到了发挥，从此孙启烈开始投身政协民主协商，参政议政长达 23 年。作为一名政协委员，孙启烈通过调研，从改善小环境做起，提案建言。一个是关于大沙头的问题，大沙头当时的社会治安环境不佳，尤其是晚上，经常有横行霸道的团伙欺压附近的居民，经过证实之后，他提出加强区域内的治安管理等一系列治理办法，这个提案得到了政府的高度重视。另一个则是关于深港过关的问题。"早期沙头角口岸与文锦渡口岸分别在晚上 6 点和 8 点就已经闭关了，我们很多港澳委员都是企业老板，有些家住在香港，一旦稍晚一些，关口关闭后我们就回不去了。对此我写了一个提案，要求允许持有文锦渡、沙头角口岸两地牌照的私家车、公务车和商务车在零时至 6：30 从皇岗口岸出入境。"

到了 2000 年深圳市政协再次换届时，本来想继续留在提案委的孙启烈，由于原来的联谊委改为港澳华侨委，希望孙启烈能过去，而提案委也希望孙启烈留下来，正在孙启烈难以抉择之际，时任市政协副主席廖军文说："孙启烈到港澳华侨委当副主任、委员召集人。"因此，孙启烈就到了港澳华侨委，这段经历也为孙启烈在后来联合港澳同胞以及侨商力量促进深圳发展提供了契机。

在市政协任职的 11 年间，用孙启烈的话说，"我的视野和格局都得到了很大提升。不少委员都是企业界的代表人士。尽管大家的企业规模、产品门类不一样，但管理上的问题却是相似的，比如玩具厂遇到的问题，在家庭用品厂可能也会遇到，而市政协恰好给我们提供了一个沟通与交流的平台，我们可以共同探讨企业管理办法。还有的委员是政府工作人员，平时难得一见，在市政协的平台上大家平起平坐，我们发现问题和提出建议后，马上就能反馈到政府相关职能部门那里，解决起来特别有效率"。

## 第三章 拥抱时代：企业成长记

### 坚定信念，与时俱进

1989 年，因外资企业大举撤资，一些港商觉得有风险也准备撤资，那时虽然孙启烈内心也有所担心，也想把工厂搬到国外去，于是去考察了泰国、菲律宾，考察回来后，孙启烈从经济上判断，中国这么大，不会一直穷下去，国家也需要外汇，外汇是政府必需的，相信祖国一定会发展起来的。基于这个判断，孙启烈果断花 600 万港元买了 5 万平方米的厂房及土地，并在随后的 1992 年，向国土局申请土地在龙岗区平湖镇新木工业村成立了独资企业，建成了拥有占地面积 5 万平方米的现代化厂房的建乐士工业（深圳）有限公司，从此深圳成了孙启烈事业发展的大本营。当初投资建成的建乐士工业 5 万平方米置地，现在市值七八个亿人民币了。

### 前瞻视野——深圳"华南城"项目

在深圳的多项投资中，最令孙启烈引以为豪的是既促进本地发展又提升个人事业的华南城建设，它是深港两地加速融合的产物之一。深圳经济特区经过 20 余年的发展，到了 2002 年时，加工贸易企业的发展十分兴旺。那时宝安区、龙岗区的工厂非常多，全国各地都纷纷来深圳招商引资。

孙启烈说，"在深圳的香港投资商中，不止我一人发现，珠三角 150 公里半径范围内聚集了数十万家制造业的企业，年工业产值超过 2 万亿元。但这个以外向型经济为特征的经济板块却面临着土地与劳动力成本优势丧失、腹地狭小、先天资源不足、产业链脱节、原料采购分散等问题，这让我萌生了打造物流中心的想法"。

2003 年，在与时任市委书记黄丽满和市长于幼军座谈时，孙启烈与马介璋、马伟武、郑松兴、梁满林 4 位香港实业家一起提出了建设华南工业原料城的想法，当时看到国内有很多工厂企业需要采购很多原材料，但没有一个采购平台，华南地区市场这么大，如果能建设一个大的"物流"平台，将有利于国内外厂家采购原材料。换句话说，就是建设一个提供综合性原材料产业中心，为例如像制衣厂需要用的拉链、面料、纽扣等这样的原料提供一个集散地，让深圳周边的大小工厂都可以来这里采购所需要的工业材料。同时周边的小工厂也可以在华南城租门店，展示它生产的产品，客户可以根据自己的需求来购买。

两位领导听完孙启烈他们的想法后纷纷表示赞同。黄丽满书记说："这个创意很好，建设这样一个工业城也可以留住深圳的加工企业。"2003 年，孙启烈与其他 4 位实业家一起，在平湖投资兴建了华南国际工业原料城。孙启烈明白，当时他们5位作为华南城的股东，各自从事的领域都不同，而且在各自的领域都算是能独当一面的人，政府把项目给他们经营，是对他们5个人比较放心。同时孙启烈作为深圳市政协委员，也不希望加工贸易企业从深圳迁出。随后孙启烈等人先后考察了5个地方，分别是宝安机场附近、盐田、平湖、观兰、龙华，经充分考察，决定选址于平湖。随后以深圳华南城为蓝本的"深圳模式"逐渐辐射全国各地，在全国多个区域（如南昌、南宁、哈尔滨、新郑、合肥、重庆、武汉、西安等地）的华南城纷纷建立。

### 公益事业：为社会谋福祉

公益，即所谓"取之于社会，用之于社会"，孙启烈大力提倡企业家再忙也应该积极履行社会责任，成立侨商会便是孙启烈的行动之一。2000年3月18日，在市侨办的推动下，孙启烈在深圳成立了深圳市侨商国际联合会（简称"侨商会"），孙启烈是创会会长之一，当时担任常务副会长、第五届会长。在侨商会成立之前，深圳已经有了外商协会等组织，但随着深圳招商引资力度的持续加大，在深圳的侨商越来越多，外商企业与侨商企业毕竟有一些不同，孙启烈还是希望有特定的组织维护侨商的权益。

在这之前，深圳的民间组织主要由官方推动。侨商会成立后，成为深圳乃至全国第一个民间社团组织。一转眼，深圳侨商会从成立至今已经走过了19年。这一路走来，侨商会始终坚持为把深圳建设成为现代化、国际化城市做贡献，协会的服务宗旨也一直没有变。深圳侨商会的工作得到了国务院侨办、中国侨联、中国侨商会、广东省侨商会和深圳市委、市政府的充分肯定和宣传。

在具体的社会公益方面，深圳侨商关爱基金会向归侨侨眷困难家庭的子女捐赠了助学金。这项扶贫助学计划到2016年已经实施3年了，先后有几十位大学生、高中生、中专生得到捐助。2015年6~9月，孙启烈还专门联络了香港各大相关机构，成功举办了"粤港深青年香港访问团"和"香港青年议会深圳交流访问团"活动，受到了两地创业青年的一致好评，增进两地相互了解，获益良多。除此以外，孙启烈在公益和慈善领域也比较活跃。例如，2000年，孙启烈打造了"蓝色希望"计划，把香港的中学生带到深圳、东莞、广州的港资企业参观，让他们对内地有进一步的了解。

由于孙启烈经常参加社会公益活动，关心国内经济、文化、教育及科技的发展，因此先后获得了"广东省人民政府优秀外商投资者""香港特别行政区政府的铜紫荆勋章"等荣誉，这是对孙启烈的社会工作极大的肯定，也让孙启烈更加坚定了继续促进深港两地融合的决心。"新时期，作为改革开放初期进入内地投资的侨商和成立15年的侨商组织，我们会更好地发挥好'桥梁'和顾问作用，帮助内地企业顺利走出去。"

### 感恩社会

孙启烈说，每个时代都有它的机遇与挑战，如果没有改革开放，我们在香港的工厂可能会搬到印度尼西亚或泰国去，肯定没有今天这么大的市场机遇。作为一个香港人，当年也是亲眼见证了香港回归的历史性时刻。

孙启烈接受笔者采访

"1997年7月1日，香港回归祖国，尽管当时香港当地有些不同的声音，但邓小平先生提出的'一个国家，两种制度'的确是一个非常伟大的构思。这些年走南闯北的经历更让我看到了中国整体的飞速发展，尤其是深圳，正在以前所未有的速度崛起，其实我的心态是开放的。香港回归前夕，在深圳这边看到的是一片欢呼雀跃。香港这边也是欢迎回归的。"这位深圳市政府的"荣誉市民"，以厚望为砥砺，他推心置腹地说，自己的创业与振兴恰恰扎根于深圳，立足于祖国。这些年来，个人的命运与祖国的兴衰和深圳的发展紧紧联系在一起，冷暖相随，繁荣与共，对此，孙启烈更加感恩祖国，感恩深圳。

### "一带一路"及"大湾区"建设

对于"一带一路"及"大湾区"的建设，孙启烈认为这是一个难得的大好机遇，一个国家只有经济能力强了才会有更多的话语权，对于香港来说，这也绝对是一个机遇。深圳毗邻香港，从香港回归的那一刻开始，深港融合的速度就在加快。无论从空港还是从海港来说，两地都在进行合作，其他商贸领域的合作也日益频繁。从港商到内地投资的体量来说，香港回归后经济的确是大幅增长的，深圳当然是投资的首选地之一。"不少香港的企业家跟我一样，起步在香港，但在内地获得了稳定的财富增长，我们要感恩这个时代赋予的机遇。"

## 结语

孙启烈是中国改革开放开启时最早一批在国内投资的企业家。在同这位经历改革开放的企业家交流时,我们感受到孙启烈为人非常真实、坦诚。在交流中他说:"当时对比发达国家,看到中国经济发展还很落后,心想中国不会穷着!相信中国经济未来一定会发展起来的。作为中国人,我有义务与责任贡献自己的力量。"

成功后的孙启烈更多的是感恩,他说:"感恩这个时代给了我们这一代人这么好的机遇,让我们有机会能为国家的社会经济发展做贡献,相信国家未来一定会发展得更好。"通过这些话,我们能感受到孙启烈那种对事业的热情与拥抱时代的气魄。

笔者一行与孙启烈先生留影
左起:王辽东先生、陈思言女士、孙启烈先生、任晔女士

第三章 拥抱时代：企业成长记

## 第五节 千亿企业，百年温氏
——温氏人的"伊甸园梦"

人物名片：温北英，温氏集团创始人。

2018年9月29日，在这个风和日丽的清晨，我们和温池广、温雁冰、褚慧诗一行来到六祖惠能的家乡——广东省新兴县，走访"中国鸡王"这一知名民营企业，这家企业1983年从8000元起步，到现在年收入500多亿元；从8人创业小团队到如今成为拥有2万名员工的大型集团，是什么精神使一家在县城的企业公司发展到全国除新疆、西藏、宁夏外各大中城市均有它的合作公司？从借一只鸡下蛋，到现在年收入500多亿元，其出口香港的家禽产品占香港80%的市场份额。两代人用了35年的时间，将这家企业做到中国财富500强的第128位。是什么让"温氏集团"从一家小农户发展到如今在全国具有影响力的农业大集团呢？带着这个问题，我们深入走访了温氏企业，从石头冲村到老厂基础，再到现代化的科技大楼。

### 苦难磨炼强大的内心

温氏集团创始人温北英出生于1931年，从小受知识分子家庭的影响，母亲徐氏毕业于省立女子学校，是他人生的良师，从小温北英就熟读《三字经》《千字文》《朱子治家格言》《弟子规》等经典。

可是，就在新中国成立前夕，即1949年9月20日晚上，新兴县发生了一件意外，让18岁的温北英有了惨痛的记忆，从此他开始了颠沛流离的人生苦旅。当时新兴县还没有解放，一些国民党保安队的人知道老百姓对解放军有

广东温氏大华农生物科技有限公司

好感，便冒充解放军到处勒索。就在这一天，30多个土匪来到石头冲村抢劫财物，并绑架温北英，将他带到了后山，土匪要求父亲交3.5万港元来赎人。然而父亲只是一个农民，哪有那么多钱，土匪于是把温北英带回石头冲，见父亲试图抵抗，不肯开门，便撞开侧门冲进屋里，开枪把父亲给杀害了。

那件事给温北英造成很大的打击，温北英痛心疾首，也悟出了一个道理：当时国家之所以多灾多难，匪徒横行，是因为国家的积贫积弱。人人自危，匪徒的无知与野蛮也是这个贫弱造成的。在温北英看来，人与人、人与环境是一体的，当一个群体关系被破坏后，另一个群体也必然受到影响。后来温北英在创办企业时，这个"大同"的思想便得到了体现。

1952年，温北英一家又被划分为"地主"，已成年的温北英与母亲一同被"批斗"。当时正在肇庆师范学校读书的温北英被持枪的民兵押回老家进行"批斗"。那一次的经历并没有打倒温北英，乐观的他相信眼前的困难只是暂时的。所幸的是，温北英的妻子梁焕珍出身贫农，没有被"批斗"。

1955年7月，温北英从肇庆师范学校毕业，被分配到广东四会县（今四会市）大沙镇的大沙小学任教，20出头的温北英风华正茂，他打算在讲台上努力耕耘，当一名优秀的人民教师。但命运好像在捉弄他，1957年，他被卷入突如其来的"反右运动"中，莫名其妙地被划分成"右派"分子，成了被批判的对象。

那几年，温北英常常被抓回老家"批斗"，这跟多年前"土改"的"斗地主"模式情形相似！如今回想起来，温北英仍深有感触："那时学校天天开会，书倒不用怎么教。我是'右派'分子，在哪里都没有朋友，大家去玩也没有人邀请我。"温北英为此苦闷极了。

1962年夏天，思索很久的温北英决定不教书了，决定回老家。在随后的"文革"中，温北英又被打成"走资派"，人身自由受到限制，他被困在村里。生产大队负责人指示石头冲村的负责人："最危险的工作叫温北英做就行了。"一开始，生产大队确实将最苦、最累、最脏的活给温北英干，但温北英身体瘦弱，实在干不了，后来生产大队也不常派他干重活了。

那些年，温北英一直在思考他这个读书人的人生，盼望着有一天能为社会贡献自己的价值，但除了教书，自己好像什么也不会干，直到1978年4月，中共中央决定摘掉"右派"分子的"帽子"，温北英才得以平反。从那时起，温北英思索着国家已经走出困难年代，新时代即将开始，知识分子应该做些什么，做点事的想法一直藏在温北英的心里。

## 借鸡下蛋:"一代鸡王"之路

1965年的一天中午,妻子梁焕珍做好饭准备叫家人一起吃饭,但是发现3岁多的儿子温鹏程不见了,心想应该不会跑得太远,便出门找他,后来发现温鹏程在邻居罗阿婆家里。原来罗阿婆也准备开饭,她蒸了一钵水蛋,水蛋的飘香将小家伙吸引了过去,他眼巴巴地看着那钵黄灿灿的蒸水蛋,一副小馋猫的样子在墙角偷偷地看着。刚好被慈祥的罗阿婆看到了,罗阿婆对温鹏程说:"想吃水蛋?来,吃点吧。"温鹏程看着鲜嫩细腻的水蛋,稚气地眨着眼睛,脸上泛着红晕,只伸出小手,用手指点了点蒸水蛋放进嘴里。那水蛋的鲜嫩美味让他感到妙不可言。虽然很好吃,但是他不敢多吃,因为他知道蒸水蛋是罗阿婆最好的食物,罗阿婆是个孤寡老人,他不能抢了罗阿婆最好的食物。罗阿婆很喜欢小孩子,每次温鹏程去她家,她都会拿好东西给他吃。那时因为条件不好,家里的口粮经常不够吃,更别说能吃上一个鸡蛋了。罗阿婆养了一只母鸡,鸡下了蛋,牙口不好的罗阿婆就经常蒸水蛋来吃,小家伙知道邻居阿婆家时常有鸡蛋吃,所以就经常在开饭时去她家玩。温北英知道儿子去邻居阿婆家的原因后,笑了笑说,果然是"隔离饭焦香"(指邻居家的饭菜好吃,饭焦指"锅巴")。

"既然孩子那么喜欢吃鸡蛋,我们也养只母鸡,让孩子天天有鸡蛋吃。"这个念头在温北英脑中冒了出来。

那时,人们的生活水平很低,有时家里温饱都顾不上,更别说吃鸡蛋了。而且家里又没钱买鸡苗,也不懂得养鸡的知识,养鸡生蛋以改善生活只是温北英的一种空想。

1966年,女儿温小琼出世。有一天,梁焕珍背着女儿在家门口遇到邻居罗阿婆,她们便聊了起来。罗阿婆说:"梁焕珍,你看小琼的祺带[指背带,祺(miē)指背负的意思],你的两个儿子以前都用过,现在烂了!不如叫你妈妈再做一条送来,顺便带只母鸡回来。"

原来当地有一种风俗,女人如果做了外婆,要给女儿送祺带,并送上一只母鸡,以示祝贺。但对于梁焕珍来说,她知道经济困难时期,母亲家也不容易,因此并没有把罗阿婆的话当一回事。

过了几天,梁焕珍回娘家,看到母亲家有一只母鸡,便想起了罗阿婆说过的风俗,便跟母亲说了。母亲为难地对梁焕珍说:"祺带可以给你做,但我只有一只母鸡,怎么能给你?"梁焕珍见母亲不舍得给她,也没有说什么。倒是母亲觉得对不住女儿,便想了一个折中的方法,说:"你把母鸡带回去,如果鸡生蛋,孵出小鸡,你再还回来给我吧。""好啊!"母亲的慷慨让梁焕珍很开心，就高高兴兴地将母鸡带回家了。后来这只母鸡生了20个蛋，她就用这只母鸡孵化了两窝小鸡，然后才将它送回给母亲。

温北英看到一群小鸡在院子里很是高兴，他想，鸡生蛋，蛋又变成小鸡，小鸡长成大鸡，大鸡下蛋又可以吃，又可以卖钱，如此生生不息，多么有意思啊。想到这里，对于一直想养鸡的温北英来说，他感到未来充满了美好。

然而，养鸡也不是那么简单，最初，温北英和梁焕珍养了几只鸡，倒还顺利，但要养几十只鸡就很难了。接着问题就来了，今天饲养的鸡明明还好好的，第二天就病怏怏了，之后便横七竖八地倒在地上，一下子就死光了。这次失败的经历让温北英决心学习掌握养鸡技术。于是他开始拜访名师，找"高人"学养鸡技术。

有一次，温北英听说邻村有个人很会养鸡，便登门请教。"我养的鸡经常发呆或者打喷嚏，不知道是什么原因？"温北英请教道。"感冒吧！"那人倒直爽，解释说，"鸡也跟人一样，也会感冒的啊！""鸡感冒了有什么方法解救？""人感冒了，要多喝水，鸡感冒了，也应该要多喝水！"至于问到何时让鸡喝水、喝多少水等规律性的问题，那人就答不上来了。温北英谢过那人后便离开了。他知道那人跟自己一样，也是懵懵懂懂的。

看来，还是要找"高人"才行，后来，听说良洞村有个叫阿超的人，养了50多只鸡，是远近闻名的养鸡高手。于是温北英便去拜访他。温北英见阿超在养鸡时常常故意解开衣服，让蚊子叮自己。他很惊奇地问阿超为什么要这样做。"我是为了吸引蚊子叮我，不让蚊子叮鸡啊！"他解释说，"蚊子叮鸡，鸡就生痘，鸡痘就会传染毒，就会有鸡瘟，鸡瘟一来鸡就会死光了。"温北英接着问："你不怕被蚊子叮，要是你生病了怎么办？"阿超说："我病了没关系啦，只要鸡不病就行了！"温北英摇摇头，觉得这办法本末倒置，人命比鸡命低贱！这怎么能行啊！虽然不赞成阿超的"喂蚊大法"，但怎样为鸡防疫这个问题一直挂在温北英心上。

随后，温北英阅读了各种养鸡防疫方面的书，慢慢掌握了养鸡的一些规律，后又托岳父在香港买养鸡方面的书，香港养鸡方面的书籍图文并茂，很适合初学者学习。

为了让鸡吃得好，温北英就拿家中的口粮作饲料，宁愿自己一家人吃番薯、木薯。没有鱼粉，他们一家大小就到河涌捞虾和鱼仔来制作鸡所需要的营养补充饲料。没有药物，温北英就到山上采集草药。为了方便鸡进进出出，他在家里打了一个小洞，寒冬时节，鸡群与家人围在一起取暖。①

为了给鸡保暖，温北英想给鸡做一个比较封闭的器物用来保暖，"拿这个吧！"妻子指着一个樟木笼（樟木做的小柜子）说，"啊！"温北英一看，这个樟木笼可是妻子的嫁妆啊，他有点犹豫，"用它来给鸡保温？"这时妻子毫不犹豫地把樟木笼搬到地上："这个柜子保温效果好啊！"温北英和妻子相视一笑，为了养鸡，他们都"疯"了。经过大量阅读有关科学养鸡的书籍，温北英渐渐成为远近闻名的养鸡能手。

温北英对养鸡知识钻研得很深。邻村的黄伟国在家养了两批鸡，由于不会用药，活蹦乱跳的鸡一下就死了很多，他焦急地前来向温北英咨询："英哥，我的鸡之前活蹦乱跳，吃了我伴了药的米后一下就死了，究竟是什么原因呢？"温北英听后说："你的鸡可能中毒了，药物浓度太高了，应该是万分之二比例的用药。"黄伟国心想："他的记性真好，用药剂量都记得。"成为民间养鸡能手的温北英在新兴县开始有了"温师傅"的美称。

1972年，小有名气的养鸡"温师傅"被簕竹镇公社陈培源书记知道后，便下乡到石头冲村，邀请温北英到全社各生产队办鸡场培训农民养鸡。在温北英的带领下，全社99个生产队办了66个养鸡场。

## "七户八股"横空出世

1972年，虽然温北英被邀请去指导全社各生产队创办养鸡场，但养鸡的绝大部分收益是归集体所有，农民并没有从中得到多少收入。直到1978年年初分田到户，允许农民养鸡，温北英心想："如果人人都能养鸡致富，大家有了钱，天下就太平了。"掌握养鸡技能的温北英并不只是想着把自家的鸡养好，他还想办更大的养鸡场，可以让更多的农民养鸡致富。

于是温北英就有了组建股份制公司的想法，在"1978年党的十一届三中全会之后，中国农村的某些社办企业，为扩大生产能力，自发地采用了集资入股、股份合作、股金分红的办法，使企业规模越来越大，企业经营充满活力。农民通过各种生产要素入股，形成了农村股份合作制企业，这就是股份制的雏形"。②

温北英考虑组建股份制公司团队，他选了6个人：温湛，一个同村同宗的兄弟，为人朴实肯干；温金长，最有作为的上进青年，22岁就当上了生产队队长；温木恒，生产队的会计，会开拖拉机，有技术，又是民兵营长；

---

① 参见胡荣锦《温北英的伊甸园梦》，华南理工出版社2015年版，第59页。
② 胡荣锦：《温北英的伊甸园梦》，华南理工出版社2015年版，第103页。

梁洪初，在新兴县食品公司东成食品站当站长，人称"猪肉佬"，他人脉广，擅长人际沟通；严百草，温北英的徒弟，技术能手；温泽星，时任籁竹公社党委书记。以上6人一人一户，同温北英、温鹏程父子组成的一户（1户2人），合计为"七户八股"。每人集资1000元，共8000元，加上银行贷款10万元，以

"七户八股"会议

儿子温鹏程承包的籁竹镇养殖场为基础，办起了股份制形式的新兴县籁竹畜牧联营公司。温鹏程将自己承包的农场的物品也作为公司的财产。公司主要经营饲料加工、养殖开发等项目。

1980年，全国推行土地联产承包责任制。1983年，新兴县推行的土地联产承包责任制基本完成，干部群众在思想观念上慢慢开始转变，"七户八股"借助联产承包责任制的东风，"新兴县籁竹畜牧联营公司"的架子搭起来了。1983年下半年，公司开始筹建鸡舍，已是中年人的温北英卷起裤腿，与其他年轻人一道挖塘泥、修塘基、打泥砖、兴建鸡舍，甚至连搬运装卸等重体力活都亲自参与，目的是节约每一分钱，把资金用在"刀刃"上。在那个要交农业税的年代，鸡舍建在农田上要交税，于是温北英将鸡舍建在承包的鱼塘上，鱼塘属于承包的，因此不用交农业税。

为了搞好养殖事业，他不分昼夜，每天很早就起来巡察鸡舍，观察鸡的饮食起居与精神状况，经常深夜阅读国内外有关养殖技术的各种书籍，把心思全部放在养鸡事业上。

1984年年初，新兴县养鸡场大范围发生鸡瘟，温北英看到后觉得形势不妙，公司的养鸡场一直靠年轻人打理，而当时懂技术的年轻人比较少，如果再这样下去情况也好不到哪里去，必须在预防上好好下工夫。因此，温北英狠抓员工的养鸡技术培训，几点喂料、几点放风、几点降温等每一个细节都讲得很细致。例如，黄豆、玉米、黄粉等大部分原料属热能性饲料，相当于人如果光吃一种食物，身体就会缺乏某种维生素，从而导致身体免疫力降

低,这些养鸡技术培训让员工们终身受益。

## "公司+农户"模式

1984年年底,温北英宣布全场放假20天,30多名员工离场回家过春节。这一年,全国公司进行整顿,新兴县簕竹畜牧联营公司也被迫改名,改为"簕竹鸡场"。放假期间,温北英并没有闲着,他认为能让员工温饱是不够的,他在思考着如何让大家致富。

养殖业是可以做一辈子的行业,世上只有倒闭的企业,没有倒闭的行业,特别是食品行业,无论什么时候,人都是要吃东西的,这是温北英一直坚持的信念。如果能调动更多的农民积极地去养鸡,大家形成一个强有力的协力关系,那么,事业会发展得更好、更快。

然而,那个时候的农民是很难从银行贷到

"公司+农户"起源

款的。1985年的一天,黄伟国和黄六来到簕竹鸡场找到温北英。"我原来是想问你拿些鸡苗养的,可是……"黄伟国面露羞色,"我没钱,也贷不到款。"温北英略微思索了一下说:"我明白,这样吧,我给你们每人500只鸡苗饲养,等你们养大后拿去卖,赚到钱了,再还我钱也行!"就这样,温北英不仅把鸡苗给了他们,还教他们怎样搭建保温架,怎样做消毒卫生工作等。

从此以后,黄伟国经常去簕竹鸡场向温北英请教,他还带了很多农民过去找温北英。温北英对每一个前来请教的农民都非常热情,不论有钱没钱,能帮的温北英都帮,有求必应。温北英这种热情、乐于帮助困难农户的菩萨心肠传遍整个乡里,他在乡亲们中树立了极好的口碑。

1986年,簕竹鸡场越办越好,还在肇庆中心市场开设了新兴三黄鸡销售部,其他部门的销量也很不错。善于总结的温北英借鉴之前供销社的"公司+生产队"模式,觉得"公司+养殖户"模式是一个可行的尝试,可以让更多的农民参与养鸡，这样就能实现企业与农民共同致富。之前"公司+生产队"的模式没有弄好，是因为那个年代个人不能养鸡，养了也是公家的，农民积极性不强。公司能够提供养鸡户防疫等技术支援，帮助他们解决后顾之忧，这是一个多赢的模式。

本着"大同梦"的温北英把帮助农民脱贫作为企业的目标，把农户当作密切的合作者和自己的生产车间。发生亏损时，公司宁愿自己全部承担，也绝不把风险转嫁到农户身上。这种"公司+农户"模式很好地利用了农村丰富的生产资源如劳动力、土地、资金、生产用具和一些房屋等。

例如，"1986年，农户张琼珍在沙廊养鹅亏了本，温北英鼓励她与簕竹鸡场合作养鸡。当时正是公司发展养殖户的初期，温北英送了1040只鸡苗给张琼珍饲养，并经常下乡指导她如何养鸡、防疫、铲鸡粪。卖鸡时，也会安排一些人去帮助她，结果，张琼珍养的第一批鸡每只赚了4元。由于养首批鸡尝到了甜头，因此第二批她就增加到1500只，到1988年，张琼珍的饲养模式已达到每年1万多只。温北英的这种'公司+农户'模式，帮助成百上千的农民走上了脱贫致富的道路"①。

### 持续精进，"三顾茅庐"

温氏家族祖辈虽都是平民，但"读书明理"的思想一直影响着一代又一代温氏族人，温北英的父亲温颂清曾考上北京燕京大学（现在的北京大学），但因当时正处战乱，时局动荡，加上父亲上几代都是单传，所以也不舍得父亲离开家，最终父亲没去赴读。虽然没有去著名的燕京大学上学，但父亲并没有放弃读书，在石头冲村有四间书房，位于村的后部，都是由父亲族中兄弟集资建成的，平时为子弟读书、聚集的地方。父辈勤学上进的精神也影响了后来的温北英。

温北英为让养鸡事业更上一层楼，一直没有忘记向先进标杆榜样学习，精益求精。温北英听人说佛山南海的狮山镇种鸡场养鸡技术好、效益高、设备先进，于是决定要向标杆学习。

1988年的一天，温北英和黎沃灿辗转来到佛山南海狮山镇，他们特意来参观狮山镇的种鸡场。"场长不在！你们以后再来吧！"门卫告诉他们。"哦，真遗憾！"然而温北英并没有马上回去，而是带着黎沃灿在狮山镇一家旅馆住下。"我们明天再去参观。"温北英对黎沃灿说。之所以这么坚持，是因为温北英听说他们养殖场一个人就能养3000只鸡，这数量简直比自己

---

① 胡荣锦：《温北英的伊甸园梦》，华南理工出版社2015年版，第143页。

的簕竹鸡场高了好几倍，于是温北英说什么也要学习人家的先进技术。

第二天一大早，温北英和黎沃灿再次来到狮山种鸡场。到了种鸡场附近，他们下了公共汽车，正要步行进厂，却发现进厂的一段路被封了，不让人通过。原来是有条高压线断了，横在路上，怕漏电有危险，维修人员不让过。温北英有些急了，今天他们一早就赶过来，就是想找到场长，获得参观的许可。如果来迟了，怕场长有事，参观的事又黄了。"我们跳过去吧！"温北英想快点过去，但维修人员坚决不允许通过。狮山种鸡场就在眼前，却可望而不可即，他们只能干着急。等维修人员处理好高压线，温北英和黎沃灿急急忙忙赶到狮山种鸡场的门口。"场长正在开会，没空接待外人来参观！"门卫又让他们吃了闭门羹。"再等一天。"温北英答得很干脆。

第三天，温北英一早就赶到狮山种鸡场。这时，一辆面包从他们身边驶过，进了种鸡场。种鸡场的门卫见到温北英和黎沃灿来了，急忙对他们说："面包车上就是你们要找的领导。"

温北英终于如愿以偿地见到了狮山种鸡场的党委书记方平，他们自我介绍说是新兴县食品公司介绍来的，方平就同意了他们进场参观。

温北英很兴奋，他以为参观是可以近距离观察鸡舍，但却被告知不能接近鸡舍，因为饲养这些白鸡，管理很严格，靠近都要消毒，要做很多防护措施，只能隔个三四十米远远地观察。他们发现这里是用盆子让鸡下蛋，用电动送料机喂鸡，一按按钮就能自动运送。"难怪他们一个人就能够养3000只鸡。"他们还参观了日本进口的全自动孵化机，都很先进。这次的参观让温北英了解到如何通过现代化的设施饲养种鸡，怎样限料、防疫免疫、育成喂养等现代化养鸡方法。看到他们墙上挂的"登记表"，一切都是制度化。临走时温北英向对方要了一些制度表，对方也爽快地答应了，温北英如获至宝。他心想未来就要建这样自动化、制度化的鸡场。

## 人性化"育人用人"

1991年的一天晚上，梁志雄和两个员工到簕竹鸡场一个同事的宿舍里聊天，4个人觉得刚好够"手"（指4个人刚好能凑一桌牌）。"咱们打牌玩吧！"也不记得是谁提议的，"好！"众人附和。为了增加玩兴，有人又提议不如设点赌注，5元一注。那时，他们的月工资才几百元，5元一注已经是赌得很大的了。实际上，簕竹鸡场有明文规定，不论是上班还是下班时间，绝对不允许员工参与"黄、赌、毒"。这是公司的"高压线"，谁都不能触碰。结果他们的行为被发现了，抓个现行，并将此事向温北英汇报。温北英一听，肺都气炸了，一开口就说："先停职，再进行观察，如果不知悔改，全部开除!"梁志雄心想这下完了,因为之前利用在籁竹鸡场学的技术,他和自己的哥哥出去创业,结果创业失败,还被人追债,最后还是温北英特别开恩收留了他,让他重返工作岗位。后来,他因引进白鸡饲养技术而被评为优秀员工,工作一向都很努力,没想到一时对自己放松要求,违反了场规,当时的梁志雄后悔莫及。

温北英当时真的很恼火,因为这是他定下的"高压线",当晚他便召集籁竹鸡场高层开会,温小琼等人急忙帮梁志雄等人求情,希望温北英给他们一个机会,温北英最终强压怒火,宽大处理,给了他们一个改过的机会。但"死罪可免,活罪难逃"。温北英对他们做出了严厉的处罚:扣工资、写检讨、读检讨……

1992年,爱才的温北英决定重新给梁志雄一次机会,聘任他为籁竹鸡场技术中心经理,这个任命比原计划推迟了足足一年。温北英通过人性化教育、培养,将他们引上正途。后来,梁志雄也由一个顽皮的青年,成长为一位成熟稳重的公司高层管理人员。由此可见温北英在用人上的智慧。

### 智慧育人,"重在启发"

在人才培养上,温北英注重启发,智慧育人,温卫锋就是一个事例。温卫锋是1983年加入公司的,在加入公司之前他是一名小学教师,在那个年代他除了音乐不能教,语文、数学、地理等其他课程都能教,可见他是个有才能的人。后来被温北英感召"弃学卖鸡"。温卫锋是个爱好中国古代文化的人,这多少受了温北英的影响,他只要一有空,就找温北英聊天,听温北英讲故事。

一天,温北英心情很好,便讲了一个皇帝的故事给温卫锋和几个员工听:从前有个靓仔(即"后生仔""小年轻"的意思),是皇帝身边的秘书。老皇帝死后,他的儿子登基。新皇帝见到这位秘书,便好奇地问:"我还是小孩时,你就做父皇的秘书,现在我做皇帝了,你还是秘书,为什么呢?"秘书回答:"你父亲做皇帝,欣赏年纪大的人。但当时我年纪小。你做了皇帝,又喜欢年纪轻的人,但现在我年纪大了。我生不逢时啊!"[①]

听完这个故事温卫锋哈哈大笑,他觉得这个故事经过温北英绘声绘色地改编,太生动形象了。但很快他发现温北英不但没笑,反而一脸严肃的样子,便立即止住了笑。他知道温北英从来都不会为说故事而说故事,而是借古喻今,用以启发听者的心智,于是温卫锋也思考了起来。终于,温卫锋明

---

① 胡荣锦:《温北英的伊甸园梦》,华南理工出版社2015年版,第170页。

白了:温北英是用这个故事教育他们,做人不光要有才能,也要把握机遇。不论是年轻人还是老人,都要正确认识自己,找准自己的位置。在温卫锋心里,温北英是一位有智慧的老人。

在温北英的教育培养下,温卫锋从一名普通的鸡仔销售员,成为公司高管经营干部,他在销售岗位上一干就是19年,将簕竹鸡场的鸡卖到了各市,被喻为"鸡省长"。就连什么地方鸡的怎么样吃比较好,他都研究得很透彻。例如,上海人"煲鸡汤",要先去掉鸡皮、鸡翅尖、鸡尾,这样煲出来的鸡不肥腻;广东的东江水与西江水的水质是不一样的,不同的水质对鸡的做法也有讲究。温卫锋在销售上都会根据不同区域的客户特点有针对性地介绍鸡的不同做法。温卫锋后来又在猪肉销售上做了十几年,之后又任集团党委书记,直到退休。温卫锋这位行业精英之所以有这样的成就与境界,多是受温北英的影响。

## 树立"温氏精神"的旗帜

进入温氏集团现代化办公大楼一楼大厅,在正中间会看到非常具有文化气息的古代书简图画,上面印写着"温氏精神"——精诚合作,各尽所能;用科学,办实事,争进步,求效益;文明礼貌,胸怀广阔,磊落光明;同呼吸,共命运,齐创美满生活。

温氏企业文化墙

温氏集团一路发展,从最早的一只鸡到现在年收入500多亿元的集团,从1983年开始创业的"七户八股"到现在拥有6万多合作农户及4万多名员工的集团。这一伟大的成就,每一步的奋斗都体现着温氏精神。

温北英帮助农民致富、人性化用人、奖罚分明、爱员工如家人、精益求精、教育员工学会"吃亏是福"的道理,以自己的慈悲心践实着他的"大同梦",帮助农民致富。温北英时常这样教育员工与家人:"我们千万不要学洪秀全。洪秀全最大的问题就是做事有头没尾。他们一路杀上北方，却不顾后方。等敌人死灰复燃，也不做防备，所以他们被围剿，以致失败。而他们打入南京后，各人野心尽现，争权夺利，只顾享乐，策略上注定要失败。"温北英指出小富即安是危险的，要做大事千万不要学洪秀全。接班人温鹏程不负温北英厚望，从接手集团时年收入100多亿，到现在的年收入500多亿元，温氏集团提出了"千亿企业、百年温氏"的理想与目标。相信在"温氏精神"的引领下，温氏人将会创造一个新时代的奇迹，为世人、社会的发展做出自己的贡献。

## 结语

新兴县是一个人杰地灵的地方，这里出了佛教史上著名的六祖惠能，他有着悲天悯人的佛家思想情怀。如今，这里也是"千亿企业、百年温氏"创始人温北英的出生地，温氏集团的发源地、发展地，温氏企业之所以取得今天这番成就，与温氏人一直秉承的温氏精神有很大关系。

首先，"仁义"思想对于温北英来说，无论是经营企业，还是对待身边人及他人，都以仁为原点。在温氏集团文化里，"仁"即做人要正心、正念，待人以仁心诚意。这一核心精神也反映在温氏企业经营上。比如，在商业模式上，从最早的"公司+农户"产销模式，到现在的"公司+家庭"农场，温氏集团把农户利益与企业利益看作命运共同体，宁可自己亏损也决不让农户承担风险，这也是温氏集团几十年赢得广大农户信任的秘诀。

其次，我们看到温氏人对人、对事业的那份"意诚"，古语说，"心正则意诚，意诚则事必成，百技不如一诚，神莫神于至诚"。从最早的"七户八股"开始，温氏家族就很注重沟通，与成员思想达成一致，创始人建最好的房子给员工住，多数员工都是跟着企业工作了十几二十年。在温氏集团里，能感受到温氏人那种"精诚所至、金石为开"的事业开拓精神。笔者认为这也是温氏集团从"七户八股"8000元创业到现在取得年收入500亿元成就的原因。此外，"意诚"也体现在家族传承上，温氏家族并没有像其他家族企业一样有争家产、分身家的现象。温北英有四个孩子，个个已堪大任：长子温均生、次子温鹏程、三子温志芬、小女温小琼，在接班人的传承上，他们遵从父命，大哥支持二弟温鹏程接棒。兄弟齐心，其利断金，也体现出这个家族的团结与心胸格局。

最后，"精诚合作"是温氏集团发展壮大的力量源泉，"精诚合作"是组织合作的核心精神，这一理念深深地印在每一个温氏人的心里，"精诚合作，各尽所能，用科学，办实事，争进步，求效益，文明礼貌，胸怀广阔，磊落光明，同呼吸，共命运，齐创美好生活"。作为温氏集团的创始人，在长达 30 多年的艰辛奋进中，温北英从没停止过对养殖业的探索，他带领温氏集团在广大农户与市场之间架起了一座桥梁，为广东乃至全国农业的产业化闯出了一条可资借鉴的道路，更为中国的农村扶贫做出了自己的贡献。温北英早已将这种为世人、为社会贡献的"精诚合作"理念注入新一代温氏人带领的 4 万多名员工的心里，也带动着 7 万多合作农户努力致富。

守藏史团队一行参观访问温氏企业

笔者一行与温氏人留影
左起：褚慧诗女士、王辽东先生、温卫峰书记、温池广先生、温雁冰先生

## 第六节 "奶爸"农天懂,在寻常的行业一直不走寻常路

人物名片:农天懂,广西"奶爸",广西壮牛水牛乳业有限责任公司创始人、董事长,中国奶业协会奶水牛专业委员会委员,广西奶业协会常务副会长。

他是广西大学优秀的毕业生,放弃了人人羡慕的公务员去卖牛奶;他是国有乳企年纪最轻的高管,却放弃了别人可能奋斗一辈子都爬不到的岗位开始创业;他在创业初期,最困难的时候公司只剩他和司机,但他却从未放弃,一直在追求他的梦想;他姓农,属牛,精耕乳业19年,只为身边的朋友能喝到一口安全的乳制品!

在办公中的农天懂

10年前,他和别人一起合伙创业,仅用4年时间,他就带领企业跻身中国乳业500强,成为广西乳品行业的领军人物之一。身处当下新形势,农天懂感慨地说,企业能经历10年仍保持发展势头,这是由企业内在决定的。而企业的发展源于管理者的智慧。那么,农天懂是如何把企业做到中国乳业500强的呢?他在日常管理中又有着怎样的智慧?

## 人生选择：一封自荐信改变人生轨迹

农天懂认为，他进入乳品行业或许是缘分。1997年，农天懂以优秀本科毕业生的身份被分配到某地级市党校。毕业时，老师对他的评价是"个人性格不适合从政"。农天懂虽然不完全同意老师对他的评价，但他心里确实不喜欢从政，于是他不顾父母反对，将档案从党校调出，选择到企业去历练。

当时，乳制品行业作为朝阳产业吸引了不少人关注，农天懂对乳制品行业进行分析后，决定争取进入当时在南宁数一数二的某国营乳品厂。他手写了一封感人至深的自荐信，这封信后来多次被乳品厂的班子成员作为典范当众提及。农天懂说，他从小练硬笔书法，写得一手好字，自荐信中他充分阐述自己的优点和能为企业带来什么，这封信足以打动任何一个看过的企业管理者。他也因此得以顺利进入乳品厂，成为销售科的一名普通员工。"选择比努力更重要。"农天懂说，他当初之所以选择进入乳品行业，一是因为当时乳品行业是朝阳产业，二是因为乳品行业是不会没落的行业。

农天懂和员工在一起

## 出奇制胜：员工不拿底薪也跟着他干

农天懂在国营乳品厂一干就是7年，期间，有些做法仍让他记忆犹新。例如，在乳品厂销售科工作时，农天懂无数次向领导提出产品品牌化的方案，因为他发现，当时很多南宁人都在喝他们的牛奶，对于他们厂的地址能脱口而出，但却说不出他们牛奶的牌子。怎么办？为了让乳品厂的产品品牌化，农天懂不断地提交方案到公司决策层，并始终坚信自己的眼光。几年过去了，自己的"张狂"也得到了回报，乳品厂的品牌效应也逐渐得到市场的认可。

在企业打拼4年后，农天懂的能力和才干得到了认可，被提拔为分管销售的副总。为了改变国有企业员工"吃大锅饭"的心理和习惯，农天懂经过反复思考和论证，想出了一个办法——去底薪。

他的改革方案一出，几乎所有的销售人员都提出反对，销售团队乱成一锅粥。但农天懂并没有因此而动摇，他说，"去底薪"的销售管理模式可以发现和挖掘有潜力的销售人员，激发销售人员内心的渴望，从而为自己和企业创造更多价值。

为了顺利推行"去底薪"的销售管理模式，农天懂主动提出自己也不要底薪，与员工一起做销售，靠业绩挣钱。在他的带动下，留下来的员工充分发挥主动性，销售业绩也开始变好，员工每月拿到的钱比以前多得多。这一招，也让农天懂的销售团队变得更加稳定和高效。

农天懂"承诺书"

## 临阵变招：自创企业，走订单销售模式

2004年，农天懂工作了7年的国有乳品厂面临改制。他要么出资近百万参股继续做公司副总，要么退出公司副总岗位做普通职工。当时资金不

足、胆量惊人的农天懂选择离开公司，自主创业。

离开公司后，农天懂与合伙人共同出资几十万元创办乳业公司。创业初期经历的艰难总是不可避免，各种问题和困难接踵而至。基于对行业的了解和把握，农天懂迅速抓住机会，给公司带来转机。2005年，农天懂与广西水牛研究所展开合作，成立壮牛水牛乳业，差异化做水牛奶（一般乳业企业都是做黑白花奶牛）。广西水牛研究所隶属中国农业科学院，是全国唯一一家从事水牛科学研究与开发的专门机构。通过合作，壮牛水牛乳业拥有了实力强大的技术团队，也为自己的长远打算做了铺垫。

为了让自己的产品迅速打开市场，农天懂采取订单销售模式，即客户先交钱订奶，才能享受产品和服务。农天懂说，企业的资金链是企业的命脉。当时公司缺钱，如果不这样做就会有很大风险，这一"收钱系统"在后来的市场变化中也为壮牛水牛乳业提供了资金保障。比如在2007年，中国牛奶企业在经历了2006年的牛奶价格持续下滑影响之后出现倒闭潮，但壮牛水牛乳业却实现了逆势增长。农天懂介绍说，这得益于公司的"收钱系统"，从公司成立至今，他们95%以上的产品均销往订奶客户，公司先收钱后出产品，保证公司现金流运转正常。在同行打价格战时，他们反其道而行，全面提价，稳固消费者对产品的信任度。2008年，三鹿奶粉事件的发生，使全国乳制品企业均受到不同程度的影响，消费者对大品牌乳制品失去信心，购买热情消退。此时，农天懂实行第二轮提价，并且透明公开产品生产各个环节，邀请客户到牧场参观监督。在同行业纷纷受牵连出现业绩下滑时，农天懂再次以不同的思维和策略赢得市场。

农天懂向笔者一行介绍订单销售模式

### 顺势而为：推新玩法接轨"互联网+"

笔者了解到，壮牛水牛乳业目前在除桂西以外的全区各地分布有5个牧场，产品供应广西、广东市场，年产值过亿元。这一两年，随着移动互联网的广泛应用，各行各业的竞争格局发生了很大改变。农天懂也开始转变自己的理念，推出了"客户化"销售模式，把之前的"好产品卖给客户"转变为"让客户买到好产品"，因为前者是从企业角度出发，后者从客户角度出发，思维模式转变后，服务方式也发生了改变。他把互联网平台变成客户接待前台，客户在消费前可通过公司互联网平台了解产品特性，进行产品咨询，与在线工作人员进行互动等，给客户更加优越的产品体验。

农天懂透露了一个数字：经过10年的积累，壮牛水牛乳业目前有9万多客户订单。为了留住这些客户群体，农天懂也玩起了"新招"，开通"挤杯鲜奶"微信公众账号，把线下客户搬到线上，客户通过微信公众账号可以查询到牧场的奶牛正在干什么、吃什么，他们订的牛奶什么时候挤出来、送到了哪里、什么时候送到家。

新玩法不仅仅是微信那么简单，农天懂的打算是：如今消费渠道在不断变化，他们也得跟着新形势跑，后期得研发企业APP，开发智慧牧场、智慧菜园、肉牛培育等，一方面走产业化道路，另一方面，也要不断优化和客户的互动消费。毕竟做乳业生意，不仅仅是卖奶这么简单，让消费者在面对商场琳琅满目的牛奶时还能想起你，这才是自己要做的事。

### 工作狂人也是运动达人：告诉你一个不一样的"奶爸"

秉着"not for me，for us"的服务理念和工作态度，农天懂带领的壮牛乳业获得了"2011—2015中国—东盟博览会贵宾接待专用乳制品"、"广西高新技术企业"、南宁市农业产业化重点龙头企业等多个荣誉称号，同时，"壮牛"被认定为广西著名商标，他本人也被广西壮族自治区关心下一代工作委员会聘请为名誉副主任，广西"奶爸"的称号由此而来。

作为工作狂人，农天懂却不忘锻炼身体，保持健康的体魄。每天早上7:00他便开始"运动打卡"，或打高尔夫，或做极限运动，或静思冥想。每周四晚上还会组织员工一起踢球，如今正值壮年的农天懂看起来依然如同一个年轻的小伙，正是得益于长期坚持运动。他常挂在嘴边的一句话就是"习惯是坚持的结果"，而坚持源于热爱。正如他坚持19年专注乳业，不仅仅是习惯，更是源于热爱。

"奶爸"农天懂　　　　　　　　运动中的农天懂

# 第四章 匠人精神

## 第一节 铸工匠之技，立师者之德
——中国职业教育的新使命和新价值

人物名片：李纲领，智通教育产业创始人、国家人社部特聘讲师、高级人力资源管理师、SYB创业导师、广东商界十大新锐人物、东莞市首席技师、智通集团副总裁、广东省职业能力建设协会副会长、广东机器人协会教育培训委员会副主席。

李纲领

智通教育是"中国驰名商标"智通人才连锁集团旗下的五大品牌之一，创办于2000年，已为上万家用人单位和20万学员提供了多种形式的职业培训教育服务，就业率始终保持在96%以上，是中国优秀成人培训机构、国家人力资源和社会保障部职业资格培训基地、广东省中小企业培训示范基地、东莞市职业技能定点培训机构、广东机器人协会副会长单位、东莞市机器人产业协会副会长单位。

## 铸工匠之技，让职业教育挺起中国企业的脊梁

在全球制造业革命性变革的背景下，"中国制造2025"不仅为我国制造业转型升级提供了行动指南，也对职业教育人才培养规模、规格、质量提出了新诉求。

2014年，在东莞智能制造转型升级时期，李纲领以敏锐的市场洞察力抓住了人力资源服务和智能制造培训整合的契机，2015年起开始着手建设东莞市智能制造公共服务平台。2016年年初，智通教育从企业转型升级和人才技能提升的需求出发，依托优质的师资团队、庞大的人才库资源，创办了智能制造培训学院，并自主研发了以"工业机器人应用"为核心的职业技能培训、职业素养培训、实训设备、实训教材、师资培养、职业资格认证、就业服务、技术管理、创客教育等职业教育与人才培养体系。

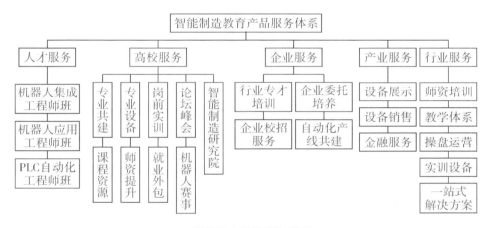

**智通教育产品服务示意图**

智通教育斥资800万，打造500平方米智能制造柔性生产实训车间，配备ABB、安川、库卡、发那科国外工业机器人四大家族做实操设备，并与德国自由中小企业协会全国常务理事、德国ThinkTank Networks公司总裁贝恩德·安迈尔先生达成合作共识，引入德国"双元制"职业教育模式以及德国莱茵TUV职业资格认证。2018年与机械工业出版社签订了图书出版合同，计划出版《ABB工业机器人基础操作与编程》《ABB工业机器人典型应用案例详解》《ABB工业机器人视觉集成应用精析》《ABB工业机器人虚拟仿真与离线编程》。迄今，已经为智能制造行业的300多家企业培养并输送了6000多名自动化应用工程师，为学员提供全方位的培训、就业、创业

一站式服务,开创了职业教育行业的先河。

李纲领带领智通教育建成东莞首家"智能制造实训车间"

目前,智通教育正在把自己的经验向全国的高职高专院校、职业教育和人力资源服务行业输送,为它们提供工业机器人技术的"版权教材+教学体系+师资培养+实训设备+就业服务"专业共建的一站式解决方案,市场反响强烈。目前已经和湖北咸宁职业技术学院、合肥永屹人力资源服务机构、番禺职业训练中心等多家机构进行了专业共建项目合作。

湖北咸宁职业技术学院协议签订现场　　合肥永屹项目的实训台参展世界制造业大会

自 2016 年至今,智通教育已开展 48 期东莞市工业机器人工程师成长沙龙以及 18 期 PLC 工程师人才成长沙龙,近万人参与,并连续 3 年举办东莞市工业机器人技术应用技能竞赛,共 300 多名工业机器人应用工程师参赛,促进了工业机器人行业发展,引导了更多工程师投入工业机器人技术领域,满足制造业高技能人才的需求。

2017 年 3 月开始,智通教育承办东莞市人力资源局莞城分局举办的"一镇一品"智能制造技能人才培训项目,助力东莞市政府推进人才强市战略而提出技能人才培养计划,加强东莞市机器人应用工程师、工业机器人集成工程师、电气自动化工程师培养力度,计划在 3 年内培训 1 万名智能制造人才。

工业机器人工程师成长沙龙　　PLC 工程师人才成长沙龙　　2017 年东莞市工业机器人技术应用技能竞赛

2017 年莞城"一镇一品"智能制造场训项目启动仪式

智通教育将制造业人才的教育培训和发展与集团人力资源服务业深度融合,逐步构建"产、学、人"的教育产业生态圈,为职业教育创业者提供孵化和成长的资源共享平台。目前,智通教育产业园已经发展成八大学院与

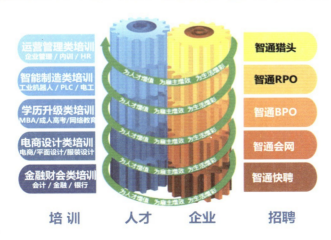

智通教育产业"双轮两翼"人企共赢模型

四大中心，涵盖智通智能制造学院、智通商学院、智通学历教育学院、智通电商学院、智通睿信管理会计培训学院、智通平面设计学院、智通服装设计学院、长安智通培训中心、塘厦智通培训中心、石碣智通培训中心和智通法律服务中心。

### 立师者之德，培养德技双修人才，提升职场竞争力

职业教育的天职就是完成所有教育的最后一公里，让学生通过职业教育成为真正的职业人，为企业创造效益。随着实体经济的回归，制造业依然是经济的主体，真正的技能型人才将非常匮乏，而职业教育任重道远，要扮演技能人才培养的主力军。当李纲领从心底发出"让职业教育挺起中国企业的脊梁"时，智通教育的愿景呼之欲出，因为他终于明白了作为一名职业教育者的使命和未来。在他的带领下，智通教育以"以学员为中心，以奋斗者为本"为核心价值观，以"培养德技双修人才，提升职场竞争力"为使命，用心帮助走进智通教育的每一位孩子，不仅要让他们学会一项技能，更要从中收获人生智慧，用一颗心去滋养另一颗心！

李纲领在向众人介绍智通教育

### 不忘初心，李纲领一直坚持他的教育梦

管理学大师加里·哈梅尔说过："使命是引导我们前进的目标，是在周围一切发生变化时用以定位的北极星，是我们创建具有适应能力的组织所需要的关键规则。"智通教育在李纲领的带领下，围绕"培养德技双修人才，提升职场竞争力"的使命，以打造高质量就业为核心的终身职业教育体系的经营理念，全面指导智通教育各学院的经营管理。

智通教育经营理念

李纲领获智通人才连锁集团颁发"首席能量官"荣誉称号

回首19年前从河南禹州某校副校长岗位辞职下海,将目光转向往南1500多千米的东莞寻梦,从基础教育到职业教育,虽然辗转南北,李纲领却始终没有离开教育的舞台,他始终认为自己是一名教育工作者,一直坚守着他的教育初心:"教育的本质是爱。"他用心打造"孝道、感恩、勤奋、助人"的校园文化,用爱培养出20多万名"德技双修"的高质量人才,被誉为"首席能量官""团队总教练"。

他有一种情怀:要把智通教育办成一所饱含人文情怀的职业教育机构,将"德技双修"融为一体。不仅帮助学员学到技能,更重要的是帮助学员们树立正确的人生观和价值观,让学员们找到生命真正的价值和意义,过上有尊严的生活。帮助每一个学员,成就每一个家庭。这些是他一生的使命。

他有一个夙愿:让每一个走进智通教育的员工都能够实现自己的梦想,

成就自己的人生。"让每一个梦想都开花",是他对员工最大的心愿和最庄重的承诺。

正如李纲领在获得广东省商界十大新锐人物的时候写的一首诗:"一粒种子菩提花,聚合能量发新芽。缘起本是一正念,花开遍地香万家。"让我们成为真正的师者,让教育焕发人性的光辉,让职业教育真正挺起中国企业的脊梁。

笔者同李纲领副总裁就人才培育、管理方面进行了对话。

笔者:您带领下的智通教育品牌是如何避开同行竞争的?

李纲领:中国改革开放41年来,工业化发展道路取得了伟大的成果,这就是专业的细分再细分的成果。专业的细分其实就是效率高、成本低、服务佳。如果要避开竞争,还是离不开专业的思维,避开竞争要做好五个方面:一是需求方有哪些核心问题,唯有清晰把握客户的核心需求,才能吸引客户。比如,别的教育学院教材是一年或多年都不更换一次,我们智通教育的教材是3个月更新一次,因为我们有大数据,我们时刻把握客户的信息与需求变动。二是怎样才能解决这些问题,解决方案是否让客户满意,解决方案是否更贴近人性。比如,在我们智通教育,"退费不需要批准管理",用最大的真诚服务学员。三是知道我们与竞争对手的区别在哪里,了解竞争对手的长处与短处及盲点。比如,我们智通教育不仅注重学员技能教育,同时我们还注重学员的德育教育培养,培养"德技双修"人才,提升人才的综合竞争力。四是哪些问题我们明显比别人解决得更好,在人才应用方面是否能发现客户没有发现的需求。比如,我们智通教育在培养人才方面,不仅要教会学员懂理论、懂操作,更要懂维修,为企业培养多维度实用人才。五是我们怎样才能长期拥有竞争优势,在优化创新步骤上是否有系列的规划方案。比如,在教学上,我们一期投入800多万元资金,将目前机器人制造应用的"四大系"设备全部到位,让学员在实景实场中去理论结合实际,提升技术本领。

笔者:据我所知,您培养的人才在参加工业设计比赛中取得了很好的成绩,这方面能否给我们介绍一下,您是怎么教学员设计自己的产品的?

李纲领:做产品,很多时候不能用自己的感觉去揣测产品,也不能用自己的阅历和经历去体验产品,而应走入客户的需要中,了解他们体验的感受。我们会教学员站在用户的位置去思考问题。比如,第一是客户的感知层,一个产品你拿到它的第一眼会关注它设计得美不美,质感怎么样。一个人,你看到他的第一眼,关注的是这个人的身材、相貌、口音、穿衣搭配、举止言谈等这些最外层的感知层。第二就是客户的角色层,一个银行职员、一个军人、一个公务员、一个经理,你在和他们打交道的时候,能明显看到他们身上角色的痕迹。角色身份背后代表信念与价值观,给你感觉是不是一类人。就如一个女孩她会看一个人的外表、穿着,或者问一些非常表面化的问题,比如问你有房有车吗?如果用产品经理思维来说的话,这是在收集数据,这种用户研究行为是非常低级的。根据存款和房、车对一个人进行判断,是没办法和别人建立深度关系的。好产品多半是使用者与它相互调教出来的。你调教它的性能,它调教你的期望与需求。双方都明确对方的需求,就会建立趋于平衡的关系,产品与用户之间就会有一种心领神会的感觉。这样的产品生产出来后能和用户和睦共生的时间会是 5 年、10 年,这就是找到对象结婚的产品思维。

笔者:您下属教职工团队有几百人,您是怎样带领团队的?

李纲领:在我看来,让员工"胜任"是对员工最大的激励与尊重。很多管理者把精力放在事务性的工作中,很少花时间在员工身上,结果把激励员工的工作归到人力资源部门,这是一个大错误。就可能出现人是招进来了,但你的企业留不住人。我认为管理者要花更多的时间在员工身上,员工的工作是管理者自身重要的工作,如果不注重人的管理,就等于让招进来的人"自生自灭":有能力的员工成长起来,没有能力的员工丧失机会。然而这不是一个团队长远发展的精神动力,团队长远的发展动力是人才培养与激励要以团队精神为导向。员工入职后,要发现并培养员工的优势,并让他们用喜欢的方式去发挥,从而胜任自己的岗位。

一是要尊重员工,这个非常重要,几乎所有有能力的员工都会有自己的见解或个性,更加需要倾听他们的建议并学会采纳;二是要给他们相应的授权,要充分相信你的团队伙伴,因为有能力的员工常用能够得到的权力大小来判断自身价值,所以他们对权力会看得更重一些;三是要关注员工成长,要培养员工终身学习的三个能力:基本学习能力、过程学习能力和综合应用能力,如果这三点没有做到,所有的绩效考核都不能持久。因此,让员工真正的胜任,是对员工最大的激励。

笔者:当今是个体价值崛起的时代,您团队里面很多人才都是"80 后""90 后""95 后",您是怎样管理并留住这些新时代个性人才的?

李纲领:如何留住"95 后"员工,这是很多企业老板的一个管理课题。一言不合就辞职、一言不合就跳槽、一言不合就创业,太多的"一言不合就……"几乎成了许多"95 后"的日常,作为"95 后"的企业管理领导者,大多数人感到了压力。在我看来,"95 后"个性鲜明是好事,他们对新事物的感受力很强,他们点子很多,一会一个新主意,他们渴望自己的创意、想法能被采纳、被欣赏、被认同,所以从内心深处渴望老板是那种同他们是一类人,比如"听到好创意会尖叫、看到新事物会兴奋"。作为团队领导者,你要永远保持开放、尝试的心态,愿意为"95后"的创意投赞成票,更愿意帮助他们把想法落地、变现,甚至为他们的创意冒险。

作为企业经营者,要把一个问题区分开,就是要把个性与态度区分开。就如马云在公司年会上可以穿上裙子扮演白雪公主,这是很多企业老板做不到的。个性和态度不能混为一谈,个性源于我是谁,而我的态度则取决于你是谁。什么样的场合具有什么样的身份,但态度则是一种情商,态度关系到你能否与你的团队同频。

与"95后"沟通要尊重他们的意愿,用契约精神和"95后"达成共识,他们更乐意接受。这时候再说专业、说要求、说标准,"95后"更能听得进去。如果员工达到要求,作为经营者就得兑现承诺,实现员工的更多期待。对于真正意义上的"95后"管理而言,如果还有人试图用"教怎么做人做事"的方式来沟通教育他们的话,那便是典型的自娱自乐了。

在当今个体价值崛起的时代,如何管理"95后"或"00后"是新时代企业经营者面临的考验。我觉得企业如何在与员工的关系中建立基于心理契约的信任是非常重要的,而这个信任是要与员工自己的真实意愿相连接。目前,很多中国企业一直强调"公司是一个家",以此来拉高员工对公司的期望,但事实上公司的确不是一个"家",下班后员工都有自己的家,如果强调"公司是家"的思想意识,员工内心会觉得受到伤害,上班就是上班,生活就是生活,家就是家。公司本来不是家,要达到家的预期,往往会出现背离公司期望的行为,甚至彼此之间受到伤害。

**笔者:** 李总您是企业内部组织管理的专家,您发表过多篇关于企业组织管理的论文,对企业人力资源管理有独到的看法,您可以分享一些这方面的见解吗?

**李纲领:** 中国老板普遍忽视管理,背后更深层的原因是缺乏人本主义思想。中国几千年来沿袭的都是等级制,强调的是权力、命令、控制,而缺乏平等和尊重个体的文化传统。企业经营者要找到自身事业的"天命",管理落地是先决条件,管理是一把手的问题,如果只是为了自己发财致富,那钱早就够老板花几辈子了,这不是真正的"天命"。企业经营者的"天命"就是要给企业注入一种人格精神。而这个管理的背后是老板想成为怎样的人,要思考和学习应该做一个什么样的企业家,企业经营者要找到自己的"天命"、找到自己的天职、找到自己的使命,如果这个问题不解决,管理团队的建设、企业系统的建设、产品流程的建设都是不太容易落实到位的。

对于企业内部组织管理,当企业意识到"孤君"的局限性,往往试图通过增加新组织结构来让组织结构更灵活。但增加新组织结构很可能让企业更复杂而不是更灵活。作为企业经营者,不应让高管依赖改善企业组织管理作为解决问题的原点。可以通过责任分配来领导组织变革,企业与其进行改组,不如通过引入责任分配制来促进变革,针对具体事业目标给小团队或负责某个问题的个人分配责任。分配任务、分配目标,其实就是分配责任。"这个任务你负责、我放心",就是给这个目标明确负责人。在这个时代,无论我们愿不愿意,我们每个人都被卷入一个"一切皆可能经营""一个人就是一家公司"的新时代环境。人人都是自己的 CEO,人人需要对自己的人生自负盈亏。同时对于企业来讲,这也是一次新的尝试。

笔者:在"大众创业,万众创新"的大潮中,很多人想创业,但是在想与做之间有很多人会迷茫,能否给正在创业或想创业的年轻人一些建议或意见?

李纲领:对于迷茫的人来说,我觉得让人迷茫的原因只有一个,那就是本该拼搏的年纪,却想得太多,做得太少,不愿从基础做起。创业是一条艰辛的道路,如果脱离实际目标,与自身能力存在较大差距,自然无法找到实现目标的有效方法,以这样的方式去创业注定会失败。对于刚毕业的大学生来说,要创业首先要去找一份工作,通过这份工作学好一项技能,把这项技能做得超出行业平均水平,越出其他人的期望,然后再去实现自己的目标。不管在什么地方上班,公司不养闲人,团队不养懒人。没有哪个行业的钱是好赚的。一个人赚不到钱,赚知识;赚不了知识,赚经历。只有先改变自己的态度,才能改变人生的高度。我年轻时也比较迷茫,是从最基础的技术员做起的,因为我当时也想创业,但是我没有任何经验,于是决定先进入一家公司,从基础学徒做起,学习了解一家公司是如何运作的,为未来创业打下基础。

## 结语

在同李纲领的交流中,我们深深感受到李纲领对人才"德技双修"教育事业的梦想与情怀。教师出身的李纲领,从事教育事业近 30 年,秉持"以学员为中心、培养德技双修"的教育价值观,将"德技双修"教育进行体系化。

在李纲领看来,工作就是修炼,人生的修炼,除了工作拼命外,没有第二条通往成功的路。任何事情只要做到位,全世界都会来帮你。如果没有一种拼命的环境，就不可能有拼命的人。机遇永远存在，只要你努力，你会碰到更大的机遇，任何成功都离不开两点：一是专注，二是勤奋。成功要靠心血去浇灌，不可能靠投机取巧。这两点缺少任何一点，创业都很难成功。成功其实没有弯路，只要努力在"事上炼"，只要你的智商正常，就会有很好的悟性，剩下的就是专注和勤奋了，只有通过奋斗，才能抓住机遇，改变自己的人生。

李纲领与笔者一行留影

## 第二节　善行天下，"信义"之城
——记信义集团（玻璃）有限公司董事局主席李贤义

人物名片：李贤义，福建泉州人，信义集团（玻璃）有限公司董事局主席、全国政协委员、广东省福建商会创会会长、深圳市首批荣誉市民、中华见义勇为基金会顾问、中华海外联谊会理事……

他创建的信义玻璃以香港为总部，以龙岗为前哨，不仅创造了中国玻璃工业的奇迹，也成功打造了深受世界认可的中国名牌。同时，他还是一位热心慈善的企业家，由他创办的李贤义教育基金会、见义勇为基金会等持续发挥着扶弱济困、倡导奉献的社会正能量。

在福布斯中国富豪榜上，他是不可遗漏的重量级人物；在胡润慈善榜上，他也是榜上常客，各项捐款累计超亿元。20多年的时间，他建造了一座全球第三大的玻璃王国。

说到玻璃，人们的第一反应通常是曹德旺的福耀玻璃，特别是当曹德旺与陈凤英的伉俪情深曝光后，福耀的人气与影响力更是在一夜之间声名鹊起，成为汽车配套玻璃行业首屈一指的领军者。

但有另一家玻璃制造企业，它在世界上的名头、自身的实力均不亚于福耀：福耀专注汽车领域，它则打通了各个行业所有的产业链（汽车玻璃占总业务的1/3）；福耀深耕于国内市场，成为中国第一、世界第二大汽车玻璃供应商，而它70%的产能都送往了世界各地，斩获全球第三大"玻璃王国"的名头；2016年，福耀取得31.44亿的净收入，而它则超过了32亿。这家企业叫作信义玻璃控股有限公司（以下简称"信义玻璃"）。曹德旺来自福建，信义玻璃创始人李贤义亦是出生于该地。在该行业里，两个福建人均被誉为"玻璃大王"。他们一个"里子"，一个"面子"，如同并蒂花开，将中国制造的精神与品质传递到了世界每一个角落。

### 立足深圳，筑牢信义基石

作为改革开放的前沿阵地，深圳诞生了许多白手起家的商业神话。信义玻璃正是乘着改革开放的春风，立足龙岗，本着诚信和义气的信条，一步一个脚印打下了坚实的基石。

1952年，李贤义出生在福建泉州石狮永宁镇英村一个并不富裕的华侨家庭。15岁时，迫于生计，李贤义不得不辍学到别人家里做帮工。当时李贤义的初衷很简单，就是让父母的生活环境好一点，不为温饱而忧愁。

20世纪80年代初，20多岁的李贤义只身闯荡香港，靠着省吃俭用攒下的钱开了一家小型汽配公司，汽配涵盖了汽车玻璃，那段经历为他日后的转型与深耕奠定了坚实基础。

改革开放的春风吹来，中国内地尤其是毗邻香港的深圳一夕之间成为创业热土。1985年，李贤义把目光投向了最先被改革春风"洗礼"的深圳，在那里正式成立了信义玻璃。当时决定生产汽车玻璃的原因很单纯，他就是希望国家能自己生产汽车玻璃，一改过去必须从日本等地进口的境况。

因为政府不遗余力地全方位协助，创业者们省去了很多"单打独斗"的寂寞，避免了不断试错的弯路以及缓解了资金周转不济带来的紧迫感。因此，在7年的时间里，信义玻璃就拥有了现代化企业的规模。10年后，信义玻璃拥有2000多名员工、超过10亿的资产，业务涉及汽车、建筑、防弹、安全等方方面面。

一个企业成熟的一个标志，是它在国内市场的占有量已相当突出且相对稳定。然而，稳定带来的一个问题是，企业很难再有盈利上的大幅跨越。此时，开拓海外市场成为成熟企业追求盈利的通用法则，信义玻璃也不例外，尽管它已与福瑞、宇通等知名品牌达成深度合作。

香港的经历让李贤义积累了大量的海外汽车制造商、供应商资源。利用这些资源，他在几年之内嫁接上了北美洲、澳洲（今大洋洲）、欧洲等100多个国家和地区的海外维修配件公司。国际化带来多样性，信义玻璃的产品类别也随之陡增：可弯曲、热反射、防水、光触媒等玻璃类别成为信义"开疆扩土"的加速器。2001年，信义玻璃生产的汽车玻璃实现70%以上的出口。到现在，信义占领全球20%以上的市场份额，位列世界第三，成为当之无愧的"玻璃王国"，而李贤义也因此被行业誉为"玻璃大王"。

回望李贤义及其信义玻璃的发展史，我们很难看出当中有任何波折。信义的发展——从香港国际接口的资源积累，到改革开放的顺势而为，再到国际化的资源利用——太一帆风顺了。但实际情况并非如此。早在2001年2月，李贤义就身陷国际官司——中美反倾销案。而当时，中国正准备加入WTO，"倾销"的罪名，信义玻璃一套就是10年。

## 反倾销述"世界大战"，一战成名

倾销，是指一国（地区）的出口经营者以低于国内市场价格正常或平均价格甚至低于成本价格向另一国市场销售其产品的行为，目的在于击败竞争对手，夺取市场，并因此给进口国相同或类似产品的生产商及产业带来损害。

反倾销，则是对外国商品在本国市场上的倾销所采取的抵制措施。一般是对倾销外国商品除了征收一般的进口税之外，还要增收附加税（又称"反倾销税"），使其无法廉价出售。

而实际情况是，一直以来，信义玻璃的定位都很亲民。因此到了国外，它的"薄利多销"成了外国人"反倾销"的狩猎对象。

2001年，当李贤义将挡风玻璃出口到美国时，随即遭遇反倾销事件，挡风玻璃需要增加124%的反倾销税。"这太不合理了！信义根本不存在倾销行为，不挣钱我们做出口图什么？"一名信义员工表示很不理解。

而当年，身陷反倾销的不止信义一家，诉告信义倾销的也不止美国一个国家。据统计，当时有7家中国制造企业遭到美国起诉。如果不应诉，就要如实缴纳124%的税费。2001年12月18日，即中国加入WTO后的第8天，加拿大对信义玻璃进行反倾销调查。在加拿大，被诉反倾销的外国企业要征收高达194%的税费，"这意味着1块钱的产品，我们不得不将价格提升到2.94元"，一名信义管理层说。

"应诉！不应就意味着放弃市场，也意味着其他国家可以如法炮制，以后中国企业开拓海外市场将难上加难！"信义决定反击：信义财务制作了历年翔实的数据报表，应诉团队填写了各种调查问卷，信义团队也为调查收集详细的国内销售、出口销售、成本等情况。没有人愿意背负不公，也没人愿意坐以待毙。李贤义组织建立的一个"反倾销"小组准备的资料和辅助材料就有上百公斤重，A4纸的答卷足足摞了半米高。

加拿大之战历时两年，而中美之战长达7年之久。但所幸的是，时间没辜负所有的努力，两场战役，信义均取得胜利。

而后的2006年与2010年，澳大利亚当地玻璃公司又先后两次控告信义玻璃，加诸的罪名陈词滥调，毫无新意。信义要做的，就是将之前的工作重复一遍，其结果也如出一辙，唯一不同的是，第三场胜诉的时间用了8个月，而最后一场用了10个月。

李贤义用四场漂亮的国际攻坚战，增强了中国制造业在国际交易上的信心，也用实际行动印证了埃蒙德·伯克的那句名言——邪恶之所以取得胜利，是因为善良之人无所作为。

这一场旷日持久的诉讼战不仅维护了企业的利益，更为中国企业对抗反倾销增添了信心和荣誉。同时，它也给我们上了重要的一课：企业规范、扎实的基础管理至关重要，只要有一个数据解释不清楚或者前后矛盾，对方就会立刻将你之前提供的数据全部否决,"守信重义"的经营理念永远不会过时。

有趣的是,经过与美国的反倾销官司,信义的生意反而蒸蒸日上,更多企业认识了"信义"等中国品牌,并发现"Made in China"的玻璃能经得起审查与考验。信义的坚持最终为自己赢回了难得的市场空间,也捍卫了中国品牌的荣誉。

## 信义四字诀:"诚信""义气"

"我们奉行的是诚信与义气",李贤义说。在四次反倾销调查中,信义玻璃展示给人们的并非言语诡辩,而是用实在的数据、直观的现场让人们信服。在信义玻璃的官网上,有确切的年中、年度财务报表可供任何人监督、下载。而美国、加拿大、澳大利亚也因信义的这份诚信,不但与其化解干戈,而且永远免除检查和征收信义玻璃的反倾销税。

在义气方面,李贤义也是说到做到。20多年来,信义玻璃为社会捐款筹资数亿元,所创立的"李贤义教育基金会"奖励的优秀师生也多达上万名。"把教育放在第一位"是李贤义的肺腑之言,在不同场合、不同时间,他始终强调这一点。因为从15岁辍学后,没有机会得到正规教育,这成为李贤义心中无法抹去的遗憾,每当看到因为家庭困难而丧失学习机会的孩子,他内心难免酸楚。于是他决定出资成立各类交易基金会,尽量让孩子们有书可读。

然而,无论是交易、调查上的诚信表现,还是公益上的义举行为,都离不开企业的正常运作、持续盈利。只有在盈利的情况下,企业才可能反哺社会,才有底气进行商业冒险。信义玻璃盈利的背后,给制造业乃至整个行业提供了几点启示:

首先,要有技术优良且顺应时代的产品。一方面,中国浮法玻璃生产线约有32%的产能被淘汰,而被淘汰后有机会复产的最多只有2%。然而2016年,信义的浮法玻璃却实现了22.7%的增长,毛利提升2.1倍。这说明,浮法玻璃是这个时代的利好。而另一方面,产能是这个时代工业领域的鸡肋。当两者发生冲突时,只有去除产能、提升质量,才能实现两者的缓冲与调和。而要想在这个过程中存活,就要保证自己的产品经得起时代的冲击,承受得住技术的检验。

其次,对各国法律法规充分解读且烂熟于胸。当世界被信息化碾平以后,国际化是一个企业成长过程中必不可少的阶段。而国际化的一个问题是:异国文化、民俗信仰、法律法规跟中国千差万别,交易不再是一种

"自嗨"，它被高度复杂化。就算很小的分歧，也有可能让自己举步维艰。因此，对于企业进军国际的法律条目、生活方式、交易规则等，企业本身都应高度重视、吸收、消化。这或许错综复杂，但它会扫清前进的障碍。

最后，要时刻保护好自己。在美国的反倾销战中，信义玻璃应诉后，获得了通行证，其余6家企业没有应诉，如实缴纳了124%的反倾销税，这就是最好的教训。

这几条经验和"诚信与义气"，如同"里子"和"面子"，推动着信义玻璃风雨兼程、不断向前。

面对各种纷至沓来的荣誉，面对家乡人和社会各界的赞许，李贤义很谦逊。他始终认为，国家安定、社会和谐是企业发展的基础，公益事业也是每个企业家义不容辞的责任，善行善为，方可行走四海。

## 第三节　金庸：侠之大者，为国为民
### ——记美食评论家查传倜

**人物名片**：查传倜，文坛巨匠金庸之子、美食食评人。

今日走访的人物是查传倜，他是美食评论家、杂志食评人、中国传统文化的传播者。他自号"八袋弟子"，所谓"八袋"，是指柴、米、油、盐、酱、醋、茶和酒。他在英国上学时选读会计，曾做了近10年的会计工作，后来转到出版社做事，现在负责金庸先生书籍版权管理工作。他就是中国文坛巨匠金庸之子查传倜。以下是对查传倜老师的访谈记录。

**笔者**：查老师好！我在上初中的时候就开始阅读金庸先生的小说，非常喜欢小说中英雄人物的故事，"飞雪连天射白鹿，笑书神侠倚碧鸳"，金庸先生小说中的人物众多，有着各种有意思的外号。金庸先生的小说通常表达的是"侠之大者，为国为民"的思想，您是金庸先生身边最亲近的人，同时也是长时间同金庸先生一起生活的人，您是怎样理解金庸先生的小说的？

**查传倜**：小时候我经常看见父亲写作写到深夜，有时候父亲会让我到街上帮他买烟。我也非常喜欢看父亲的小说，每本书都看了三遍以上。但之前年少无知，只是喜欢里面英雄人物的故事，并没有深刻地理解小说的含义。我感觉父亲是通过小说中英雄人物的故事来表达一个人生命的意义精神，因为故事是最容易被人们接受的，通过小说中的故事折射出做人的道理；通过小说中"侠肝义胆"的人物展现，对人的价值观具有引导意义。比如，你在香港会看到很多公司、餐饮排档及包括香港的警察局等单位机构会摆放"关公"的武财神神像。其实我们大家都知道，关公是三国时期的人物，同刘备、张飞"桃园三结义"。关羽之所以被人们当成神，就是因为他一生持"忠义"信念。关公那种"义薄云天"的忠义精神是中国传统文化的可贵之处。所以，我也十分佩服父亲，他的作品至今仍被人们所喜爱，我想这里面有中国人思想情感表达的共鸣。

**笔者**："侠之大者，为国为民"，人有大人物与小人物之分，他们之间有什么区别？

**查传倜**：我们常人理解的"侠之大者，为国为民"，是一种为国为民的英雄情怀，这一点东西方文化都具有。西方文化更直接地表达为个人英雄主义。特别是在影视作品中，多表现为个人能够改变世界，像《蜘蛛侠》《世界末日》等作品。而中国小说作品中表现的不仅是"侠之大者，为国为民"，也有"侠之小者，为邻为友"的人文化人格精神。这是对道义的追求。大人物即英雄有他为国为民的人生理想抱负。同样，小人物虽然没有大英雄同样的能力、武功、心胸格局及远大抱负，但是，小人物有平平安安的幸福追求，盼望与邻友好。中国文化具有很强大的包容性，它讲究以礼待人，路见不平，拔刀相助。在别人需要帮助的时候会伸出援手，当国家民族有难时他们也会挺身而出。我想这就是中国——世界上唯一一个没有文化断层的国家的灵魂。这种文化具有很强大的生命力，因为它的"世界大同、天人合一"理念，体现了人与世界自然宇宙规律法则。

你会看到这种"侠肝义胆"的精神早已刻在每一个中国人的骨子里。虽然有的人没有上过学或没有读过多少书，但也知道"仁、义、礼、智、信"。这种精神包含了一种"士为知己者死"的英雄情结。这是一种强大的信念。孔子说"朝闻道，夕死可矣"，这句话真正的含义是当人明了自己的信念，明了生命的意义的道理后，就应该用自己的一生去实践它，有时为了捍卫它，甚至不惜牺牲自己的生命，死也值得！

中国人从不侵略别人，因为文化里有"与人为善、与邻为友"的精神，但是，这种博大胸怀也是有底线的，有"人不犯我，我不犯人"，也有"人要犯我，我必犯人"的价值信念。所以，如果你细心留意，你会发现，孔子这位圣人到哪里都是有带配剑的，为什么呢？因为人要持善心、做善事，同时遇到危险时也要有应对处理的能力。

笔者：金庸先生以广博的学识、出众的思路和优雅的文笔，把武侠小说的英雄义胆与爱恨情仇上升到人文与哲学境界，实在是令人敬佩。我很好奇在金庸先生的小说中"降龙十八掌""乾坤大挪移"等武功的奇思构想是怎样来的？

查传倜：在2015年5月23日举办的国学与商道大智慧峰会上，南一鹏先生分享了南怀瑾老师"上下五千年，纵横十万里；经纶三大教，出入百家言"的传奇人生。我想大师都有天赋的一面，更重要的是，他们都善于不断学习并吸取中国文化各种精神以及书籍中的知识。

父亲的知识量确实很大，我想以我目前的读书量，恐怕几辈子可能都赶不上他。他博古通今，他的小说渗透着丰富的中华传统文化气韵，上叙儒家经典、佛道思想、琴棋书画，下述山川形势、地方风俗、医卜星相，一一包罗，这些都和他的海量阅读分不开。印象中小时候我家最多的就是书。父亲自己也说过，"小说景物均是生平从所未见，那些都是看书知道的。大致来说，每日看书四小时。读书对于我，是人生中最重要的事，相当于呼吸空气、饮水、吃饭和睡觉一样"。所以,学习真的要像"喝酒要海量"一样。

笔者:今天收获这段话,足以令我震撼一生,如此大的读书量,让我明白了金庸先生的小说中博大精神的思想与奇妙人物的构思是怎样来的。对于青年人的读书学习,您有什么样好的建议?

查传倜:读书不仅是学习知识,我们在阅读中也能优化提高思维能力。但人生是短暂的,想用一生的时间去读大海般的书籍,没有强大的心力真的很难做到。我认为读书要读系列的书,读书对于人的一生来说,很重要的一个作用就是建立自己的认知系统,你的大脑如宇宙一样,可以装载很

团队一行与查传倜先生走访东莞荣山镇南社古建筑群

多知识,虽然有些知识可能用不上,但它其实都在自己建立的认知系统中。有了认知系统,你才会独立地思考、判断。

另外,读书要拿笔,要学会圈关键字、关键句及写读书心得等,不一定要很长,这可以练习归纳总结的能力,可以让你同作者进行多角度的对话与沟通。拿笔圈、点、画、写,如同站在比作者更高的高度去思考问题。同时,这也是保持专注力的一个很好的方法。

笔者:您不仅对传统文化有精辟的见解,同时也是一位美食评论家,您如何看待自己人生的这份选择?为何给自己起了一个"八袋弟子"的绰号?

查传倜:我小的时候读书成绩平平,我觉得自己不是读书的料。我与兄长查传侠同在圣保禄学校读书,兄长成绩优秀,深得师长欢心,我就非常顽皮,常被教务处罚。但我对中华美食文化很感兴趣,我在香港也开了多家餐厅,虽然没有赚到什么钱,但也算是饱了自己的口福了,"八袋"是指柴、米、油、盐、酱、醋、茶和酒,之所以起这个绰号,主要是想做一个美食文化的学习者、传播者。我觉得对于生活的态度有三种人:第一种是悲观的人,即现在不幸福,未来也不幸福;第二种是乐观的人,即现在不幸福,未来一定会幸福;第三种永远快乐的人,即现在幸福,未来也幸福。我想我属于第三种人吧!

中华美食文化博大精深，中华美食菜系有粤菜、川菜、湘菜、闽菜、鲁菜、浙菜、苏菜、徽菜、京菜、客家菜、淮扬菜，我比较喜欢淮扬菜。淮扬菜具有以下特点：口味清鲜平和，咸甜浓淡适中，南北皆宜。并且，淮扬菜的选料尤为注重鲜活、鲜嫩；制作精细，且注意刀工，尤以瓜雕享誉四方；调味清淡，强调本味，重视调汤，风味清鲜；色彩鲜艳，清爽悦目；造型美观，别致新颖，生动逼真。我觉得每一份工作要全身心地投入才有意思，例如在品尝美食时，感受美食的色、香、味俱全，在体验与感受美食的同时，去研究其制作工艺流程，感受美食的物、人与自然的完美融合。把美食上升到艺术、文化与人的精神表达上，这方面的工作，我们与日本美食的文化传播上还有差距。

笔者：据我所知，您随多位名师学习，也是星云大师的弟子，一直保持学习的状态。现在的人面对生活中层出不穷的状况和激烈的竞争时，伴随有各种问题与压力，内心的焦虑也困扰着很多青年人，您在自我心态或心性管理方面有何建议？

查传倜：人受各种烦扰的情绪困扰，只是一些表象，我觉得人还是要回归内心，有时要放空自己。很多人不理解"空"这个概念，"空"的核心含义是法无自性，就是说一切事物都是处于变的状态。比如说，我们吃饭的桌子，它不一定是张桌子，只是此时与我们有因缘和合，当下它是张桌子。也许两年后我们和它的因缘消散了，桌子被劈成烧饭用的柴，然后烧成灰，灰飞烟灭之后成了泥土。如果明白一切是空的，是变化的，那么，我们应该保持一颗归零的心去寻找自己的当下。

笔者：关于归零与当下，能否举一个例子？

查传倜：就拿吃东西来说，在吃东西的时候就应该专注地品味它，感受它。不要这边吃着这个食物，心里想着上午某件不开心的事。《中庸》里说"人莫不饮食也，鲜能知味也"。意思是：人们需要吃饭，但一个东西的味道到底怎样，很少有人知道。因为人们在吃饭的时候，很少会认真去体验品味食物，而是在想要去干什么事，那件事该怎样做。这一点日本人做得很好，日本人在开饭前一般都会说："いただきます"，意思是"我要吃饭了"，这里不仅是一种礼貌用语，而且是在与胃对话，告诉自己的胃："我要开始吃饭了，你开始接收吧！"所以，吃饭时要安静，吃饭就要专心吃饭，让自己专注当下很重要，如果在当下想着别的事情，就是分心，就是不专注。举个例子，数数每个人都会数，如果在20秒内数完100个数，在数的过程中心无旁骛，凝精聚神的感觉，便是当下。

所以，我吃饭的时候专心地吃饭，洗碗的时候用心地洗碗，擦桌子的时候用心地擦桌子,洗澡的时候就专心洗澡……当自己遇到不开心的事,想要生气发火的时候,你去压制它,跟它吵架,或者被它控制跟它打架,都会让你的人生出问题。情绪来临的时候,要让自己保持一份警醒,告诉自己"我又生气了""我又开始发火了",保持这份对自己的认知力,让自己回归"中正"的状态。这就是我们一生的修炼。

## 结语

在交流中,查传倜还分享了关于"我"字的意义:"'我'字,去一撇便是'找'字,找我是谁。人是有天命的,好比南怀瑾老师、家父金庸一样,人心诚则灵,方能明道。重要的是,通过后天的努力一样可以扬名,要缘起心空,即心要像空心的杯子一样,倒掉一部分才能装更多,相由心生,人生能悟道多少,已经全在人的面相上了。"

笔者一行与查传倜、南一鹏留影
左起:梁蓝女士、查传倜先生、南一鹏先生、王辽东先生

## 第四节　学习只有一个目的
——记美国亚洲商会执行副总裁南一鹏

**人物名片**：南一鹏，美国亚洲商会执行副总裁，国学巨匠南怀瑾之子。

南一鹏，1955年1月出生于台湾，是国学大师、金温铁路催生者南怀瑾的第三个儿子。1980年赴美后，他一直热心于华人社团工作，曾担任过加州哈冈学区教育委员会负责人。2002年4月，南一鹏成为美国加州核桃市第二位华裔市议员，时任美国亚洲商会执行副总裁，曾以高票当选核桃市市议员。身为国学大师南怀瑾之子，南一鹏是南怀瑾子女中跟随南怀瑾时间最长的一位，曾用深情的笔墨撰写了近10万字的《与天下人同亲——我的父亲南怀瑾》和50万字的巨作《父亲南怀瑾》。

南怀瑾是中国传统文化之集大成者，著有儒、释、道等方面的多种著作，他一生致力于中国传统文化的建设与传播，出版代表作诸多，比如《论语别裁》《孟子旁通》《原本大学微言》《易经杂说》等30多本，且被译成8种语言流通世界各地。南一鹏继承了南怀瑾传承国学文化的精神，对中华传统文化有很深的造诣。同时，他也是在南怀瑾身边学习时间最长、受南怀瑾影响最大的人，对心性修炼有较深的研究。

本次笔者就关于当代企业家及青年创业者如何提升心力、如何化解负面情绪及心性管理、学习成长、人生规划、企业文化建设等问题同南一鹏老师交流。

**笔者**：随着社会的快速发展，竞争越来越激烈，人们在努力工作拼搏时，内心也伴随着这样或那样的压力，如何做好情绪管理，如何认识自己，这些问题已影响到家庭及企业的发展，针对这些问题，您有什么看法？

**南一鹏**：从西方尼采、柏拉图、苏格拉底及东方的老子、孔子、王阳明到现在的哲学家，无数的先圣哲人所做的最主要的工作就是帮助人们认识自己，因为人认识自己是一件很困难的事。小孩子在刚出生的时候，他的心性是合一的，小胳膊小腿一挥，好像整个世界都在动。这是因为孩子以为整个世界与自己是合一的。但是后来慢慢发现自己哭的时候别人似乎并不难过，自己痛的时候别人是不痛的，才知道自己和世界是不同的，就开始产生困惑了。

尽管如此，这个阶段的孩子依然倔强地认为自己与这个世界是连接的，世界应该听自己的。这就是 7 岁以前的孩子不讲逻辑、只讲感受的原因，因为他无法理解这个世界，我痛苦或我不开心，别人居然没有和我一样的感受。所以，人的心力的迷失，就是心性的迷失。佛说，心为根本，要从根本上修，修心是每个追求生活品质的人必须要做的事。

笔者：那么心性怎样才能修出来呢？

南一鹏：儿童期及少年期是孩子"心性"教育的最好阶段，孔子说："十有五而志于学，三十而立，四十而不惑，五十而知天命，六十而耳顺，七十而从心所欲，不逾矩。""十有五"，指的是 15 岁，15 岁在古代是成童之岁，是心志明坚的时期，是入大学的年龄。用现代的话来理解，15 岁是立志的年龄，开始立志于某一方向，到了 30 岁已经建立事业的根基。

15 岁之前是孩子心性成立的关键时期。这一时期孩子的性格成长很容易被惯性行为所遮蔽。孩子如果受某些不良环境行为所影响，会造成性格上的某些缺陷或心理障碍。比如，一个小孩小时候被别的小朋友欺负，那么他会求助于自己的父母，如果这个小朋友的父母告诉他："你活该，我不管。"等孩子长大后内心会没有力量，特别是面对百人或千人演讲时，他总是没有信心，因为这个孩子小的时候内心就没有安全感。再比如，一个小时候因家庭贫困而被嘲笑过的孩子，就有可能一辈子为面子而活，顿顿饭都要抢着埋单，因为他小的时候就留下了被别人嘲笑看不起的阴影。

所以，父亲之前一直推崇"儿童读经"，儿童学习经典就是要破除人成长过程中的"我执"种子，在学习中去打破自己负面的惯性，重新认识自己和世界的关系。古人讲究以理化情，越接近这个世界的原理和真相，人的内心才会越有自我绽放的能量。

笔者：一个人如何更好地了解自己？

南一鹏：每个人的生活方式不同，每个人拥有的也有所不同，每个人都有一个圆满天性的"我"。其实早在 2500 年前，苏格拉底曾追问："我是谁？"他说："人类普遍地对一件事情无知，而这是一件最有必要知道的事情，那就是怎样正确地生活，怎样去照顾自己的灵魂并且使它尽可能地完善，还有，人们对这种无知普遍视而不见。"只是我们大部分人误把我当我：我没有别的女人漂亮，我没有别人命好，我没有数学、文学的天赋等，人们被身份、信念束缚和制约在小我的框架里，唯有与更大的我进行连接，才能拥有自由绽放的人生。

笔者：如何才能让小我与更大的我进行连接呢？

南一鹏：这就要有一个连接自己的心性的力量。人的心性原来是空的，只是被后天的妄想、执着遮蔽了。就如同佛陀为了开悟,在菩提树下苦苦思索,最终明白,众生皆具如来智慧德相,皆因妄想、执着不能证得,原本的心性被功名利禄所遮蔽。这并不是说不去建功立业,而是人妄想中的"我"执在自己的世界里,这就要将自己的愿景与大众的连接起来,你的愿景与使命里若是想着众生好、社会好、世人好,你的心性就会具有唤醒更多人的心性的力量。

笔者:近年来随着国学热的兴起,阳明心学受到企业家的追捧,您对这种"阳明热"有什么看法?

南一鹏:近年来"心学"受企业家追捧,马云的湖畔大学也开了"阳明心学课",心学是中华文化精华中的精华,比如,现在的日本企业家稻盛和夫就是心学的忠实实践者、成就者,他自己的很多书籍都引用了中国传统经典,其中阳明心学引用得最多。

但是,心学也是把"双刃剑",社会上太多人学习"心学"也不见得是一件好事!因为这种"宇宙即我心,我心即宇宙"会导致"自信爆棚"的社会成功学"狂人"增多。心学若被应用到有社会使命、有利众之志的人,他们心学可以创时代丰功伟业;心学若被小我贪婪之人所利用,会造就社会极端邪癖自傲的狂人。

阳明心学可开启愿力并使之达到业力,可造一代伟圣哲人,但也会造就极端狂人。日本崇拜阳明心学,自"明治维新"成功后,日本人野心滋勃,他们当中不乏阳明心学的应用者。可见"心学"良知、心性定义不同,其范畴属性的意义就不同。

笔者:怎样才能应用好阳明心学呢?您对目前学习阳明心学的企业家有什么建议?

南一鹏:阳明心学是儒、释、道集大成者,是一门关于人生课题的学问。其实阳明心学的核心就是四句话,即"无善无恶是心之体,有善有恶是意之动。知善知恶是良知,为善去恶是格物"。这四句话分别讲的是世界观、人生观、价值观、方法论。

要想掌握阳明心学,一定要先读懂《大学》之道,要不然就不知道什么是"致良知",也不知道怎样才能"致良知"。《大学》讲了什么呢?如何去理解《大学》?《大学》曰:"古之欲明明德于天下者,先治其国;欲治其国者,先齐其家;欲齐其家者,先修其身;欲修其身者,先正其心;欲正其心者,先诚其意;欲诚其意者,先致其知;致知在格物;物格而后知至;知至而后意诚;意诚而后心正;心正而后身修;身修而后家齐;家齐而后国治;国治而后天下平。"

《大学》之道的四个关键词：正心、诚意、致知、格物，明白这四个关键词的真正含义，也就理解了阳明先生的"致良知"。

南怀瑾老师曾讲过什么叫佛："自觉、觉他，觉行圆满，叫作佛。佛的印度文叫'Buddha'，现在的翻译叫'佛'，旧的翻译叫'佛陀'，也就是我们唐朝的音，意思是明德，亲民，至善，自度度他，自利利他，功德圆满，智慧成就。"如果不懂这些，盲目打坐修行，是无法修出来的。

"自觉"是自悟，自己悟了，所谓证得菩提就是悟了，找到生命的根本；"觉他"是度一切众生。

在《大学》里，明德就是自觉，亲民就是觉他，自己悟了，证得菩提，行为、功德做到度一切众生，利于大众，这些都完成了，然后止于至善，这样叫作觉行圆满，就是佛。自利，利他，功德智慧圆满，就是"大学之道，在明明德，在亲民，在止于至善"。所以佛学跟《大学》所讲的一模一样，只不过大家不懂得自己的文化，中国本来就有的啊！讲佛也好，神仙也好，都离不开它的范围。

另外，南怀瑾老师在《廿一世纪初的前言后语》一书中也强调"大学之道，在明明德"。德怎么明呢？道怎么得呢？又怎么明白生命的根本意义呢？"知止而后有定，定而后能静，静而后能安，安而后能虑，虑而后能得"，这不是都讲得明明白白吗？就此一路过来将得到明德，并最终得道。打坐的方法，即"知、止、定、静、安、虑、得"，七证。所以后来佛学说修禅定，这个禅定就是从"知止而后有定"翻译而来的，在《大学》里，禅定也叫作静虑[①]。

笔者：企业家如何修炼阳明先生的"内圣外王"呢？

南一鹏：要做内圣外王的企业，就要做内圣外王的企业家。南怀瑾老师曾在《廿一世纪初的前言后语》中说，"大学之道，在明明德"，"德者，得也。"修炼个人的品德，获得生命的学问，就是内圣之学，"内圣"以后，才可以对外施行王道。这个"王"字，意思是"王者用也"，上至帝王，下至贩夫走卒，其实都是启动心性外用的行为，只不过职务不同罢了。所以"明明德，在亲民，在止于至善"，这样才是一个完成圆满人格的人，也可以叫他"圣人"或"真人"了。

笔者：您认为成功者与失败者心性上有什么差别？

南一鹏：心之力是每个大成者必修之事，失败者之所以失败，是因为在遇到问题、困难、挫折时，被打败了。成功者之所以成功，是因为无论遇见

---

[①] 参见南怀瑾《廿一世纪初的前言后语》，人民东方出版2013年版，第236页。

怎样的境遇，依然潇洒前行。失败者与成功者的差距是心力的差距，失败者的一大劣根是小付出、大回报，或者是只付出一点就一定要得到一点，一定要等价。

笔者：怎样让自己更好地学习与成长？

南一鹏：学习只有一个目的，就是学为所用。通过学习，把自己内在的宝藏和能量激发出来。学习可以唤醒一个人心性的力量，因为所有的问题都是老板的问题，即老板的心力模式的问题。学习是修心，学习可以唤醒人的良知，人做了不符合良知的事情，出事情是迟早的。通过学习，多做有意义的事情，可以让自己的人生更有价值。

笔者：那么如何快速学习成长为优秀者呢？

南一鹏：学习是有方法的，学习可以让人从负面走向正面，人在负面的情绪模式里，是没有创造力的，是没办法创造价值的，是非常低效率的。学习可以让潜意识里存在着的很多错误信念得到转变。学习是用你的意识（思维模式）去改变你的潜意识（情绪模式），最终打开心智模式。

笔者与南一鹏老师留影

当一个人不顺的时候，要做三件事：一是多出去走走，多看看，多体验世界，打开人生的脑界、胸界、眼界。二是多与良师、益友对话，对话会产生智慧与启发，古时候的先贤，无论是西方的尼采、柏拉图，还是东方的孔子等，这些先贤都是述而不著的，他们认为智慧来自交流，相互印证与启发沟通才能产生火花，而智慧就在当中。三是好好打理自己，将自己的指甲修理整齐干净，表面整洁的是物，其实整洁的是自己的心。

## 结语

　　学习就是学习如何掌握自己的这颗心，笔者印象最深的一段话就是南一鹏老师所说的"断舍离"，断的是贪，舍的是嗔，离的是痴。人生的意义就在于自我心性的管理，每个人都拥有时间，但要思考怎么样才能很好地利用时间，怎么样才能让时间变得更加美好且有意义。

## 第五节 "尚品宅配"开创中国式 4.0 商业模式
——记尚品宅配创始人李连柱

人物名片：李连柱，广东尚品宅配创始人。

### "尚品式"商业模式

世界管理学大师彼得·德鲁克说过："21 世纪企业间的竞争已经不是产品与价格之间的竞争，而是商业模式之间的竞争。"中国企业原有的低成本时代已经结束，中国企业转型升级迫在眉睫。除了技术进步所带来的成本下降以外，中国已经进入劳动力、汇率、土地、环境保护、知识产权等全面上升的新时代。可见，中国经济转型已是时代的大趋势，对于企业生存与发展来说，方向比努力更重要。企业发展首先要解决商业模式的构造问题，而后再像建房子一样去构建尖刀型产品、独创型技术、魅力型品牌等支撑体系。企业的商业模式是企业重点中的重点，核心中的核心，如果没有好的商业模式，即便有再好的技术，企业经营结果产生的利率也可能会是最低的，而好的商业模式可以让企业少走弯路。

我们以大家都熟悉的打印机来打个比方，买一台惠普打印机需要一两千元，属于固定资产，有的公司购买 1000 元以上的固定资产需要总经理或董事长签字，惠普公司卖这台打印机其实没有太多利润，加上物流、市场营销、人工等费用，基本不营利，但你会发现惠普公司销售的硒鼓、墨盒，一个就要几百元，在公司管理中这些属于办公消耗品，有的公司的行政文员直接购买就可以了。使用惠普打印机就必须要使用惠普的硒鼓、墨盒，其实惠普真正赚钱不是靠卖打印机，而是靠卖硒鼓、墨盒等耗材营利。再如苹果手机，苹果公司一直专注于产品的创新与用户体验，在苹果产品的背后创造了一个全球最大的在线音乐提供商，以 2010 年为例，其在线音乐下载销售了 100 亿首，成为全球最大的在线软件平台。再看一下麦当劳的商业模式，表面上它是卖汉堡，其实它是一个房地产连锁公司，其最大的利润来自收租金。由此可见，商业模式的创新关键在于如何创建一个可持续稳定营利的，并且自己是可以复制而别人很难复制的商业模式。设置不可复制的商业模式，要求企业要有自己独特的营利方式，创造与众不同的客户价值，通过掌控核心资源，建立自己的防护网，不断提升话语权。

以上列举的都是国外优秀企业的商业模式，下面我们来学习一家国内企业开创的优秀商业模式，这家企业就是尚品宅配。尚品宅配的品牌定位是要成为全球大型家居定制专家，将家居产品库存的数据化与客户真实诉求结合在一起，这才是尚品宅配商业模式的力量所在。传统家居企业要想实现销售一个亿，首先

**尚品宅配企业一角**

要准备一个亿的库存，而尚品宅配是按需生产，客户认可设计师的效果图，下单后才生产，不存在库存压力问题。定制一直是高端的代名词，然而它的弊端是效率低、成本高并且数量不可控制，于是尚品宅配创始人李连柱结合设计优势，并对家居的制造流程进行信息化改造，为此尚品宅配建立了强大的数据库，在新居网上，消费者可以快速搜索到与自家房型匹配的房型，可以看到多个风格类型的装修。让消费者看到设计效果后再定制家具，"无设计不定制"已是尚品宅配在家居行业中经营的"独门武器"。

### 尚品宅配：中国工业 4.0 实践者

"工业 4.0"概念最早是由德国人提出的，在中德两国签署的《中德合作行动纲要》中明确提出双方将在"工业 4.0"方面加强合作。与"工业 3.0"的流水线（只能大批量生产）不同，"工业 4.0"流水线可实现小批量、小批次的生产，最小批量可达到一件。在未来，买辆车都可能实现个性化定制，只要在手机里打开智能汽车工厂的 APP，从数百种配置中选择一款车型，然后在个性化订单中输入诸如"把轿车内饰设计成老爷车型"等要求，约一个月的时间，一辆用"工业 4.0"流水线为买家量身设计、制造的"个人版老爷车"便会送到买家家门口。

我们来看一下"尚品式 4.0 打造"，最初的尚品宅配只做设计，即仅提供设计方案，并且只做橱柜定制，然后把接到的订单分包给下游的家具制造商。最初，李连柱只专注于客户需求的挖掘，把生产这些非关键环节进行外

包，李连柱最早走的是外协厂模式，这种轻资产模式的优点在于没有库存压力，缺点是交纳周期长且成本非常高，无法跟上尚品宅配的思维与发展步伐，于是他决定创办自己的家具制造厂，并对制造流程进行信息化改造。2004年，尚品宅配引入数码技术，依托IT技术创新和自己对营销模式和家居整体解决方案的定位，迅速将尚品宅配从传统家具制造企业转型升级为现代家居服务企业，实现"家具大规模定制"的商业模式。

就如德国提出的"工业4.0"一样，李连柱打造出了中国"宅配定制4.0"。尚品宅配运用条形码应用系统，工人只需要根据电脑提示搬运、放置板材，无论是打孔还是开料设计系统，均可实现家居生产无缝对接。在全国各地的尚品

李连柱先生

宅配业务员接单后，将订单统一集中到总部，由电脑系统绘制每一件家具拆分成的各种规格的零部件，并有与其对应的独一无二的条形码跟踪，用尚品宅配的信息技术系统直接连接工厂的生产系统，包括设计图纸的计算机指令化、库存部件的编码化以及与社会化物流的自动衔接等整个生产管理链条。这种高效的运营生产系统得益于尚品宅配2006年就摸索出来的"排产软件"，这种排产软件可以将数十件家具打散为几百个零部件的指令，对相同部件进行归类，为此，尚品宅配不需要花上万元请打板的技术师傅，一个稍作培训的普通工人就可以搞定生产，且在这种自动化装备下，一个工人能顶传统流水线4个工人的工作量，从而使生产效率提高了几十倍，让生产过程也变得简单。这种设计与定制模式对消费者来说是一种体验，是一种生活方式，是一种文化，更是尚品宅配打入市场的"制空式"武器。

## 宅配家居企业中的"苹果公司"

尚品宅配的服务包括前期的免费设计、中期的定制生产、后期的上门免费组装，等等，最后，它还可以让消费者不但可以在门店进行选择，更可以在网上进行全程购物体验。尚品宅配可谓国内家居行业中信息化程度相当高的企业，从为顾客免费提供三维彩色虚拟设计，到生产工人根据电脑的指令

实现无纸化快速生产,以及在售前、售中和售后阶段,尚品宅配都使用信息化跟进系统。通过免费上门量尺和有针对性的设计家居方案这两项免费服务,在短短的10年时间里,尚品宅配成了家居界的一匹黑马,目前在全国开了700多家门店,并且生意都很火爆,比如在广州的一个门店一年的营业额可达2个亿。

尚品宅配是一家比宜家还专注的家居企业,宜家是一种模块化的流水线生产,而尚品宅配却是设计师与客户在特定时间点上进行互动,根据客户对产品的诉求,整合智慧,提供给客户一个整体解决方案。与一般公司营业机制不同,一般公司都会配有专门的营业人员接单,然后转给设计师或制造加工的部门,而尚品宅配的设计师则兼任营业员角色,上门量尺是免费的,并且还不用缴纳定金,化身家装"私人定制"专家。尚品宅配这一做法一改其他家装公司上门量尺也会要求业主缴纳一定数量的定金的做法,以确保诚意,其修改方案也是免费的,哪里不满意就帮你调整哪里。尚品宅配拥有定制销售终端设计系统,有效解决了个性化定制与规模化生产的矛盾需求,符合现在年轻人的个性化需求,让顾客参与其中,最大限度地满足顾客个性化需求。①

### 专注匠人精神:"十年一剑",专注一源

"不积跬步,无以至千里;不积小流,无以成江海",全球第一CEO 杰克·韦尔奇说过:"一旦你产生一个简单的坚定的想法,只要你不停地重复它,终会使之成为现实。提炼、坚持、重复,这是你的成功法宝。持之以恒,最终会达到临界值。"技术出身的李连柱,不仅具有学者风范,更具有匠人精神,他的做事风格是不做则已,要做就要做精、做细、做到极致,李连柱为尚品宅配建立定制数据库,带领团队收集了全国数千种楼盘的数万种房型数据,并对它们的特征进行分析、归类,从而建立起中国最大的"房型数据库",然后根据不同的房型,按照不同的价位、风格、年龄、性别,分别建立若干解决方案。

例如,在新居网上,消费者只要拿着自家的房型图,根据房型图标明的房间形状、长度、宽度、门位、穴位等这些空间要素,就能在新居网上搜索到上万款由专业设计师设计的不同款式、不同结构、不同材质的多系列产品,消费者能够参观上万种效果迥异的样板图,选择适合自己的家具类型,

---

① 参见段传敏、徐军《尚品宅配凭什么?》,浙江大学出版社2013年版,第183页。

直到满意后再购买。李连柱秉持匠人的专注精神，把人们常认为简单普通的事做精、做细、做到极致。借用李连柱的话说，那就是"做事要实在，要做经得起考验的宅配产品"，尚品宅配靠着自己专注的匠人精神，建立起国内首家全程信息化、大规模定制生产的系统，同时建立起强大的技术壁垒，打造出中国自主创新的商业模式，也为转型中的中国企业提供了一个学习的典范。但难学的不只是尚品宅配信息化定制系统技术，更难学的是李连柱的奋斗、磨砺、追求极致、"付出不亚于任何人的努力"的十年磨一剑的匠人精神。因为李连柱已经将个人的匠人理念融入企业组织运作之中，已成功地将企业运营体系进行华丽转变。

## 用游戏的力量团结设计师

在销售管理上，尚品宅配围绕公司目标进行层层分解，大店分成几个组，每组都是"4+1"模式，即4个设计师加1个队长。例如，尚品宅配的"3124活动"，"31"是指每个月最后一天，"24"是指当天晚上最后时刻24点，尚品宅配都会评比出每个店、每个组的销售业绩，这已形成尚品宅配独特的执行力文化。分公司与分公司、加盟商与加盟商、事业部与事业部、部门与部门、销售与销售、量尺与量尺、生产部门工序与工序之间的PK无处不在。销售部门根据公司的规定，将每个组的月销售额分为三档业绩奖评线，即分为30万、50万、80万等不同的奖评线，不同线的提成和奖金也不同。组与组之间、个人与个人之间都会相互挑战。为了增加刺激性，组与组或个人与个人之间进行业绩奖对赌游戏，比如个人与个人之间各掏100元钱进行业绩PK，设立这种挑战的PK机制目的是调动团队的积极性、自觉性，增加团队的凝聚力。

尚品宅配有近万名设计师，关于如何管理这些优秀人才，李连柱认为，"教育要从小抓起"，企业的人才培养也同样需要提前着手，而不是缺人的时候再去人才市场招聘。设计的力量是企业的命脉，所以尚品宅配每年都会从各大高校招聘设计系的毕业生，并对设计师进行长达半年的培训，从产品知识到效果图设计进行规范化、系统化人才培养，从而打造设计技术过硬的铁军团队！然后将这些尚品宅配的精英"空投"到全国各地的门店，这只是他们在尚品宅配的第一次蜕变。在工作中除了让他们发挥自身已具有的设计技术力量外，他们还要接受第二次成长的"蜕变"，迎接他们的将是"尚品式九段"实战训练，将技术运用到生产力才是价值的体现。尚品宅配的设计师不仅做设计，而且还兼营业员、家居顾问等众多角色。在培养设计师能力上，李连柱采用的"尚品式九段"评价机制，即根据设计师的技术、业绩等将设计师分为九级，这种职业设计给设计师规划了明确的职业发展通道，使工作不再枯燥无味，而变成趣味性的挑战，如晋级升段的设计师将会得到公司的积分，团队可以用积分去换手机、购物券等。

### 尚品模式："体验为王"

在新居网上，消费者可以像买衣服一样给自己的家"试穿"成套的家具，款式、风格、大小、质地、颜色等都可以试到满意为止，体验 DIY 家具的感受，身临其境地看到设计出来的家具效果之后，再考虑是否选择购买。假如消费者仍然犹豫，还可以到线下的体验店通过圆方 DIY 家居体验机，根据需求设计出不同效果的整体家装虚拟效果，为了促进新居网的线下引流并成交，消费者也可以通过简单的网上申请或者拨打尚品宅配的 400 服务热线的方式，免费向设计师电话咨询、预约时间上门、免费上门量房，设计师还可以根据消费者的要求和家居类型免费设计方案，运用专业家具设计软件绘制出 3D 效果图，让消费者提前体验家装的效果。尚品宅配这种注重消费者体验参与的方式，能够促进消费者与品牌之间的双向传播，"尚品式"地参与体验感，让顾客在消费过程中的体验从知觉感观体验转到人的视觉、听觉、触觉等知觉器官体验上，尚品宅配这种情感式营销能有效地触动消费者的内心情感，创造消费者内在的情感体验，从而引发消费者的购买动机和增加产品的附加值等。

### 效率就是竞争力

尚品宅配是做家具定制的，对于传统企业来说，定制一直是高级奢华用品的象征，且定制难度高、成本高、效率低，俗称"二高一低"，但尚品宅配一改过去家具企业定制难的问题。在尚品宅配，同一个柜子的尺寸、颜色、面板以及局部造型，都是可以自由组合的，尚品宅配有一款叫圆方的软件，里面有各种造型所需的零配件，设计师只需要采集用户房子的相关数据，比如尺寸、预算、风格等基础数据，再加上一定的视觉调整，就可以很轻松地把方案设计出来，从上门量尺到出设计图，1～3 日即可完成，大大提高了时间效率管理。而效率来自企业的标准化，也就是说企业的标准化程度有到多高，其生产效率才有可能提高到多高，企业一旦有了生产效率，成本自然会随着标准化而降到最低。

尚品宅配将从新居网和实体门店两个销售终端收集到的全国家具订单汇总到广州总部，然后就开始快速地"拆单"与"并单"。数据中心将不同订单中的家具按照材质分类，每件家具大概被拆分为几百个零部件，其中相同或相近的进行合并归类。根据分类数据，工厂里的机器以材料利用率最高为原则，将采购回来的板材切成各种规格的零部件，并一一贴上条形码。生产工人通过扫描条形码可以自动调整机位进行打孔等操作。从汇集订单到识别板材加工图，再到封边、钻孔等一系列操作过程，大约在48小时内就能完成。到了发货的时候，生产工人根据家具的组合，从货架上挑选出相应的各种零部件，就可以轻松地配搭成订单中的产品。一件完整的家具就可以像"抓中药"一样，从"虚拟设计"快速转化为"真实产品"了。这种依靠先进信息技术与柔性生产体系的做法，让尚品宅配的出错率从传统厂商的30%下降到3%，还使尚品宅配的生产效率提高为传统厂商的10～20倍。尚品宅配由点到面的全方位的商业模式，不仅能够在行业内获得极高的影响力，还可以获得充足的资金流。尚品宅配以免费量尺、免费设计服务来吸引潜在客户的关注，很多的用户都是首次置业，房子还在开发商手里就已经开始在尚品宅配体验完全部的流程。在尚品宅配的设计中，有关于未来智能家居的设计，也有关于快乐儿童家居、老人家居的设计等，在李连柱看来，尚品宅配要成为未来整体家居解决方案的提供者，产品和服务组合将会延伸到智能家居和可持续家装服务。

目前，尚品宅配的专卖店已达700多家，2017年营收53.23亿元，同比增长32.23%。截至2018年7月，尚品宅配在国内外已有1600多家门店，业务遍布全国各地和海外，在崇尚品质、时尚品位、整体定制家居的方针指引下，尚品宅配注重品质，不断推出时尚产品，生产有品位的、适合东方人居住生活的新产品，这种模式具有独特性。

### "爱在行动"：李连柱的公益情

虽然一直忙于事业，但李连柱从未忘记关心贫困儿童公益事业，并在集团内部建立"爱尚计划"公益社工服务队。人们对于"社工"一词的认知，最早是在香港TVB电视剧中，电视剧里常会出现社工的身影，以前听得较多的是"壹基金""红十字会"这些社会工作服务机构。

目前，尚品宅配的"爱尚计划"已捐助270所学校，捐助的第271所学校是在2018年5月28日。在山西原平，"爱尚计划"发起人李连柱带着自己的同学重回老家，除了带去新的课桌椅，还给孩子们上课。李连柱说："自己从小受到父母的教育是少说多做，把事情做到位，还要长期做到位。希望未来能与更多的公益伙伴结伴同行，继续坚持'爱是做到'。"同时，尚品宅配结合自身的竞争能力，与广州海珠区团委启创社工服务一起合作"幸福家"项目。用李连柱的话说，"为社会创造价值，就是企业最大的社会责任"。

李连柱先生慈善公益行　　爱尚计划公益天使周迅　　　　笔者同李连柱先生留影

## 结语

　　尚品宅配依靠科技化和信息化开创了中国式4.0新商业模式，什么是"互联网＋"呢？所谓"互联网＋"，指的是传统行业或服务被互联网改变，并产生新的格局。比如，"互联网＋市场百货"就成为现在的淘宝，"互联网＋滴滴快滴"就成为现在的滴滴打车，"互联网＋传统的媒婆"就成为现在的世纪佳缘，尚品宅配把"互联网＋传统家具制造"就有了尚品定制。这就是"互联网＋"产生的新商业模式。

## 第六节　记大道链商中国部落创始人罗维

**人物名片：**罗维，深圳大道链商中国部落创始人。

10年前中国没有微信，没有智能手机，没有滴滴打车，没有今日头条，没有快手，没有抖音，没有共享单车。今天这些都一一出现了。在这10年里，我们的国家和产业都发生了非常大的变化，取得了巨大的成就。但是，我们同样也面临许多困难与挑战。复杂多变的国际环境使中国经济正面临着近40年来极其深刻的挑战。

转型、区块链、商业免费模式、公益等也是最近几年我们谈得最多的话题。在民商这片土地上，涌现出一批勇敢往前冲的弄潮人物，他们用自己的方式书写着精彩，激励着我们。

幽默中带着智慧，温和而又谦虚，这就是罗维老师，他以自己的商业魄力向我们演绎他的创业故事。严谨、认真、负责的他在商业中传播着他的智慧。在他接受云南广播电台的专访后，笔者有幸采访了罗维老师。

笔者：您曾接受云南广播电台的专访，可以和我们分享一下专访的具体情况吗？

罗维：好的，云南属于西南边陲，当地企业以滇商的名义做了一次节目，目前很多传统企业都面临转型，而我们公司其中一个版块是区块链技术类，所以我有幸作为最新行业代表首席嘉宾接受了云南广播电台的专访，传播一种理念。在新的趋势下，区块链技术已经来了，我们作为云贵川地区的企业家，因为传统的做法有可能会制约甚至会阻碍企业前进的步伐，因此，如何跟进新技术和新形势，在我们的企业中引发变革，让企业焕发新的生命力，就需要清晰地认识这种趋势，也需要让当地的企业家参与进来。为此，我接受了云南广播电台的访问。

笔者：您被云南省民营企业家协会聘请为副会长，我们很好奇，您既不是云南人，企业也不在云南，是怎样的魅力让云南省民营企业家协会的会长力邀您为该会的副会长呢？

罗维：是这样的，我在云南生活了五六年，也投资了一些项目，诸如云南临沧市水电站、种植业、商贸公司、环保业。同时也结识了很多有正能量的有社会影响力的企业家，与他们一起在当地做了一些公益事业，我们知道，云南一些地区地处边陲、交通不便，有很多贫困山区，我们就尽自己之力帮助了20几户困难家庭，资助他们的孩子上大学等。在一起做公益的过程中，也逐渐在当地产生了一定的影响力。

而现在很多的民营企业需要有代表行业的企业领袖来参与企业家协会，这样能带动这群企业家在思想方面有一些转变。如果协会里都是传统老板的传统思想，就很难打开一种新的思维局面。而我的到来，不仅给他们带来了新思想，还与他们分享一些前沿资讯以及我们正在做的一个区块链技术项目，这样就进行了一种新思维、新商业的传递，可以启发他们，或者进行一些项目的合作，带动他们在经营自己企业时做出新的转变和调整。

笔者：刚您提到区块链技术，能否同我们分享一下大道链商主要是做什么的？同时能否给我们简单介绍下区块链技术的应用？

罗维：大道链商是我们大道恒昌集团旗下的一个版块，主要从事区块链技术服务。

首先，不要把区块链想得过于高深，它是一个分布在全球各地、能够协同运转的数据库存储系统。区别于传统数据库运作——读写权限掌握在一个公司或者一个集权手上（中心化的特征），区块链认为，任何有能力架设服务器节点的人都可以参与其中。来自全球各地的掘金者在当地部署了自己的节点，并连接到区块链网络中，成为这个分布式数据库存储系统中的一个节点；一旦加入，该节点享有同其他所有节点完全一样的权利与义务（去中心化、分布式的特征）。与此同时，对于在区块链上开展服务的人，可以在这个系统中的任意节点进行读写操作，最后全世界所有节点会根据某种机制的完成同步，从而实现在区块链网络中所有节点的数据完全一致。

其次，区块链是一个"去中心化"的系统，"去中心化"在区块链世界里面是一个很重要的概念，很多模型（比如账本的维护、货币的发行、时间戳的设计、网络的维护、节点间的竞争等）的设计都依赖这个中心思想。简单一点说，区块链技术有以下特点。

（1）分布式存储，通过多地备份，制造数据冗余。

（2）让所有人都有能力去维护同一份数据库。

（3）让所有人都有能力彼此监督维护数据库的行为。

提起比特币，大家都知道。比特币就采用了区块链技术，但是区块链并不等同于比特币，要清楚这一点。区块链技术对人类社会未来的影响之大将超越大家的想象，我们必须专注区块链，希望它能为社会、为金融、为数据安全解决所有问题。因为我们相信区块链技术和金钱没有多大的关系。区块链不是一个金矿，而是数据时代解决问题如隐私问题、安全问题、信用问题的一种方案。因此大道链商在区块链上的探索势头也十分强劲。我坚信，改变世界的不是技术，而是技术背后的理想、技术背后的使命，即技术背后必须要为人类解决问题。

笔者：您能否同我们谈谈大道恒昌集团是一家什么样的公司？您如何运作一家餐饮连锁机构，通过公益的形式在全国不同地方给贫困人员经营？

罗维：大道恒昌通过金融服务创新，为中小微用户提供发展动力。大道旗下运作的有百味餐饮连锁的项目，主要集中在云南、贵州、福建一些贫困地区，是用来支持贫困家庭的。这个项目我们只做运营，店的经营主要由一些我们认定的贫困人员来负责。

首先我们会通过当地政府机构、街道、村委，由他们提供推荐当地最需要帮助的困难户名单，经过沟通，选择符合相关条件的困难户。因为我们做的是餐饮，健康安全是第一要务，所以我们会有一些资格通过的标准，比如有传染病的家庭是不可以的。选定人员之后，公司有专门的运营管理培训部门对他们进行强化培训。最后经当地政府、街道、村委把这家店交由他们托管经营，不收取任何费用，也不用任何投资，只收取适当利润中的一点，用以支付运营团队的开支，一家十几万到二十几万的餐饮店就交给他们经营了。

这些贫困人员大都因为家里有需要照顾的人而不能离开外出务工，同时又没有钱做生意。如果家乡有能够解决他们生活问题，同时又能赚钱的生意，对他们来说是一件很开心的事情。由我们去投资，政府部门推荐困难户名单，经由我们审核培训，然后将这家店托管给他们经营，同时有当地政府、村委的监管，这样就解决了当地困难户的生存和就业问题。

除此以外，我们也为社会做了一些力所能及的事情，也得到了很多地方政府机构的支持。这些店主要集中在云南、贵州、四川、福建等贫困地区，全国大概有80多家店面，我们把它们统一称为百味品牌。

笔者：您走过了多年的创业以及授业的路程，在这当中我相信会有磨难、挫折，也有欢笑与泪水。对于您来说，这一路上的坎坷、成就回味起来最艰难的、感受最深刻的是什么？您又是如何面对的？

罗维：我成长的地方，那里的人祖祖辈辈都是为了事业满世界地闯荡、拼搏，所以才有了这首歌——《爱拼才会赢》。我也有一颗不断折腾、不断拼搏、不安分的心。为此我多次创业，成立过11家企业，倒闭了8家，最困难的时期工资发不出来，仲裁等大部分失败企业的经历我都经历过。但是我从来没有放弃过。正因为经历了这些我才知道哪些风险需要规避，哪个环节需要控制，并且最终知道自己要做一家有价值的、被社会尊重的企业。对于我来说，这是一件很有意义的事情。

所以我们说成功的标准不同，也就造就了不同的人在不同的领域取得他想取得的成就。

在创业这条路上，一个人是走不远的，我们需要吸引更多的人一起做事。作为领头人，要有包容心，要有更大的胸怀，才能够团结和领导这样一群人去做一件有意义的事情，做有价值的企业。可以说，在我们这群人中，我是最没有技术的，也是最无具体工作事务的人。我只是与大家聊聊天，很多的事情都是由他们发挥各自的专长去完成的。

笔者：您是一个特别爱学习的人，能否给我们分享一下您平时学习和提升自己的方式有哪些？

罗维：首先为自己点个赞，就是我很关注生活中的细节。我个人认为最好的学习就是社会生活。所有的一切都来源于生活，生活就是我们最好的老师，你要热爱它。举例说，早晨我看到晨跑的人，他就会给我带来能量，我就会想我为什么不去晨跑呢？然后去坚持感受晨跑带给自己的能量，再分享给其他人，人要保持充分的精力才有能量影响身边的人。这个时候我就会建议企业家该如何保持其身体的精力，让其充满活力。这些都是来源于生活。

其次，我常常去看很多企业成功和失败的案例，去研究这背后的原因是什么，然后分享给企业家朋友们。还有，我会去跟名师学习，名师指路很关键。比如参加课程培训和买一些知名的书籍、杂志等。

最后，我还会同一些优秀的企业家、行业精英交流学习。我们永远在学习的路上。无论从生活观察中习得、阅读学习还是跟名师学习，把这些所学的都分享给我的客户、企业家朋友们，贡献他人的同时也能不断提升自己。

笔者：您最想告诉现在的创业者或者是未来的创业者创业的经验或者忠告是什么？

罗维：创业就是你在创你想要的人生。对于现在的创业者，我个人认为要做到以下几点：

第一点，把自己所做的产业做扎实，同时做好长期的规划。

第二点，既来之则安之，做什么要定下来，重新审视行业及自己的企业，关注行业的趋势，社会的趋势，不要因为一点风吹草动而就焦虑，急于做出各种变化。要把它当作事业来做，而不是当作买卖经营。

第三点，引入企业文化，企业文化是企业管理最重要的内容。企业要有自己的文化，才具有生命力。企业能否做久要靠文化。

对于即将创业的人，不是你具备了年龄、具备了资金你就一定适合创业，要多参与、多了解、多学习别人失败与成功的经验。一定要多沉淀，只有这样才能把事情做好。如今中国的创业者仍然比较激进，中国每天新登记的企业有1万多家，去年（2017年）诞生了360万家新注册的企业。但是很遗憾，它们中的95%会在18个月内死掉。当然，今天的"80后""90后"创业者，他们不会梦想再成为马云、马化腾、刘强东这样的人，因为没有机会。但他们有的机会是什么？他们有机会认真地去做一块巧克力、去做一块火腿、去做一包茶叶、去做一件衣服、去做一件中式的家具，这个有机会，永远会有人买单。所以对于未来的创业者，我个人的观点是：

第一，要深入分析自己是否适合这个领域，是否符合趋势，自己的优势是什么。

第二，要有创业的想法，不要单打独斗，要去寻找合伙人，共同创业。

第三，一定要多沉淀。

陈思言总编辑与罗维先生合影

# 第五章 连接女性的力量

## 第一节 坚守的赢家
### ——记清远国际酒店创始人冯丽梅

人物名片：冯丽梅，一个看上去平凡的女人，然而这个平凡的女人却有颗不平凡的心。她是家庭强大的后盾，她教育子女以身作则，是事业成功的"无名英雄"，同时也在默默支持丈夫的事业。她"功成身退"后，致力于建学办学，助慈善基金会。她21岁时决定走出乡村到广州创业，她用坚守书写了自己不平凡的故事。

### 小时候的"倔强"妹子

1966年，冯丽梅出生在花都一个普通农民家庭，父亲冯伯是村里的一名会计，母亲是农民，那个时候，花都还属于广州郊区的一个农村，父亲忠厚本分、吃苦耐劳、踏实做事，母亲勤劳善良。丽梅兄妹四个，上面有三个哥哥，自己是家里的老幺。在那个年代，她的家乡宗族血缘观念比较强，小时候在农村里的大户姓氏的孩子多，一些大户姓氏的孩子常常会欺负小户姓氏的孩子，丽梅的家庭就是村里的小户人家，因此他们常常受到欺负。老实的父亲常教育他们兄妹几个要

冯丽梅

本分,不要招惹是非。

小时候有一次哥哥同村里一个大户家的孩子下石子棋,对方悔棋耍懒,耿直的哥哥就生气地指正对方不能耍懒,然后两人就打了起来。后来哥哥回家后,对方还不依不饶地叫了十几个人追到家门口,他们嘲笑在家院里的丽梅一家都是胆小鬼。哥哥没有理会,于是那帮孩子们恼羞成怒,一边使劲敲打丽梅家的门,一边企图翻墙进院。

面对这些倚仗人多势众的家伙,丽梅找来一把铲猪草的铲子,叫哥哥同他们"战斗",丽梅第一个冲过去大喊:"有种就来啊!"

虽然丽梅并没有打架的经验,但这群"仗势欺人"的家伙们被丽梅的气势震住了,他们看着丽梅手里面那把尖锐的铁铲,都不敢靠上前,天色渐渐暗起来,双方在僵持了将近一小时,最后对方敌不过丽梅的气势,灰溜溜地撤退了。

在童年的记忆里,哥哥在外也常同别人家的孩子打架,每次父亲都不问青红皂白就打哥哥。丽梅对父亲这样的教育方式很不满。在她看来,别人家的父母都会袒护自己家的孩子,而父亲从来不袒护自己的孩子。在丽梅看来,只要自己没做亏心事,就要天不怕地不怕。只要做到不软弱、不逃避,鼓起勇气直面挑战,就绝对不会输。也正因为她的"倔强"性格,小时候也常常因为"太讲理"而被父亲训斥,但父亲从来都没有打过她,这也许是父亲对这个女儿的无奈与宽容吧。

## 在父亲朴实精神的影响下成长

父亲在村里兼任会计,是一位非常善良勤劳的农民,平常大多数时间都是在忙农田耕收事务。父亲管教他们的方式很严厉,从来不会溺爱他们。丽梅小的时候,父亲常派各种家务给她,她从七八岁开始就帮着家里干活,但父亲对丽梅没有像哥哥们一样管得那么严格。丽梅说,小时候哥哥常常抱怨父亲偏心她。虽然父亲对他们很严厉,但这种严厉的教育方式也影响了他们一生。

记得上小学四年级的时候,丽梅看了一部关于飞行员战斗的电影,里面有飞行员跳伞的镜头。丽梅很羡慕高空跳伞员那种在空中飘逸的感觉与胆识,总觉得这个世界上最勇敢的人是飞行员。

丽梅非常想体验空中跳伞的感觉,于是第二天她决定要体验一下"高空跳伞",她找到家里面最大的旧式牛皮雨伞,爬上所在学校的四楼,她到了四楼从上往下一看,有点高,心里有点哆嗦。这时有其他小朋友嘲笑她不敢跳,是胆小鬼,吓唬人。这时丽梅心想,怕什么,决定的事就要勇敢地去干。于是，她往手心里吹了吹气，双手抓住那把老式旧雨伞就向楼下跳了下去。可能是由于当时起风的作用，丽梅体验了在空中飘了两到三秒钟的跳伞感觉，最后双脚安全着陆，万幸的是没有受伤。后来这件事情被父亲知道了，父亲非常生气，非要把这个不听话的女儿关起来才行，丽梅见父亲生气了，也知道自己的错误行为让家人担心了，向父亲保证今后不会再这样调皮了。

父亲为了让他们迅速成长，采取的教育方式非常简单粗暴。在儿时的印象中，哥哥们因没有做好父亲安排的事情，都没少挨父亲打，但父亲唯独没有打过丽梅。小时候丽梅跟妈妈是一伙的，妈妈是一个非常坚强的女人，在那个"记工分"的年代，妈妈虽是一个女人，但干活不比男人差，劳动工分有时比男人还多。在丽梅看来，母亲身上有一种她非常喜欢的品质——坚强、勤劳、认理、不服输。

在20世纪80年代初期，黑白电视机开始进入中国市场，有一次丽梅去姑妈家，姑妈家那个村里有一户人家买了一台14寸的黑白电视机，晚上村里很多人围着一起看电视。她很羡慕别人家有电视机，心想自己家也要买一台。可是父亲是一个农民，根本没有买电视机的收入来源。于是，敢想敢闯的丽梅将买电视机的想法告诉小姨，在小姨的鼓励下开始做生意赚钱（卖香蕉），但后来发现卖香蕉赚的钱怎么也不够买电视机。后来经同学介绍，她去跟车卖木头，山上的木头被砍下来后要运到木材厂加工，丽梅就成了唯一的跟车女工。在农村的泥土路上，车辆颠簸得很厉害，碰到雨雪天气，车子打滑时，还要下来推车，跟车很辛苦。在坚持跟车两个月后，她终于挣到了买电视机的钱，就用这笔钱买了全村第一台9寸的黑白电视机。

1998年的一天，父亲在农田里忙了一天，回到家时很疲惫，晚上吃了一点稀饭就睡了。这一睡不要紧，半夜两点多时，父亲感到四肢不能动弹，说不出话来。原来父亲因劳累过度，加上身体一直不好，晚上睡觉着了凉，身体供血不足导致"中风"，很快父亲被送往医院救治。经诊断，父亲得了脑梗心血管疾病，这是由长期工作劳累过度和淋雨所致，医生给他打吊针、扎针灸都没能让他站起来。从此父亲便卧床不起。一向要强的丽梅开始根本无法接受这突如其来的变故，痛不欲生一段时间后，她开始学着接受现实。

父亲病倒的那一刻，丽梅感到十分后悔，小时候不明白父亲的良苦用心，只当父亲太狠心，因此对父亲产生了极大的怨恨。如今看着躺在病床上的父亲，丽梅不禁懊悔自己曾自私地记着父亲的不好。

## 创办"何氏铁业",从专注到极致

父亲的生病让冯丽梅迅速成长,也许是从小父亲给她种下了"自强不息"的种子,她立志干一番事业,要让父母不要那么劳累,要让父母过上好的生活,要能帮助自己的家族,凭着要改变家族命运想法的丽梅开始了她不平凡的人生旅程。

初二的时候,丽梅就不想读书了,觉得还是早点工作好,这样就可以减轻家里面的负担。正好村里有家做毛衣的针织厂在招工,但那时丽梅才15岁,不满16岁工厂是不要的。丽梅跑了很多次,找了很多人,都被拒绝了,后来她找了一个亲戚,在亲戚的帮忙下,改了一个名后,终于进厂了。她非常珍惜这份来之不易的工作。那时工厂条件比较简陋,时常要加班到深夜,工作时也不能随便外出。

由于用的不是自己的真名,因此每次发工资丽梅都不敢去领,生怕被厂里领导发现把她开除。后来,丽梅又进了一家手袋厂,从事手袋加工,从流水线员工做起,一边努力工作,一边学习针车技术。由于善于学习,她的工艺技术水平提升得很快。在那个计件、多劳多得的时代,她的工资比一般员工高很多。

后来在工作中认识了现在的老公何先生,虽然当时何先生在厂里是一个小学徒,但他很有上进心。何先生最早在厂里是做电焊工学徒,随着不断学习,逐渐掌握了电焊、模具、部件设计等技术。由于何先生乐于助人,为人诚实,两人很快产生了好感,并于1987年结婚。婚后随着孩子的出生,丽梅一边要照顾孩子,一边也要上班。他们想,这样打工的日子怎么能让人富裕起来?于是何先生就产生了创业的想法。

说干就干,他们创办了卖铁门的小作坊厂,丈夫负责技术工兼销售,她负责带小孩子兼公司的财务,这就是最早的"何氏铁业"。作坊厂主要经营各类家用防盗门业务,包括从进货厂商选择、销售宣传、安装售后服务等,冯丽梅是一个非常用心的人,定期将客户所需的门的标准要求、功能等对品类进行统计,对什么户型、什么小区的门的功能与价格了如指掌,很快他们经营的门店从一家开到了多个门店。销售业绩在当时花都区同行业中是最好的,服务客户最多,销量最好,这个行业一做就是8年。

## 多元化发展的"开拓者"

经过夫妻俩多年的打拼,在何氏铁业有了一定积累后,冯丽梅将目光转向娱乐商城,因为当时花都属于广州发展较晚的区域,娱乐城比较少,同丈夫商量一番后，他们决定在花都办娱乐场，"活力城滑冰场"就成为花都最早的娱乐场。

1999年，滑冰项目是当时很多年轻人喜欢的活动，冯丽梅同员工们一起工作、一起吃住，对员工的生活也非常关心，常常去员工的宿舍，看看员工业余生活过得好不好，员工家庭有什么困难等。她在员工心中就是一位贴心的大姐姐，受到员工的信任与尊重。随着上下一心的努力，活力城的娱乐项目人气高涨，生意非常火爆。

2001年，冯丽梅同老公何先生商量进一步扩大活力城。原有的场地不能满足未来城市发展人群运动娱乐的需求，夫妻俩决定自己建设一个现代化的娱乐商场，于是投资近千万元，建造了当时花都最大的娱乐商城——"花都活力城"，活力城的消防安全标准一直是消防部门在全区推荐其他企业学习的榜样。

### 最崇拜的人是丈夫

冯丽梅不仅为人正气，做生意更是注重诚信，他们卖的铁门不仅品质好，还都是上门包安装服务。生意从一个一个门的安装，到后来同一些楼盘合作，承包整栋楼的门的安装，从单一的防盗铁门到商业卷闸门，生意从一个月几万元，做到一年上千万元，取得这些成就，与他们的诚信有很大的关系。

冯丽梅同老公何先生凭着热情与不服输的干劲，同心协力，朝多元化方向发展，进军房地产，广州大运花园就是由何氏铁业投资建成的，成为当时花都区有名的高档花园式小区之一。后来他们又先后创办了长大实业有限公司、锦江房地产公司、清远国际大酒店等。此外，还在花都建成了现代化小区——"阳光花园"，从设计到开发、工程管理、物业服务，都融合了最新、最先进的管理理念，还创立了自己的物业公司，培养了一支专业化的物业管理人才队伍。

从自己开始忙于各种生意以后，照顾父亲的重担就全部落在了哥哥及母亲的身上，母亲一照顾就是近20年，正是母亲的细心照料让冯丽梅没有了后顾之忧，让她能安心学习各种经营知识与理念。在事业有成的冯丽梅看来，她最感谢的两个男人，一个是一直关心自己成长的父亲，另一个就是与自己相依为伴、重情重义的老公。

在她看来，丈夫是一个非常直率的人，说到做到，做生意最讲诚信，对朋友重情谊，对冯丽梅更是关怀备至，每周末家庭聚会，无论丈夫工作事务多么忙，他都会回来同家人一起过，陪伴她与孩子们。丈夫也是一个很有事业心的人，2005年，随着清远外商投资、旅游产业的快速发展，清远市也需要像样的代表城市名片的酒店，清远市政府希望何氏实业能到清远投资酒店业。在广州已经有多个项目运营经验的冯丽梅夫妻俩决定向清远投资，建设清远市"清远国际大酒店"，由于当时清远还没有一家国际五星级大酒店，于是夫妻俩"敢为天下先"，从项目选址、立项、设计到施工、建设等，丈夫全程跟进。在清远市政府广场对面建成的"清远国际大酒店"是清远市政府招商的重点项目，项目总投资1亿元。

为了使酒店建设顺利推进，全面支持丈夫事业，冯丽梅主动承担照顾家庭的任务，让丈夫少分心。夫妻俩一路相伴走来，也有遇到很大困难的时候。比如在建设清远国际大酒店时，有一次施工的过程中，地下挖到河涌，水迅速往上涌出，很快将大池子灌满，但是中间还有正在试图用水泥堵住涌洞的施工工人，工人没有穿救生衣，眼看涨上来的水就要把工人困住了，千钧一发之际，丈夫奋不顾身地跳入水中将工人拉回台阶安全处，谁也没有想到，刚才因救人而全身沾满泥浆的勇士，正是这家酒店的投资人、运营几个亿项目的大老板。

事后丈夫说："工人的命也是命，他们不能因为打这一份工而丢了性命。钱是永远赚不完的，工人们的安全是第一位的。"正是因为这样对待身边的员工，他们赢得了员工的信赖。在他们旗下的公司，有很多跟随他们10多年的员工。冯丽梅在为有担当、率直的丈夫感到骄傲的同时，也担心丈夫的身体健康。但丈夫说："'君子坦荡荡，小人长戚戚'，咱们这一路打拼过来，这不正是你常说的话吗？做人要将心比心。"这或许就是何氏企业的精神，他们凭着这份"坦荡荡"的感恩与慷慨，先后将锦江房地产、长大实业做成了在华南具有影响力的公司，旗下的广东清远国际大酒店，也是国际认证的五星白金酒店。

### 事业与家庭：一个女人的选择

经过夫妻俩一路奋斗，事业板块从何氏铁业扩展到活力城商业、房地产等多个领域。伴随着3个孩子的相继出生，到慢慢开始读书上学，夫妻俩都十分关注孩子的教育，因为他们那个年代普遍受教育程度低，所以希望孩子未来能接受好的教育。而当时刚好有亲戚在澳大利亚，冯丽梅也希望孩子能接受更好的教育。于是夫妻俩商量决定送孩子去国外读书，但是问题来了，因为两个孩子才十一二岁，没有独立生活的能力。

冯丽梅陷入了一个困难的抉择当中，一边是事业，一边是丈夫与孩子。不可能让丈夫去国外照顾孩子，那么只能自己去，这样自己一手打拼的事业及很多要展开的工作就要放弃。犹豫不决时，丈夫对她说："孩子是我们的未来接班人，社会未来的发展，更需要懂科学技术知识的人才，我会做好这边的事业。"丈夫的话给予冯丽梅很大的安慰，因为陪孩子读书，意味着她要放手现在的事业，作为一个事业心强的女人，做这个决定真的很难。

后来，冯丽梅陪孩子去了澳大利亚，刚到国外，由于生活习惯、文化、语言等不同，人生地不熟的她遇到了很多尴尬的事情。有一次外出坐车坐反了，回去有点晚了，怕儿子担心，就没敢说，但是儿子放学主动打电话给她，因为儿子知道冯丽梅不会说英语，生怕她出什么事。随后的日子冯丽梅开始学习英语，慢慢地能用简单的英语到市场上买菜。平常孩子上学后，冯丽梅的生活又陷入一种烦恼之中，因为从小到大一直都闲不住，突然变成无所事事的家庭主妇，这让她很不适应。怎样让生活过得有意义？冯丽梅想要学习一些专业技能，于是在家的附近报了一个艺术班，她选择了打鼓，慢慢地和一些社区的音乐人建立了良好的关系，由于冯丽梅好学上进，在澳大利亚期间，与当地的华人一起举办了多场音乐会，同时还参与当地的慈善活动。她还积极学习国外文化与商业知识，由于具有敏锐的商业头脑，陪读期间在澳洲投资房地产也有很好的收益，直到孩子大学毕业，这一陪就是11年。

## 何氏企业经营哲学：脚踏实地，精诚合作

冯丽梅同丈夫一路走来，取得了巨大的成就。有的人说，"他们运气好"，有的人说，"他们能吃苦耐劳，勤奋节俭"，但在冯丽梅看来，成功不是一日成就的，天上决不会掉馅饼，如果不是靠努力一点点奋斗出来，即便是天上掉馅饼，也不是什么好事。她坚信"合抱之木，生于毫末；九层之台，起于累土；千里之行，始于足下"这一句话所表达出来的哲理。

她认为人要从点滴做起，从小事做起，"人起初的徒劳，或许就是巨大潜能的开始。坚持是一种习惯，当停不下来的时候，价值已经无法估量了。做事业就像滚雪球，每滚一点粘上的雪很少，但滚到一定的时候，事业就慢慢大了，自己从一棵小树长成参天大树，可以让更多人乘凉，可以帮助更多的人"。"脚踏实地，精诚合作"，这就是何氏企业精神的精髓所在。

## 从事业"功臣"到慈善"使者"

冯丽梅很朴实，朴实到出行、打扮、吃住都很普通，她是一个平凡的人，但她有一颗不平凡的心，她是家庭强大的后盾，支持丈夫的事业、陪伴孩子求学读书，功成身退，支持家族其他成员发展自己的事业。之后还致力

于建学办学，创办了慈善基金会；致力于资助贫困老人及困难家庭孩子的教育。冯丽梅说："我的人生没有什么了不起的，自己最想做的事就是帮助更多贫困家庭的孩子上学。"

同她在一起，能感受到她有一股能量，一股为孩子的教育、为社会更加美好的愿力的能量。数十年来她关注教育，向100多所学校捐款捐物，资助多名贫困家庭孩子上学。用冯丽梅的话说，下半生要做好一件事，那就是将慈善事业做好，帮助更多的孩子得到好的教育。正如阳明先生所说的："人人均可为圣，此心纯乎天理。"在同冯丽梅交流中，笔者能感受到她纯朴的"赤子"之心、关注孩子教育的情怀以及关爱社会困难群体的慈悲心。

## 结语

在同冯丽梅交流中，她的笑容总是透露着祥和、沉着与淡定。谈话时，她的双眼透出炯炯如炬的光芒，给人感觉高贵气质中带着一股随和、热情与亲和感，无论是朋友、同事、伙伴，还是仅有短暂交集的宾客，都会被她的气度和绵柔里透出的铿锵所感染。

同时，我们还能感受到她身上有种独特的气质，她热爱学习，知识广博，内涵丰富，见地独特，举手投足间无不透出自信、睿智和大气，让每个走近她的人倍感活力、信心和力量！她10多年前就学习了NLP教练技术、心理学等，她尊重传统的人生，但不囿于传统；她领会哲学的内涵，但不困于哲学；她广纳知识，但又不失坚持自己的见解。

在冯丽梅身上，我们看到了3个难得的成功品质——胆识、坚持、至诚。胆识是她与生俱来的不怕困难的品质；坚持就是她认定的事情，她一定会坚持下去，直到达成目标为

冯丽梅（左）与笔者留影

止；至诚就是在冯丽梅的人生经历中，无论是对待她的员工，还是对亲人和朋友，她都坦诚相待。她坚持"神于至诚"的信念，同时将这种力量融入自己的人生道路中，融入她那特有的用坚定的力量铸就的执着、坚韧、勇气和极具凝聚力的实践中，向人们诠释怎样才能活出自己的精彩人生！

## 第二节 "香菲妃"陪伴沁雅的你
### ——记香菲妃品牌创始人何嘉丽

人物名片：何嘉丽，广东佛山力邦通信设备科技有限公司创始人，香菲妃品牌创始人。

笔者与何嘉丽第一次认识是在企业导师孵化器的课堂上，她以义务助教的身份出现在课堂上。她在台上的演讲感动了很多同学，她给同学们的感觉是真诚、得体、大方以及优雅，她的沉香品质高雅，深受同学的喜爱。

何嘉丽从小品学兼优，20世纪80年代大学毕业的她，先后经历了国企、中外合资企业、外资企业，以及后来自己创办的民营企业，在机械制造业领域打拼了20多年！成功创办了佛山力邦通信设备科技有限公司，该公司属于解放军总装备部注册备案的民营企业，主要生产通信设备结构

**笔者与何嘉丽合影**

件配件，至今营业了20多年，业务稳步发展中。

何嘉丽的人生经历可谓丰富多彩，她是机械工程师，也是成功的企业家。那么，是什么样的缘由让她转身变成一名拥有20万棵沉香树的资深沉香人，并且对沉香事业如此的执着追求呢？带着一系列好奇与疑惑，笔者采访了何嘉丽，倾听她的心声，听她述说人生故事。

何嘉丽认为，她与沉香的缘分，也许是冥冥之中注定的。

这得从她的爷爷说起。她的爷爷是20世纪初的香港资本家，经营有金铺和万京轮旧衣铺。香港从宋朝起就是沉香的集散地，东莞、海南的沉香都会通过这里船运到世界各国，香港的沉香因此而得名。即使是现在的香港，仍然生长着很多的沉香老树，品质高雅的香港沉香吸引着众多内地沉香人。

153

## 使命的力量
——知名企业家谈创业

由于父辈们从小生长在香港,因此,何嘉丽从小就经常从长辈口中听到沉香的名字。长辈总是借沉香之名贵来批评她们的浪费行为,就这样,沉香的珍贵深深地扎根和埋藏在她幼小的心灵中。

何嘉丽的父亲年轻时放弃了所拥有的一切优越条件,投奔祖国的怀抱,参与社会主义建设事业。父亲是辩证唯物主义者,一生用辩证唯物主义思想去指导生活与工作。

受父母的影响,何嘉丽从小就具有独立思考的习惯,也没有烧香的习惯。然而,让她如此执着于追求沉香健康事业的,是来自多年前的一天,母亲突发重病,不久就离开了人世。随后不到两年的时间,父亲也离开了。面对亲人的离开,何嘉丽内心感到无助、悲伤与绝望,同时也给她敲响了警钟,她深深地意识到健康的重要性。回想起自己勤劳

何嘉丽在林场

节俭的父母,没日没夜地辛劳付出,她内心陷入了深深的自责之中,感觉幸福来得太匆忙,失去总是那么快,她还没足够的时间关爱父母,没能在父母健在的时候好好照顾他们的身体,现在一切都迟了!上天已经给了我们几十年的时光,可是我们没有把握好!现如今我们身边有很多奋斗的人,没日没夜地工作,把身体当成取之不尽的源泉,不注意休息、饮食,养生保健意识欠缺,忽视了健康养生的管理。

### 从体验到体悟:生命意义的觉醒

经历了一系列的人生悲痛后,何嘉丽制订了人生健康管理计划,抽出更多时间去学习与健康有关的知识,关注和了解各种保健养生方面的知识。她还制订了环游世界的计划,组织自驾游团队游历了亚欧 10 多个国家。

在旅行中,一次偶然的机会何嘉丽认识了一位沉香方面的专家,也因此接触了沉香,这让从小就对花草树木偏爱的她了解和认识到,沉香对人的身体有很多独特作用。回来后,她决定把自己的事业重心转移到沉香健康产业上,并多次对沉香树种植地区进行考察与研究。

沉香具有悠久的药用历史和丰富的文化内涵,它既是世界知名香料,又是传统中药。香料界有"沉、檀、龙、麝"四大名香,其中,沉香因其品

质高雅，稀少难得，千百年来被誉为香中之王、众香之首，冠压群芳。

因此，自古以来，名贵的沉香只有王宫贵族才能拥有。何嘉丽的母亲是中药配剂师，小时候每当一放学，她常常跑到母亲所在的中药房里玩，但是她一直没见过沉香。这样，名贵的沉香就变得非常神秘了！沉香不仅香，更重要的是，它还是珍贵的中药材，沉香作为药用已经有1500多年的历史。

### 让荒山变绿山，绿山变"宝山"

后来，当得知沉香可以通过种植获取的时候，何嘉丽心中就有了种植沉香树的冲动。随着时间的推移，这种冲动就慢慢地变成她想要实现的梦想。于是在2010年，经人介绍，她来到了广西博白那林镇，一个民风淳朴的山村，租了300亩荒山，从此开启了她的沉香事业之路。

沉香树山林

本来，她希望能够与朋友一起开发种植沉香树，可朋友最终没有参与，只因嫌路途太遥远，担心掌控不了而被别人欺骗。博白那林镇这一带的山区，自然生态环境非常好，没有受到现代工业的污染，很多山岭长满杂草、大树，还有野生红菇和灵芝。据说村庄后面的一座山上就曾经长着几千棵野生沉香树，不过后来都被外来人砍了。

她租赁的是村民荒废多年的山岭。种下沉香树苗之后，村民们在除草的时候还经常在山岭上的沉香树旁看见一些野生灵芝和红菇。何嘉丽去看沉香树的时候，有时也会顺便挖采一些灵芝回来。

那里因为贫穷落后，大多数人都外出打工了，只剩下老人、留守儿童和部分留守妇女。何嘉丽的到来，受到了他们的欢迎，起码可以提供一些工作给留守村民，解决他们部分生活收入来源的问题。

### 磨炼这颗心，"事上炼"，没有轻易的"梦想成真"

沉香树种植的过程经历了不少困难与挫折。第一次种下的10万棵沉香树苗，因为经验不足，没能抵抗住害虫与杂草而死亡，直接导致损失几十万。

然而,何嘉丽并没有放弃,相反,她亲力亲为,查阅大量的相关资料,拜访有经验的沉香人,亲自把关选苗,重新换了管理员,指导村民种植与管理。与天斗、与地斗,排除各种困难,终于把荒山变成沉香山。

在一次沉香会议上,何嘉丽认识了广东森宝沉香综合技术研究所所长蓝均炽先生,两人成了好朋友。蓝均炽先生是我国沉香标准的起草人之一,通过交流,何嘉丽对沉香有了更加全面和深刻的认识,更加坚定了对沉香健康事业的追求。

在中国1500多年的中医药历史中,沉香一直都被认为是中药中的"上品",具有明显的防病治病功效。沉香有广泛的药用价值,特别是在治疗胃胀、腹胀、胃痛、腹痛等消化系统方面,在治疗心绞痛、心肌梗死、胸闷、肾虚、小便不畅、小腹疼痛、安神助眠等方面效果明显。

现代药理研究结果表明,沉香具有以下几点作用:

(1)舒缓中枢神经系统。

(2)抗炎、镇痛。

(3)抗心肌缺血,保护心脏。

(4)抗肿瘤。

(5)抗菌。

(6)抗过敏。

沉香有天地灵物之说,有"百香之王"之称,自古以来在人们的心中就有着神圣的地位。同时,沉香还是中医本草中的瑰宝,据《本草纲目》记载:沉香木具香气入脾,情深理气、补五脏、止咳喘、温胃暖肾的功效,同时还有强烈的抗菌效能。沉香入药使用有上千年的历史,作为温补性的良药,它不仅成为众多名贵烈性补药的药引,还具有"沉实易和,盈斤无伤"的特点。

在查阅的将近200本古今中外中医药书籍中,记录含沉香的方剂共800多个,配方1000多个。含沉香的方剂具有广泛的药用功效,但大多集中在治疗胃弱、腹痛、心痛、肾虚、失眠等方面。沉香以其高雅的芳香千百年来被称为众香之首。

### 助容颜:拥有沁雅的气质

自古以来,沉香的高贵与女人的高雅就是绝妙的搭配,沉香的雅气醇香与女人的雅致让人拥有一种贵雅感,缕缕的雅香,令女人的气质与气场相映生辉,同时,沉香也是办公室与卧室助安神与调养身体的佳品。

第五章　连接女性的力量

对于当今繁忙的职业女性来说，沉香不仅具有美容养颜的功效，还有安神助眠的功效。沉香本身带有的天然的淡淡的雅馨香，令走进办公室或卧室的人在不经意间通过呼吸直达心底，可以抚平人的焦躁不安，给人以安慰。沉香具有天然草药的特质，对女性的调理是由内而外的，内用可补气养血、调经止痛；外用亦可美颜养肤、祛斑增白。传说唐玄宗为杨贵妃修建的华清池就是用沉香铺底的，在温泉水的作用下，沉香的香脂浸入池水中，在池水中沐浴，杨贵妃肤如凝脂。此外，睡前点一缕沉香，有助于改善人的睡眠质量，能让人一觉睡到天亮，醒来精神百倍。

沉香木

### 助健康：神奇的沉香

自古以来，人们就有用香驱除邪祟的习惯，在《药味考》《本草衍义》等药典中有记载：沉香可以"避恶去恶气"，是为"避邪"之物。沉香秉纯阳之气而生，为纯阳之物，有着生发阳气的功效，其香气对"阳明经"这条人体"龙脉"有着特殊的保护作用，能够令"邪不外入"，因此，沉香对预防疾病具有良好的效果。可见，沉香不仅是保健养生品，更是名贵中药，被广泛用于治疗心脏病、肠胃药及肿瘤。

沉香的雅味能够消除疲劳，排解压力，在片刻休憩时燃一炉沉香，与一缕缕雅馨香感为伴，是一件非常惬意的事情。沉香在让人放松身心的同时也给予人精神的助力，积蓄身心的能量。同时在燃香时，沉香散发出的漫香有一种神奇的气场，沉香的香灰或是漫香会散发到每一个角落，仿佛建立了一个漫香的大磁场，为人的气质增加一种气场感。

### 新的养生理念："品雅香"一体

《本草汇言》中对沉香的功能记载为"治阴虚肾气不归原"，可以帮助人们行气止痛，温中止呕，纳气平喘。沉香香气清润幽缓，有沁人心脾之感，能在最短的时间内抚平人们心中的躁郁烦闷，使人们内心得到平静。其实，这源于沉香能够使人的精神放松，卸下紧绷的神经，紧张的肌肉得到缓解，对于那些睡眠困难的人来说，自然就能安心进入梦乡，而因紧张带来的头脑混乱就会逐渐清晰起来，厘清了思绪，就会带来意想不到的创造。

长期接触沉香的人，会明显有着与他人不同的气质，沉香香气长期的浸染，令他们更加的优雅、从容，心境更加平和。而在其朴实的外表下，难以遮掩的馨香，更是对人们品质的启发，无怪乎自古就有人以香喻人，追求内在的修养和品德。香染十方界，好焚香，求清净，达超越，俨然已经成为清修怡情、悉心养性的一种生活方式。

### "在路上"——何嘉丽的"香漫人生"

目前，何嘉丽已拥有沉香树种植基地约 1000 亩，分别位于广东化州和广西玉林地区，共种植有沉香与白木香树 20 多万株。

2016 年，何嘉丽得知，广东森宝沉香综合技术研究所研发的结香技术专利在天然沉香生产上取得了突破性进展，解决了沉香结香生产中的固香、定香技术难题，使所生产的沉香呈现蜜香型香味，品质稳定，保存时间长久，沉香结香技术达到了世界领先水平。于是她倾其所有，与广东森宝沉香综合技术研究所合作，为几万株沉香树进行了结香。经有关食品药品检验机构检定，她种植的沉香树所产的沉香片完全符合《中国药典》（2015 版）中药材及中药饮片标准。

沉香是白木香树受刺激后产生应激反应的结果。野生状态的沉香，它的形成充满偶然性，会因为形成条件如地域、气候、土壤的差异而品质不同，质量不稳定且不能批量生产和溯源，而且生成时间漫长，价格昂贵。而先进的现代结香技术，能让白木香树稳定地批量生产出符合《中国药典》（2015 版）标准的沉香，因此，何嘉丽对沉香健康产业的未来充满信心。

2016 年，何嘉丽与沉香界有关专家一起，计划组建沉香制品生产基地，以满足人们日益增长的需要。后来经过多方实地考察和评估，发现当前生产产能严重过剩，因此调整了思路，利用社会过剩的产能，整合产业链资源，以研发及创品牌为主，并努力为产业疏通流通渠道。

功夫不负有心人，经过多年的埋头苦干与用心经营，8 年前种的 20 万棵沉香树，现在都成材了！何嘉丽不仅考取了沉香鉴定师资格证，还将自己的沉香原材加工成各种沉香片、沉香茶、沉香工艺纪念品等，传播了沉香的药用价值与保健养生价值，为都市每天紧张忙碌奋斗的人们提供缓解压力、安神助眠、净化环境、提高生活品位的沉香产品。其中"香菲妃"品牌产品得到很多人的喜爱。有不少朋友因拥有了沉香产品，改善了睡眠，甚至有

沉香木仓库

些原来需要每晚吃安眠药助眠的朋友，都已经不需要再吃安眠药了。

当问到作为一个女人什么最重要时，她毫不犹豫地说家庭与事业同等重要。作为女人，培养孩子是最重要的，女人把孩子培养好了，就是对家庭、对社会最大的贡献。她说，任何事业的成功都弥补不了孩子培养的失败。作为母亲，何嘉丽非常的自豪，自己一直很重视和用心培养孩子。两个孩子都是学校里德智体全面发展的优秀学生，大儿子当年以优异成绩被省重点初中破格录取，曾获广州市中考物理状元，后来以优异的成绩毕业于国际一流大学。

当问到未来的梦想时，何嘉丽说："在未来，要将沉香沁雅漫香飘入千家万户；在未来，要将中国的沉香药用价值及让中国沉香文化走出国门，要将中国沉香'漫香健康'价值带给世界更多的人。"谈到下一个目标时，何嘉丽计划未来建设一家"中国沉香博物馆"。

## 结语

我们的生命非常短暂，如果要问世界上最大的成本是什么，笔者会说世界上最大的成本是做事不用心。在何嘉丽的人生故事中，笔者看到了什么叫作"用心做事"，就如何嘉丽对待事情的态度一样。笔者坚信何嘉丽凭着这份对沉香事业的匠人精神，她所创立"香菲妃"的漫香将融入千家万户！

# 使命的力量
## ——知名企业家谈创业

香菲妃系列产品

何嘉丽与笔者在车间

笔者与何嘉丽留影

## 第三节 不走寻常路，绽放生命精彩
### ——记广东雅尔德律师事务所创办人孙蕴

人物名片：孙蕴，雅尔德国际集团总裁，广东雅尔德律师事务所创办人、合伙人，深圳政协港澳委员，华南国际贸易仲裁委员会国际仲裁员，香港深圳社团总会常务副会长兼副秘书长，深圳国际投融资商会副会长，深圳同心俱乐部理事。

人的一生有很多得与失，只要懂得把握机会，每个人都有华丽转身的可能，从而重新展开人生旅程。但是，并不是所有的人都敢去跨界挑战新领域，而且还能做到高起点、高规格地起航。而她的人生就是这样充满了挑战和传奇。不走寻常路，让生命精彩绽放，让我们一起走进孙蕴的世界。

孙蕴女士

### 从媒体到法律界

20世纪八九十年代孙蕴大学毕业后，被分配到深圳市团委工作，属于国家公务员，后担任《深圳青年》杂志编委。1994年赴香港后，从事《东方日报》财经新闻、社会新闻人物专访工作，这些都跟商界和法律界有着很密切的关系。

香港回归前夕，最热门的话题是"一国两制""香港基本法""香港特区政府成立"等。当时孙蕴采访了很多香港特别行政区筹委会预委会成员，成员中有许多法律界人士，即使是其他界别的委员，也都对贯彻香港基本法，法律应在社会秩序、规范所起的作用等进行了阐述。这段工作经历对孙蕴产生了深刻影响，使她了解到，法律在社会中所承担的使命是如此之大，凡社会精英包括商界人士，他们当中有许多人都是学法律出身的。她说："这段经历让我明白，凡事讲究证据，凡事追求细节，同时也是对我的一种历练。"

1997年,孙蕴向老东家香港东方日报社递交了辞职信,从此结束了记者生涯。从报社辞职后,她先后攻读了中国人民大学法律硕士、北京大学新闻与传播硕士。令许多人想不到的是,1999年,孙蕴与合伙人在深圳成立了孙罗雷律师事务所。2003年,其创办了广东雅尔德律师事务所,因发起设立"深港澳台两岸四地法律服务合作联盟"而声名远扬深港两地法律界。

孙蕴告诉我们:"从媒体到法律界,我是经过深思熟虑和深度考察市场后才做的决定,不是拍脑袋决定的。在香港接触了众多法律界的知名人士以及根据在媒体界工作的经验,加上对法律在国家战略层面中重大作用的认知,才最终决定跨入法律界。"

当时她放弃了年薪上百万的机会,选择了创业,她说这是她想要的人生。用心地、不断地尝试人生中想做的事情。只要去做了,就会很坦然,从不后悔,生命就是这样。

## 创办律师事务所,走公司化运作模式

1997年前后,随着中国经济改革的持续深入,香港回归、深港融合等一系列经济因素也催生了内地法律的改革。孙蕴从媒体人的视角洞察了今后的方向——律师的非诉讼业务及深港律师大联盟。中国市场经济发展必然伴随专业化、国际化以及深刻的社会变化。

孙蕴创办的雅尔德律师事务所地处深圳市政治、文化和金融商务中心区,是由深圳资深律师发起,联合海外及深圳、香港、澳门、台湾地区知名律师,并在国内外法律权威和专家大力参与和支持下,于1999年首创"深港澳台两岸四地一站式法律服务平台"及"跨行业中介联盟",提供以涉外、商业法律服务为主的专业法律服务机构。

当时这种联盟在全国律师界产生了轰动。各地法律界人士纷纷来深圳考察,雅尔德律师

孙蕴参加内地与香港家族信托法律与财税实务论坛

事务所设于高档写字楼内，装修豪华，完全是现代化公司的做派，这所律师事务所的会馆在当时国内非常少见。在它的办公区域内，设有英式、日式、台式、中式会议室，主要是针对不同客户的背景而设立的。

雅尔德律师事务所采用现代公司化运作模式，构建规范化管理体制，强调专业化团队合作，推行国际化的服务标准，建立了一套完备高效的法律服务运行机制和操作流程。与别的律师事务所不同，其他律师事务所强调合伙制，雅尔德律师事务所强调公司制。

是怎样的初衷，让雅尔德律师事务所走了一条不一样的道路，采用的是公司制，而不是合伙制？

孙蕴用了一双筷子和一把筷子哪个更容易折断的比喻来形象地向我们说明合伙制和公司制这两种运作管理模式的不同。她这样告诉我们，公司制的优势在于强调"律所品牌化、规模化和专业化下律所和律师的共同发展"，首先是通过律所平台建设创造品牌效应、规模效应，其次是通过专业化建设为客户提供个性化服务，最终为律所和律师个人带来可持续性发展。

而合伙制，律师可以挂靠任意一家律师事务所，单打独斗，追求个人利益最大化，从长远来看，机构的发展在哪里？任何一家企业的建立都应该有一个共同的战略目标、共同的梦想与愿景。如果每个人都只考虑自己的最大利益，那么就没有了机构的发展。同时单打独斗也很难接到大的订单，只能接一些小订单。纵观国外大的有影响力的律师事务所，采用的大多是公司制。金杜作为合伙制律师事务所，是目前我国规模较大、影响力举足轻重的律师事务所，而雅尔德要走品牌规模化、国际化的道路。

然而，事业的进展并非都是一帆风顺的，在雅尔德公司化运作模式的过程中，短期内无法使律师个人利益最大化，在一定程度上造成了人才的流失。尤其是当初说好要一起风雨同舟、共同进退的合作伙伴走到半路就放弃、离开，对此她难过不已。那时她也在不停地问自己："为什么在别人放弃的时候，我还要坚持？"仅仅用了一个晚上，孙蕴就想通了一个道理：这是她自己的选择，用广东的一句名言来说就是"食得咸鱼抵得渴"。这是你的选择，当你选择这条路的时候，就要预见未来会有无数的艰难险阻，就要做到风雨无阻，如果做不到，你就放弃。"对于我来说，放弃绝对不是我自己想要的结果，因为我认为这条路没有错。我们走的路看见曙光了，曙光就在眼前，只不过我们要经历这样一个过程。如果没有这个过程，那么容易得到的事情，那是我们要的事业吗？是我们的选择吗？"

在困难面前孙蕴反问自己，如此容易得到的，是自己想要的吗？唾手而得的成功，往往不容易珍惜。越是辛苦，得到的果实越是甜蜜。她重新调整情绪，重新投入工作，"挥挥手，不带走一片云彩，第二天还照样，太阳每天都是新的。继续努力！"

如今再提起这段经历时，孙蕴告诉我们："现在看来，那些事情都不是什么大事，只是前进路上的一个小小的台阶而已。"

## 国际化的视野，国际化的路线

孙蕴还告诉我们，"国际化才是我们将来的发展方向，真正地参与国际的一些法律事务，所以雅尔德定位在国际化。我们不能说我们国际化就是国际化了，我们必须走出去，学别人的经验，去观摩，去思考"。

2013年，国家批复成立深圳前海深港现代服务合作区，深港合作迈向了新台阶。孙蕴再次敏锐地意识到那是一个重大机会，前海是国家的重大战略，它既是深圳也是香港未来的发展方向，随着两地金融等高端服务业的进入，涉外谈判、纠纷增多，也要求更专业化、国际化的法律服务。

于是，雅尔德律师事务所与多年的战略合作伙伴——（香港）曾陈胡律师事务所签署联营合作协议，在前海成立雅尔德曾陈胡（前海）联营律师事务所，由雅尔德委派7名律师、（香港）曾陈胡律师事务所委派3名律师共同组建，目标是打造前海最强大、最专业、客户信赖的律师团队。

孙蕴十分看重前海，10多年前她借助香港回归、中国入世等大背景成立了跨区域联盟律师事务所，这一次，她再次抓住了前海自贸区、"一带一路"的重大机遇，这也成为律师事务所今后的发展方向。

随着前海法院、前海仲裁、独立香港陪审员制度等的设立，前海对现行的法律和制度也有所突破，前海今后会更多地在商事、仲裁和知识产权领域试用内地和香港不同的法律，探索两地法律的衔接，这也为律师带来更高的要求和挑战。

孙蕴认为，国家提出"一带一路"倡议，不仅要让中国企业走出去，也需要让国外的企业走进来。对于走出去的中国企业，了解沿路各国的法律尤为重要。而雅尔德律师事务所的目标是搭建更大的平台，联合国外众多的商会、律师行，起到中介和桥梁作用。

超前的眼界带来了超常的发展，在非诉讼业务中，尤其在房地产、知识产权、投融资并购等领域，雅尔德律师事务所取得了非凡的成绩。16年间，雅尔德与美国、加拿大、英国、澳洲等国家和地区建立了联盟律师所。2013年9月，雅尔德律师事务所正式加入欧洲国际法律联盟，成为欧洲国际法律联盟在中国华南地区唯一认证的律师事务所。

2015年，雅尔德律师事务所凭借"一带一路"，特别是"21世纪海上丝绸之路"的国家战略布局，联合本身已有的"跨境法律服务平台"，与曼谷、伊斯坦布尔、新德里、阿斯塔纳、莫斯科、华沙等"21世纪海上丝绸之路"沿线主要城市律师事务所合作，为我国客户投资境外提供法律保障，同时也为境外客户投资前海蛇口自贸区提供法律服务。

孙蕴用她宏远的视野来实现她的律师事务所国际化的目标。

**国际仲裁院**

近年来，仲裁法律服务越来越受商界青睐，深圳前海具有良好的基础与机会。作为深圳市政协委员，孙蕴曾表示应该把握"一带一路"倡议的契机，将前海打造成亚洲国际仲裁新中心。

目前，深圳前海已经成立了国际仲裁院，表明深圳已经拥有了一批国际化仲裁人员，这里的企业对仲裁也有更多的了解。仲裁的结果，是一裁终局，不像法院存在一审、二审这样的漫长时间，这对于时间宝贵的企业来说，是十分有利的。

仲裁以其灵活性备受国际商界人士青睐。孙蕴告诉我们，双方当事人可以互相约定使用哪国法律、约定仲裁地、约定仲裁员，这些都有利于双方当事人尽快解决问题。另外，仲裁还有更重要的优势，那就是执行度。在国际仲裁中，裁决结果出来之后，可以直接到约定的国家申请立刻执行。同时对于企业来说更有利的一点，就是仲裁结果的私密性。仲裁结果不会公开，所以对企业维护声誉有一定的积极影响。

孙蕴目前担任深圳国际仲裁委员会的仲裁员。她告诉我们，将来，她有一个理想，希望会所的平台更加广阔，让更多的年轻人成长起来，承担更多的责任。她将会有新的理想和道路要走，会在国际仲裁院发挥她生命的价值。

**行走在慈善的路上**

因为职业的原因，孙蕴总是能接触到不同的人群，20世纪90年代初，在她采访深圳的义工后，发现原来世界上还有这样一批不求回报、无私奉献的人，她觉得那是她生命中很想结识的一群人，于是她就加入了深圳的义工队伍，成为其中的一员。当时深圳的义工团队是全国第一支义工队伍。目前深圳义工的旗帜已经飘扬在全国各地，有20万名义工，他们帮助和支持更多社会上需要帮助的人。加入义工组织后，孙蕴从此就与慈善结下了不解之缘，开始了她的慈善事业。

2002年，狮子会在深圳创立，是由国家政府批准的第一家在中国设立的国际性服务性社团。孙蕴成为第一批狮子会成员。

2006—2007年,孙蕴被推举为狮子会第380区总监。

孙蕴在慈善机构中组织、参与、协助多个公益项目的开展、执行和监督工作。在深圳狮子会担任会长期间,她组织了狮子会清华奖学金、汶川地震后重建棚花村、富源助学专项基金、"同一蓝天下"关爱残疾人项目、韶关助学项目、深圳狮子会"光明行"白内障患者免费手术项目等,先后筹款近1000万元人民币。

孙蕴长期致力于社会公益和慈善事业,作为深圳同心俱乐部理事,她期望同心俱乐部的每个成员"健康、同心、同德",挖掘更多的人才,让同心第二代、第三代成员将前辈的事业更好地传承下去。未来充满了挑战,她希望同心俱乐部更加贴近成员、更加贴近市场、更加创新,承担更大的社会责任。

孙蕴告诉我们:"不求回报的付出,是一场人生的历练,你的帮助,你的付出,比索取更有福。"孙蕴认为,慈善是她一生的事业。为自己负责,帮助别人,这样的人生才是最有价值的。

同时孙蕴告诉我们,人生要想取得一定成就,就需要不断地学习。年轻时拜名师;中年时交挚友,对待朋友的事情要认真,不计较一时的得失;年长时,要懂得给年轻人机会,因为人总有离场的时候,你可以去做其他更有意义的事情。

## 结语

访谈结束了,孙蕴的从容淡定、严谨的逻辑、绽放的笑容给我们留下了深刻的印象。"成功永远属于那些有胆识、有魄力、不抱怨、不气馁、不放弃的勇于绽放生命精彩的人。活出不一样的自己,生命只有精彩,方不埋没生命的意义。"

笔者一行与孙蕴留影
左起:王辽东、孙蕴、陈思言

## 第四节　一花一世界，盛开的武夷琪玥皇菊
### ——记菊花仙子张松女

人物名片：张松女，黑龙江人，深圳松松工艺礼品有限公司董事长，武夷琪玥皇菊创始人。

2017年，武夷琪玥皇菊获得全国第一家欧盟认证，即通过欧盟食品标准认证，真正做到了"零农残"。2017年1月，武夷琪玥皇菊受邀参加了第18届中国国际高薪技术成果交易会。2017年11月，武夷琪玥皇菊独家冠名深圳少儿频道春节联欢晚会。2018年，武夷琪玥皇菊以庄严圣洁完美绽放在吉祥中国佛韵春晚盛宴上。

与皇菊结缘，是在一次课堂上，课间休息的时候，路过产品展览区，被一朵朵盛开在玻璃茶壶中的菊花深深地吸引了，其花形硕大，花瓣娇美，一朵一杯，如此鲜活绽放。它翩若惊鸿，婉若游龙，却偏偏不争不抢，独立秋风。禁不住赞叹，笔者从未见过如此绽放的菊花茶。后来笔者找到了这朵菊花的主人——武夷山琪玥皇菊的创始人张松女，就这样，笔者走进了她武夷山种植琪玥皇菊的故事中。

看着她在武夷山下菊花丛中采摘的照片，感觉好像是坠入这凡间的仙子，和这美丽的皇菊、武夷山下的风景融为一体，美得浑然天成，于是笔者给她取了一个雅号：菊花仙子。

张松女本人也如同这朵美丽的菊花一样，从容而脱俗，大气而淡定，永远都保持一份恬静和与世无争的美。每次见到她，都让笔者想到复旦大学陈果老师说的那句话：我自风情万种，与世无争。

### 误打误撞进入礼品行业，正念前行

2005年，朋友邀请张松女一起从事礼品行业，不会做生意也不懂做礼品的她婉言谢绝了，然而在朋友的一再劝说下，张松女投资了一笔钱，因为自己对礼品行业非常陌生，所以生意全部由朋友打理，就这样，张松女开启了她礼品行业的创业之路。最终因为朋友经营不善、不够专注导致公司亏损，支撑不下去，最后朋友把这家公司的烂摊子完全甩给了张松女。

当时接过这样一个破衰的公司，面临诸多问题，员工的工资等待发放，还有很多的债务要清偿，每天一个个催账电话，让张松女如坐针毡，手足无

措。经过几天的调整,张松女暗暗下定决心:"既然已经开始做了,那就勇敢地面对,没有跨不过去的坎。"就这样,张松女带着小伙伴们把剩下的5000份礼品宣传单到大街小巷、写字楼去派发。功夫不负有心人,一天张松女突然接到来自长城证券打来的电话,对方说公司要采购周年庆典的礼品,让她马上过去商谈。张松女激动的心怦怦直跳,"有订单啦!"放下电话后她一刻也没有停留,准备好礼品单后像一只燕子一样朝着长城证券飞奔而去。原来打电话过来采购的是长城证券公司的党委书记,进了党委书记的办公室,看到满屋子的明星合影,单纯的张松女激动羡慕的心情无以言表(那个时候的她也有崇拜的明星),几乎忘记了自己是来谈生意的。就是张松女这份简单快乐、像孩子般天真而又真实的态度打动了党委书记,张松女如实地告诉对方自己能做什么,也没有进行太多的谈判,就这样,她礼品创业史上的第一单成交了,供应1500个银制礼品,不懂生意的她接下了45万元的订单,这笔订单对于长城证券来说,也许是一笔很小很小的采购订单,但是对于张松女来说,那是一笔天大的订单,不仅可以让她还清所有欠款,还可以让她有足够的盈余用于公司运转。因为品质过硬,再加上用心、真实,很快她在行业内小有名气,再加上口碑相传,很快她又接到了海上石油、康辉石油、大亚湾核电站、地震局、民防委等单位的采购订单。就这样,在那个礼品昌盛的时期,她抓住了所有能把握的机遇,慢慢地在礼品行业有了一席之地。

谈及那段创业历程时,张松女说:"真的很感谢我的那位朋友把我带入这个行业,我才有机会走到今天,也非常感谢她带给我的一切,让我有机会成就自己,同时也特别感谢长城证券党委书记敏老爷子给我那个机会,才让我在礼品行业站稳脚跟,这对于他们来说,也许是不值一提的小事,但是对于我来说,却完全改变了公司的命运。一路走来,我都特别感恩身边的每一位支持我的人,我是幸运的,因为他们让我感悟最为深刻的一点就是,无论遇到怎样的困难与磨难或者挫折,记得一定要保持正念而行,不要急于求成,这样就会遇到好的人、对的人,找到更好的路。"

一个时代造就了一批英雄。2002—2012年是礼品行业尤为昌盛的时期,张松女也看清了一个趋势:当时很多礼品公司供应的是政府和事业单位,而这些受政策影响非常大,如果这些单位一旦停止采购,那么对企业来说将是一个"灭顶之灾",于是张松女又拓展了银行、平安保险等企业客户。在2012年以后,礼品行业开始下滑,很多礼品制造公司诸如红极一时的汉白玉制造公司都突然倒闭,便是受到政府采购政策的影响。而当时张松女的公司还有大量企业客户的采购订单,所以虽然受到影响,但不至于重创。

在从事礼品以及工艺品 10 多年的创业过程中，张松女能时刻感受到一个企业要走多远，得看这个企业家有多大的远见。如同汪国真写的那首诗："人能走多远？这话不要问双脚，而是要问志向；人能攀登多高？这话不要问身躯，而是要问意志；人能创造多少？这话不要问双手，而是要问智慧；人能看多远？这话不要问眼睛，而是要问胸襟。"

企业要走多远？又该如何走得更远？带着这些问题，张松女又开始了新的探索，而这次的探索，是从心出发，问自己究竟想要什么。

### 邂逅武夷皇菊

改变，是为了更好的遇见！改变，有时是为了紧跟时代的步伐，不至于脱离社会，成为累赘；改变，有时是为了换一种姿态面对生活和工作，达到最佳的状态；改变，有时更是为了修炼自我，进一步完善自我，遇见更好的自己。然而，一切的改变，都不能脱离初心。

张松女一直在探索她真正想要的是什么，因为她始终有一个心愿，就是要寻找和种植一款好茶。这也源于她对茶的喜爱、对生活的热爱、对健康的重视和对美的追求。

因为喜欢喝茶，她走了很多地方，好像冥冥之中有股力量把她引向茶香之路。

2014 年，张松女带着母亲去武夷山旅游，遥望武夷山，墨绿而又深沉，秀美而又宁静，仙气缭绕，钟灵毓秀。山里的水滋润了这一方秀美的山川草木，也滋养了久负盛名的"茶中之王"武夷山大红袍。来到武夷山脚下，张松女看着山间星星点点灵动的黄色，花型娇巧玲珑、色泽金黄、花朵饱满，一股幸福激动在心中涌起，就是它了，让她魂牵梦绕的那款好茶，终于找到了，那种在唇齿之间挥之不去的茶香就是这朵皇菊。就这样，张松女在武夷山下结缘皇菊。"出产好茶的地方，定然要拥有良好的生态环境。在这里，武夷山大红袍闻名遐迩，武夷皇菊自然会是一款与众不同的茶。"张松女内心充满了喜悦与坚定的信心。

陶渊明笔下"结庐在人境，而无车马喧""采菊东篱下，悠然见南山"的情景比起武夷山下的皇菊又当如何？也许只有亲自去体验过的人才能感知其中的美吧。

菊花自古以来就是中国的十大名花之一，屈原在《离骚》中说："朝饮木兰之坠露兮，夕餐秋菊之落英。"《神农本草经》里记载："菊花久服利血气，轻身，耐老延年。"陶渊明为之赋诗道："酒能祛百虑，菊能解颓龄。"民间也有句谚语："愿得十月菊一克，不要黄澄万两金。"可见菊花的珍贵。

邂逅武夷皇菊之后，张松女做出了一个大胆的决定：在武夷山下种植皇菊。她与武夷山基地签了15年的合同，引进中国农科院的栽培技术，使用天然农家肥，采用人工种植、人工采摘，采用黄板沾虫，不施农药化肥，不打除草剂。提出让纯天然与苗草共生，让生态链自然平衡的理念。

每年3月，将皇菊种入武夷大地，使其吸收大地的阳光雨露，收购农家肥进行周期施肥，人工除草，黄板沾虫。经过8个月的漫长生长，充分吸收了阳光雨露之后，采用传统的反复低温烘焙的技术来保持皇菊原色原味的纯天然品质。

蕴藏着极高的营养价值和人体所需的微量元素的武夷皇菊，于2015年11月正式来到深圳，在深圳茶博会上展出，其硕大美丽的花朵、晶莹透亮的金黄色汤色，引来众多游客前来观赏、采购以及各大媒体争相报道。

## 一花一世界，一花一芬芳

张松女告诉我们，中国栽培菊花的历史已有3000多年，如果要谈论菊花的历史，恐怕三天三夜也说不够……今天她就给我们讲了皇菊的故事：

汉武帝自继位以来，励精图治，安内攘外，天下一统，朝野上下国泰民安，国家经济繁荣昌盛。他对自己开创的盛世局面很是得意，于是在登基后的第30年（约公元前110年），便差人组织大规模泰山封禅仪式，一来借神明之威，显示王权天助，二来向世人展示他的政绩，彰显国威。然而在封禅前夕，汉武帝因欣喜过度，彻夜不能安寐，而忽患风热重症，目赤面红，晕厥不醒，御医昼夜轮治，皆不奏效。正在这时，一位自称是泰山老父的老翁，向汉武帝进献菊花数朵，并称用沸水冲服便可痊愈。菊花汤清冽甘甜，香韵无穷，汉武帝饮后，竟神清气爽，热症尽去。汉武帝龙颜大悦，遂欲重赏老翁。但老翁早已不知去向。汉武帝此时方觉那老翁乃一妙手仙翁，他的病得愈是获天神所助。为感念此菊治愈有功，且为仙翁所赠，汉武帝赐名为皇菊。

此后，皇菊便成为历朝历代宫廷贡品，也是敬天礼佛之圣品，只限皇家享用。能获皇帝以皇菊赏赐的有功之臣，必定是建立了一番卓越功勋的人，故有送皇菊即送富贵之说。

张松女说起皇菊时总有谈不完的话，喜爱之情溢于言表。谈起武夷皇菊的采摘，更是欣喜不已，因为她亲自参加了采摘，她说，在皇菊盛开的季节，皇菊的"一颦一笑"都是景。

武夷山得天独厚的山水、肥沃的土壤、充足的日照孕育了完美的武夷皇菊。张松女告诉我们："3月种植，8个月的开花周期等待，人工采摘后我们精挑细选，不间断地守候以及专心烘焙，每朵鲜皇菊经过20多个小时的烘烤冷却再反复烘烤，锁住其中的氨基酸和维生素，正因为每朵花瓣上没有残留物，所以整朵花瓣泡上一个星期都不会散叶，每一朵花里都蕴藏着它独有的生命芬芳，所以我心疼、珍惜每一朵花。"

每一朵皇菊都凝结了张松女的心血，每一朵花也是她自我最真实的展现。这是她长久热爱的事业，利他、美丽而又健康。一盏茶、一炷香、一本

笔者与张松女留影

书、一份健康，是张松女传递出来的最真的自己。

每当累了，张松女就泡上一杯皇菊，小酌一会，再伴一席瑜伽，永远都保持一个青春靓丽而健康的体形，还有那一颗永远年轻而又火热的心，传播着她的健康和美丽。

在口干舌燥的黄昏，
在忙忙碌碌的午后，
在双眼疲惫的日间，
在熬夜加班的午夜，
泡上一朵武夷皇菊，驱走一整天的疲惫。
不怕忙忙碌碌、步履匆匆，只怕心里没有了温暖，累了就停下脚步，让一朵武夷皇菊来暖你的心。
真正的平静，不是远离喧嚣，而是在心里修篱种菊。

## 第五节 连接女性的力量,专注"美的事业"
### ——记樊文花品牌创始人樊文花

人物名片:樊文花,樊文花国际美容集团董事长、樊文花品牌创始人。

### 樊文花"从零到十"

樊文花有着"从零到十"的传奇:从20世纪80年代进入美容行业,到90年代南下广州二次创业,从一家美容院发展到5家美容院;从创办美容公司,到现在拥有现代化的研发中心和上万平方米的工厂。从2013年第一款樊文花品牌面膜面世,面膜产品从第一代到现在的第十代;从2016年突破1500家门店,再到2018年的3000多家门店。其系列产品获14种国家特殊用途化妆品许可证,掌握25项发明专利技术,研发出针对10种不同肤质人群的面膜产品。29年来,樊文花凭着朴实的"人不要怕吃苦,有困难要坚持住,没有越不过去的坎"的信念,将樊文花品牌实现从零到十的巨变。

### 做事业要做到心"敬"

十几年前,一位朋友找到樊文花,想要一起合作做房地产项目投资,建议樊文花别做工厂了,"搞工厂实业,太辛苦了,不如将精力放在房地产领域,这样赚钱快得多"。但在樊文花看来,让更多的女人拥有美丽自信的人生,是自己最爱的事业,是自己的梦想。其实做事业的辛苦,还真不是一般人所能承受得了的,市场调研、项目提案、产品研发、生产管理、品控管理、物流管理,甚至员工的吃、住、行等每一个环节都要安排好,每一种关系都要处理好。特别是做化妆品生产企业,任何一个环节如果出现差错,都将可能导致无法评估的损失。没有一份认真的精神,很难将这份事业做下去。

正是有了这份深刻的认识,樊文花对工厂管理的标准要求非常高,工厂内部实行"8S"工厂管理标准,引进先进的生产工艺设备,从选料来源、植物源品质控制、产品测试到产品出厂,内部检测多达67项。樊文花以东方中华医学植物精华为根基、西方高端工艺生产设备为技术支撑。每款面膜都获得了国家认证,目前她拥有行业领先的生产标准与工艺设备。当大部分化妆品基本停留在安全和功效层面上时,对于做事要做到心敬的樊文花而言,认真的背后,不仅是她对这份事业的热爱,更是一份责任。作为日常消费的化妆品,产品安全同食品安全一样重要,安全和功效都是产品最基本的诉求,安全有效是樊文花模式最基本的要求。如

**樊文花店面**

果没有做到安全有效,樊文花模式就不成立,安全是樊文花企业品牌的基石。

樊文花是一个十分低调的企业家,甚至 28 年来从来不做广告,以好产品会自己说话为信念。在樊文花看来,真正的品牌文化源于纪律,没有文化的企业,无法形成品牌力量。品牌力量是一种文化的沉淀与积累,它源于高标准的自我管理。"人生最大的两个敌人,一是懒惰,二是马虎",人来到这个世界上,生命只有一次,是独一无二的,而且是不可重复的,不可能让你重新再活一次,正因为世界上的人只有一次生命的机会,作为一个人,应该为自己的生命负起责任来,对自己的人生负责,这是最根本的责任。正是秉持这样认真的人生态度,樊文花将自己的青春与热爱全部投入"女人美丽的事业"中,她认为,一个人追求自己热爱的事业,一生做好这项事业,就是做到对自己生命"敬",对他人"敬",对社会"敬"。

### 女人要活出自己的"美"

当代女性的成长被越来越多人重视,每一个成功的男人的背后都有一个成功的女人,家族的兴旺在于女人,女人在改变家族意识习惯方面发挥了重要作用。然而,女性在为家庭做出巨大贡献的同时,自我意识却逐渐消失。女人该如何唤醒由内而外的自信、绽放圆融的魅力?如何做一个独立优雅的女人?伴随着女性的成长,女人可以影响孩子,带动家庭,进而影响整个社会。女性能量觉醒的时代已经到来,女人不仅能做家庭的女主人,还可以活出自己最喜欢的样子。

## 使命的力量
——知名企业家谈创业

女人要爱上自己,爱情就如手中的沙子,你越是抓得紧,你越是抓不到。现实中人们常常这样认为,如果一个男人追求一个女孩,女孩很容易被追求到手,男人就不会珍惜。如果一个男人为追求一个女孩经历了千辛万苦,经历了很多挫折,那么他才可能会珍惜这个女孩。就如一个人轻易得来的东西,就不会珍惜一样。所以,女人要"贵雅"起来,"贵"就是女性要有自己的品质追求,爱自己如爱一件无价的珠宝一样;"雅"就是精神人格上要独立,在人格上不依附他人,只有自己优秀了才能吸引自己的男人。

樊文花与合作伙伴

一是要懂"柔性",女人要透过行为读懂男人。男人的思维方式与女人的思维方式是不一样的,在原始社会,男女是有分工的,从自然界中的动物来看,雄性的本性更多的是为基因的传承,而雌性更多的是生育后代。从生育期来看,男性优势是高于女性的。男性五十、六十、七十还可以再生育,而女性到了四十、五十再生育是十分危险的。

在传统观念中,人们谈"性"会觉得害羞,但作为已婚女性或即将走入婚姻生活的女性,"性与爱"是一堂夫妻修炼课。女性不仅要形体美,也要做男人的灵魂伴侣。例如女性在怀孕期或产后一段时间,男人有生理与心理方面的需求。女性要在心理上坦诚地引导男人,梳理男人的情绪,但在现实中,大多数女性却往往忽视这个问题,而把自己扮演成受害者。女人容易受情绪的影响,男人则是理性的,有智慧的女人会在生理与心理方面引导男人的需求,这对协调夫妻之间的关系有重要的作用。

二是要绽放女性的能量,"经济基础决上层建筑",很多女性花了很长时间、走了很多弯路也不明白,为什么很努力追求财富,却追寻得那么辛苦?为什么总得不到想要的爱情,总是爱得那么痛苦?怎样才能跳出这个困境?答案是,女人不要放弃自己的梦想。

## 活出自己的使命与意义

人生往往受三样东西所困：一个是"钱"，一个是"情"，一个是"性"。

当一个人用情做事的时候，就会为情所困；用理做事时，就会为框所限。女人要用感情和理性去做事，这样才可能优秀。但要成为卓越的女人，更应该用"心性"去做事情，这个就是女人的天性——"爱的力量"。

同时，要修炼好语言的艺术，支持男人成就更大的事业，男人是需要崇拜与认可的，而女人是需要关爱与呵护的。夫妻之间的问题并不是出在性格上，而是出在沟通方式上，女人若不懂沟通，不懂语言的魔力，任凭"刀子嘴、豆腐心"，家庭关系很难和睦。

此外，夫妻关系是否和谐对孩子也会产生重要的影响，很多人婚姻不幸福跟原生家庭有很大的关系。作为父母，平常只要用心去观察自己的孩子，就会发现孩子生气时的表情同自己的表情是一模一样的。夫妻的问题来源于原生家庭的问题。离婚受伤害最大的是孩子。如果问在家庭关系中，是夫妻关系重要，还是亲子关系重要，那一定是夫妻关系比亲子关系重要。这是因为最好的教育就是以身作则，父母关系好不好，孩子都看得到，都能感知得到。原生家庭对下一代影响是非常大的。这就是"天性"。所以，父母在我们小的时候种下种子，我们也要好好修炼自己，要给自己的下一代种颗好种子。环境影响价值观，价值观背后是信念，一个人具有怎样的信念，就具有怎样的人生。所以，对于孩子来说，父母要给足爱，只要自己有爱，才可能给予别人更多的爱。

## 形象与内在气质的"多维修炼"

古语云："相由心生，境由心造"，人的外相是心相的显现。孔子曰："视其所以，观其所由，察其所安，人焉廋哉！"孔子用了三个重要关键字——"视、观、察"，皆是用观察力去观察人、了解人。可见一个人给别人的视觉感、形体感、感知感是多么重要。一个人的外在形象是一个人内在的反馈，而外在形象会给人形成一种感知，人通常通过三秒就能判断对一个人是否有好感，可见形象的重要性。

无论是男人还是女人，要想家庭、事业、健康、人际关系都有好的发展，必须匹配好自己的位置。《易经》中有说，"天行健，君子以自强不息；地势坤，君子以厚德载物"，男人要外刚内柔，女人要外柔内刚。晚清四大名臣之一的曾国藩说，"做人以懦弱无刚为大耻"，指的就是人要有阳刚之气。如果一个男人没有阳刚之气,他的人生注定会懦弱无成;而如果一个女人没有柔美之气,则可能此生辛苦孤独。

如今短短5年的时间,樊文花在全国已开设3000多家门店,帮助了1万名女性成功创业;未来5年,樊文花的梦想是开1万家樊文花店,帮助3万名家庭女性实现创业梦想。

樊文花如今取得的这份成就源自她本人对内心那份执着信念的坚守,这是一种对事业的热爱与执着,而这份执着又源自一种想要改变命运及想要为社会做贡献的渴望、源自一个企业家应具有的使命感与社会担当精神。

**笔者同樊文花女士留影**

## 第六节　我的美丽配送
——记诚亿集团总裁黄雅琴

人物名片：黄雅琴，雅琴诚亿集团总裁、CNY 面膜创始人。

每个女人都希望自己一直美下去，所以美丽是女人一生都在追求、永远都不曾停歇的事业。出水芙蓉、姿色天然、明艳端庄、一貌倾城而又风华绝代，谁不想成为这样的女子呢？怎奈岁月无情、容颜易老，所以我们都渴望让美丽一直停留在十七八岁的韶华时光，于是就有了女人创造各种有关美的故事。

黄雅琴作为诚亿集团总裁、CNY 面膜创始人，是什么促使她决定在竞争激烈的化妆品市场做一款面膜呢？她又是如何和她的搭档开拓出一个崭新的美丽配送模式的呢？让我们一起走进诚亿集团总裁黄雅琴的美丽世界。

走进黄雅琴的公司，刚一进门，便感受到一种浓郁而典雅的艺术气息，充满神秘色彩的壁画、古色的世界地图、荷叶边的花瓶中绽放的鲜花，每一件饰物都别出心裁，每一件家具的摆设都很考究，每一隅空间都经过精心设计。当看到展览柜上摆放的鲜花、面膜、红酒时，这才会想起主人的身份——从金融领域和电子领域跨界过来的美丽配送大使。

### 创业初心

为什么要做面膜呢？笔者很好奇地问了黄雅琴这个问题。

黄雅琴从事电子元器件行业已经有 16 年，在业界已有名气与地位，她甚至能背出 2000 多种电子元器件的名字，同时凭借着自己的商业智慧和对深圳地产敏锐的投资眼光，她已拥有数千万身家。尽管如此，她心中始终有一个关于美丽的梦想在萌动。因为每个女人都希望自己容颜不老，已是 3 个孩子的母亲的黄雅琴也不例外。她说："我也是一个追求美丽的女子，做一个明媚、优雅、智慧的女人是我一生的追求。"

"2015 年的一天，我遇到了我的小学同学陈异，曾经的好姐妹，28 年的友情，28 年的梦想，在和她相遇的那一天又重新燃烧起来，我点亮了她的激情，她燃烧了我的梦想，于是我们决定用接下来的人生去经营一件关于美的事业。"

当她讲起这段 28 年的友情时，心中涌出很多的感动。就这样，她们俩一个想做随心的人，做最好的自己；一个抱着没有等出来的辉煌，只有拼出来的精彩的想法，开始了崭新的事业。

在进行了大量的市场调研后，她们决定以金融为依托，收购了一家高端面膜厂。

"我们要打造一款中国唯一的高端纯补水面膜，让美映衬在每一个人的脸上，要让中国的面膜品牌从亚洲走向世界，树立属于我们自己的民族品牌。"在黄雅琴看来，中国人应有自己的护肤品牌。国人的思维体系里缺少对民族品牌的认知，CNY面膜就是要改变这种市场风向，做到亚洲第一，让民族品牌能够走向世界。

"尽管多年以来国内面膜市场上一直不乏本土品牌的席位，但经历过假面膜、毒面膜等危机后，市场和消费一度呈低迷状态，特别是对本土品牌的打击之大，消费者几乎完全丧失了对本土品牌的信心。来自日本、韩国、欧美，甚至其他一些小众国家的产品正日渐为更多的消费者所追求，而本土品牌却不是那么强劲，更不用说走向国际化。"

但是随着消费需求的扩大化及稳定化，未来几年，面膜市场必定会进入一个橄榄球式的中高端主导模式。本土品牌有机会赚到更多的钱，但国产品牌走向高端化的路途充满艰辛。路虽漫长，但只要信念坚定，终会到达彼岸，黄雅琴和她的搭档陈异带领着她们的团队坚定前行。

### 模式创新：创造可能性

如何发挥本土优势？如何通过更加实用的产品升级、营销更新、加强互动等手段，增强消费者粘性，拴住消费者的心？这是黄雅琴和陈异思考最多的问题。

真挚的友情、美丽的事业，以及一份要把美献给更多热爱生活、热爱美的用心，让她们创造出了更多的可能性。因为和对的人在一起，总会激起很多关于美，关于相识、相恋、相伴的故事。

她们把她们的友情还有各自的爱情以及情怀和事业都融入了面膜当中。有了灵动的色彩和情感的寄托，面膜顿时充满了诗情画意，顿时变得鲜活起来。

为了能够与消费者产生互动和粘性，黄雅琴和陈异推出了"美丽配送"的概念。

"BD+"的英文全称为Beautiful Distribution，中文翻译为"美丽配送"，美丽+配送是BD+一束鲜花，私人定制，每周配送。"BD+"带给用户的美丽不会只局限于肌肤上的美丽，同时还包含心情上的美丽，无论是自己还是你最爱的那个人，甜了心情、美了爱人是我们的目标，那么，"＋"又是什么意思？其实它代表着一种服务，代表"BD＋"团队附加给用户的一种感觉和情怀。

笔者也体验了一次"美丽配送"服务，每周一早上都会收到来自CNY快递过来的鲜花和面膜，收到鲜花的那一刻，第一件事情就是放下手中所有的事情去插花，看着盛开的鲜花，整个人都沉浸在幸福和甜蜜里，在繁忙中让自己稍微地放松休息片刻，晚上再敷个面膜美美地睡上一觉，整个人能量满满的。

在商业模式上，黄雅琴进行了多次调整与优化，"BD＋"就是黄雅琴和陈异在营销模式上的创新，与其他品牌销售模式不同的是，"BD＋"的产品，整合了不同的平台优势、资源，用平台与客户建立连接。

在短短的几个月，公司的会员就出现了井喷式的增长。产品不仅受到一群爱美男士和女士的青睐，更是成了金融、地产、保险等领域内送朋友、送爱人、送客户的礼品。关爱亲人、感谢朋友、感动准客户、回馈老客户，从每周美丽配送开始，成了一部分人的必需品。

黄雅琴说，无论做什么不怕难，怕的是你真的是在用心地做。用心就能打动客户，让客户意想不到。

## 做企业没有模板

做企业没有模板，路是自己走出来的，在黄雅琴看来，经营企业总会遇到各种问题，与自己的合作伙伴出现分歧，事情没有对与错，要看出发点是什么，你的初心是什么。人最容易犯的错误就缺乏沟通，特别是"我以为"。在企业规模不大的时候，作为企业经营者，首先要抓的就是"业务"和"人"，业务是企业的命脉，人是价值的创造者。其次，人生也要敢于试错，做企业没有模板，创业本身就是一场冒险活动，所以允许自己、允许团队犯错，犯错换来的是成长。

## 结语

在整个访谈过程中，黄雅琴脸上始终充满幸福的笑容，看上去特别的可爱，临近访谈结束时，她说："人生的成功不仅在于事业的成功，还在于家庭的幸福，而且，从某种意义上来说，打拼事业最终是为了让家庭更加幸福。"

如今，越来越多新时代的女性以"巾帼不让须眉"的气概在商海中拼搏，为了自己的梦想而奋斗，同时又有着充满爱与温暖的美满家庭。杨澜曾经说过:"我们相信幸福要靠运气,但更要靠能力——梦想的能力、创造的能力、感受的能力和分享的能力。总之三个字——幸福力。"黄雅琴就是拥有这些能力的一位女性。她和儿时的伙伴陈异就这样带着她们28年的梦想走在美丽和幸福的路上,并且把美和幸福献给更多热爱生活的人。

**笔者一行与黄雅琴留影**

# 第七节　中国改革开放40年风云人物
## ——记深圳外商投资企业协会会长郭小慧

人物名片：郭小慧，深圳外商投资企业协会会长。

### 深圳外商投资企业协会：中国最早走民间化的企业协会

自1978年12月党的十一届三中全会召开后，中国开始实行对内改革、对外开放的政策，迄今已有41年的历史。作为中国改革开放的前沿阵地，同时也作为最早试点的特区，在这41年的时间里，深圳从一个小渔村发展为集现代科学、技术、电子信息于一体的现代化城市，世界500强企业中有110家在深圳设

郭小慧女士

立公司，深圳已成为我国具有影响力的城市之一。在深圳的成长与发展过程中，有这样一个民间组织，它作为政府与企业的"桥梁"，为我国的改革开放介绍国家和本城市对外开放、吸收外资的政策，配合国家政府法律和法规解读、介绍本城市投资环境和招商项目发展情况，发挥着重要的"政企桥梁"作用，协会会员企业工业产值占深圳市工业总产值的一半以上，它就是深圳外商投资企业协会。

### 无意的相遇，人生重要的转折点

深圳外商投资企业协会（简称"外商协会"）成立于1989年，是由在深投资的外商投资企业，港、澳、台及海外侨胞投资企业，以及其他所有制类型企业、工商界人士联合组成的非营利性民间社团。作为最早同政府体制

脱钩、走民间化道路的企业协会组织，在没有政府编制、没有行政拨款、没有任何政府授权的特殊职能的情况下，协会置身市场，自我发展，自主运作，成为敢为天下先的一个有别于全国其他省市外商投资企业协会的完全民间化的独特机制与运作模式的"政企桥梁"的民间组织，而这个组织的创建者就是深圳外商协会执行会长——郭小慧女士。

1989年，有着20多年军旅生涯、已是海军上校军衔的郭小慧女士，一次在伯伯家里做客，无意间遇到了深圳市的一位领导，当时还有她的一位战友——时任海军装备部政治部主任王丹亚在场，这位领导介绍了很多深圳特区快速发展和企业家敢为人先的创业故事，让身在军旅的郭小慧感到新奇和震撼，深圳当时正值需要大量的人才，尤其是像部队里培养起来的起点高、视野宽、素质高、有魄力的人才干部。这位领导说："深圳正在筹备外商协会，假如你们愿意，我欢迎你们来深圳工作，大家一起搞好这个外商协会。"当时郭小慧被领导讲述的一个个令人感动的企业家创业的故事所打动，改革开放的大潮、神奇的特区、敢为人先的魄力、自我价值的尽情挥洒、特区发展对祖国未来的推动和展现，深深吸引了不安于现状、勇于进取、不畏挑战的郭小慧，一时间，她的梦想被激发了出来。

然而，面对这位领导的邀请，一向雷厉风行的郭小慧，此时内心却陷入了矛盾之中，面临选择，她犹豫了。一是自己深爱着难以割舍的蓝色军营，因为她所有的青春年华都奉献给了那里，与大海、军舰、海港、蓝色军营的日夜相伴，凝聚了她无数难忘的回忆和故事。二是考虑到家庭，同在海军总部机关的爱人是海军大校军衔出版社总编辑，作为部队高级军官，他的待遇也非常好。

犹豫间郭小慧想起爸爸去世前留给她的一句话，他说："小慧呀，虽然军队不一定适合女孩子的长远发展，但是如果你转业，我希望你多做一些社会工作，你有这个条件，这也是爸爸的希望。"当时在郭小慧看来，深圳外商协会是一个既能与爸爸的希望、又能与自己的期望相吻合的一份工作。在思考一番后，郭小慧将自己的想法与爱人商量，得到了爱人的支持。他说："在我们并不熟悉的特区的环境中，一个人去闯势单力薄，倘若丹亚也能去，两个人搭档去闯，可能会有一加一大于二的概率。"几经商量，他们先后递交了转业报告。

没过多久，办完转业手续的郭小慧就来到刚刚成立不久的深圳外商协会，那时协会的工作人员都是政府官员兼任，1989年成立时，协会实际上和当时许多官办协会一样，也是自上而下建立并附属于政府的。当时中央成立中国外商协会，各省市就成立了省、市外商协会。深圳外商协会成立之初是深圳市经发局属下的机构,这种模式对协会经费与资源配置是有利的,但从长远发展来说,在运营灵活性上受限。在国外,企业协会都是属于独立的民间组织,是政府与企业间沟通的桥梁,而协会同政府机构挂靠在一起,让外商感觉到企业是属于政府的,是站在政府一方帮政府说话的,这多少让外商有些不解和困惑。

一天,郭小慧在市长办公室,市长问:"小慧,你说这协会到底是放在政府好,还是放在外面好?"初来乍到的郭小慧并不知道办协会的困难,就回答说:"当然在外面好。"于是市长又追问了一句:"你倒给我说说看,为什么在外面好?"她说了三个理由,一是在政府里门槛高,人难进,企业来找你办事难;二是政府里框框多,受限制;三是在外面自主性强,机会多。市长听完后很爽快地赞同了她的想法与要求。

随后在几位市领导的支持下,做了这样的决定:协会最大限度地与政府脱钩,走民间化道路,置身市场,自我发展,自主运作。一个有别于全国其他省市外商投资企业协会的完全民间化的独特机制与运作模式,创新地在深圳这个敢为人先的城市诞生了。协会在没有政府编制、没有行政拨款、没有任何政府授权的特殊职能的情况下,借鉴了国际化商会的会员大会、理事会的运作模式,探索着走进这个改革开放前沿市场。

### 外商协会——"政企的桥梁"

说着容易做起难,与政府脱钩,不拿政府工资,不要政府补贴,对于初来乍到的郭小慧来说,艰难的日子迎面而来。当年深圳虽然是改革开放的窗口,市场经济架构已初见端倪,但在那个计划经济还没有完全转型的社会大环境下,郭小慧把深圳外商投资企业协会定位于走民间化道路,是要承担很大的风险的。在别人看来:"别人挤破了脑袋想往政府里钻,你们可好,要与政府脱钩?"周围几乎都是惊讶、怀疑的目光。

从体制内出来以后郭小慧才发现,真正的起步困难重重:协会怎么办起来?在哪里办公?经费如何筹集?工作人员从何而来?谁给发工资?吃住问题怎么解决?一系列难题接踵而来。郭小慧面临的第一个问题就是如何给协会的工作人员发工资。到月底该发工资的时候,没钱,拿什么发?郭小慧最后是拿自己的转业费给大家发的工资。但这不是长久之计,创业的第一步是解决吃饭问题,解决员工的生计问题。

当年很多人来深圳淘金,第一批在社会上招聘的员工,面对租招待所办公、租住农民房、自行车是唯一的交通工具的现实,坚持不住,很快就离开了,剩下她和战友王丹亚还有从北京带过来的两个青年。郭小慧明白协会的生命力一定是来自所服务的企业,只有让企业感受到加入协会的价值,才是协会的"立命之本",于是郭小慧带着团队骑着自行车,走访一家家外商企业,同一家家外商企业进行联系,关心他们的状况,了解他们的需求,把服务送上门。就这样,几个被戏称来自"天子脚下"首都北京城的军人,放下身段,戴着草帽,踩着单车,穿梭在大街小巷、关内关外。他们深入服务企业、宣传政策、悉心调研、维权解难,承担起协会的日常运作。谁能想到,这些租住农民房、以招待所为办公室、整天顶风冒雨的人,原来都是有20年军龄的中国海军总部机关的享受师团级待遇的领导干部。

### 深入服务企业,赢信任

协会创建初期,深圳市用电十分紧张。由于深圳的发展速度太快,原来的用电设计已适应不了企业的快速增长,常常因"僧多粥少"而严重缺电。招商引资的时候,政府答应前来投资的外商在水、电、气等方面供应都没问题,然而等到外商将厂房建起来,进行开工生产时,却缺电了。当时供电局采取了非常生硬的办法——拉闸限电。

一个地区用电超负荷了,"哗啦"一下就把闸拉了。很多外资企业,尤其是高科技企业流水线正在运作,一拉闸,线上的东西就全部报废了,企业家们苦不堪言,损失非常大。外商协会抓住这个焦点问题进行调研,发现问题的确很棘手。电力部门归属广东省电业局分管,深圳市政府管不了,这几乎是短期内解决不了的问题。

既然有问题,为什么大家都视而不见,躲着,而不想方设法去解决呢?总电量增加不了,搞个供电计划使大家预先有个准备,总可以吧。于是郭小慧他们开始协调、走访、游说、呼吁、建议,靠着锲而不舍的精神,打动了有关部门,把用电问题列入了会议日程,召开"深圳市用电信息发布会"的通知最终送到了企业家们的手中。这是郭小慧他们几经努力,才说服了供电局的领导,也是协会自民间化以来举办的第一个大型政策通报会。

到了开会那一天,礼堂里坐满了外资企业家,因为他们太关心用电的情况了,所以推辞了别的会议,专门来听深圳的用电情况的会议。没想到,临开会时,偌大的礼堂坐满了人,供电局的主讲人却没到场。面对着几百位企业老总,"主角"没来,这场"戏"就没法"开锣",郭小慧他们真的着急了,一身冷汗冒了出来。那个年代没有手机,根本联系不上供电局的报告人,办公室的电话没人接,值班室的人接了电话说:"不知道!"只剩下最后一个笨办法:"派人去找!"

郭小慧负责稳住会场,稳住这几百位企业老总,王丹亚则骑自行车去找人。十分钟、二十分钟、半个小时、一个小时……郭小慧在会场不断地变换话题，安抚参会的企业老总们，而她的内心却焦急万分，度日如年。事后有人问郭小慧："如果报告人真来不了，你们怎么收场啊？"郭小慧说："真的不来，我就要把我们所做的努力，以及前前后后的这一切，在企业老总面前公之于众。""当然，我更相信供电局的演讲人，因为我们都是共产党党员，不会置企业的困难于不顾，让几百位企业老总干坐在礼堂里白等。"

也许是真诚感动了"上帝"，供电部门主讲人带病赶到了现场。在用电信息发布会现场，供电局的主讲人解释说，供电不足确实是深圳急需解决的问题，但彻底解决还要有个建设时间，希望企业家们理解；而企业家们也提出建议，希望供电局停电有预先的通知，分区停电，让企业有所准备。供电局最后采纳了这个建议。最终，供电的计划公布了，企业对拉闸限电心中有数了，体谅了政府的困难，并按供电计划安排生产，缓解了"拉闸限电"带来的困难。经过这件事之后，一位企业老总说："OK，外商协会确实是为企业办实事的。"

1989年，公安部曾发出一个全国禁止桑拿浴的通知，所有桑拿业一律停办。一夜间，深圳所有从事桑拿业的地点统统被公安部门贴上了封条，桑拿业的外资企业也被迫停业。

投资桑拿业的外商看着刚刚装修好的门面被封了，心中极度不平。这是政府批准开业的，工商、税务、公安、消防、卫生等部门的层层审批都合格，企业守法经营，怎么突然就给封了呢？法制社会，怎么不讲法？为此外商极度不解。

发现这个问题后，郭小慧他们专门对桑拿问题进行了调研，撰写了一期"外商反映"上报给深圳市政府及中央有关部门，提出桑拿业整顿应该讲政策，把正规、守法的桑拿业与从事色情的"黄色窝点"区别开来。如果不准桑拿行业继续开业，政府也应该对已经注册登记并经过批准的桑拿企业适当给予补偿。

不久后，一位国家领导人看到了这些反映，在一次公开的会议上表示：执行政策要实事求是，对于那些经过批准、守法经营却因我们的政策变化受到牵连的外资企业，应该说明情况并给予一定的补偿。这个讲话使外商心理也得到了一些安慰与平衡，随后也表示了对政府的理解和支持。

为此，马介璋把自己的桑拿娱乐城改成了歌舞厅。为了感谢协会秘书处的努力，作为协会副会长的他，在金碧酒店为协会租了一套办公用房，并预付了两年的房租，深圳外商协会便正式在金碧酒店挂牌办公，从此协会对企业的服务越来越深入，企业对协会的支持也越来越多……

俗话说："头三脚难踢。"协会踢出了几脚漂亮球，赢得了企业的称赞，主动交会费的企业也越来越多，协会初步解决了吃饭问题。从此，很多企业老总开始关心"自己的协会"。生产电话机的企业的老总，见到协会只有两台陈旧的电话机，便给协会送来一箱新电话机；一位老总见协会没有复印机，马上派人从企业拉来一台；协会的汽车、电脑、办公用品随后纷纷而来……大家都在为"自己的家"做贡献。就这样，协会活了，这也验证了郭小慧一直坚持的观点：协会要生存，就要依靠会员企业，企业才是协会生存的发展的基础和保障。如今外商协会的会员企业已有3000多家，有很多是跟了协会20多年的老会员。

## 民间商会也能影响政府决策

改革开放是新生事物，新事物往往都要从试点走向成熟，在这个探索过程中，政策自然也会不断变化。把握政策的变化，促进政策的更加完善，是每一位探索者义不容辞的责任和义务。

1993年下半年，中国股市还在破冰期，虽然深圳已经有几家公司先行上市，但是国内各界对股票上市还有不同的认识。有的部门提出：国有企业上市，会不会带来国有资产流失？当时深圳市准备推出的这批企业，正处于发展之中，急需上市融资。尽管深圳市上报了第二批上市试点企业名单，但是此事却停滞不前。焦急的企业找政府、找协会，希望加快推行试点。深圳市政府主要领导几次到北京争取未果而归。

郭小慧他们知道，地方政府几次争取未果的事，别人再去争取，难度是非常大的。他们觉得，尽管中国股市刚刚起步，尚不规范和成熟，但企业到社会上融资，却是一个解决资金瓶颈、促使企业高速发展的好办法。担心国有企业上市使国有企业资产流失，是一些部门的顾虑；但其中的13家合资企业为什么不能先行试点呢？加之当时"三资企业"发展前景摆在面前，资金缺乏，新项目、新流水线无法启动，倘若这13家大型合资企业上市融资成功，一定会带动深圳经济再上一个台阶。"来，咱们以民间的身份再来试试吧！"于是，一个由22家"三资企业"老总组成赴京访问团的计划，又在紧锣密鼓筹备之中……

郭小慧说："世界上无论做什么事，都有成功与失败的可能，只要去做了，就有成功的希望。这就是我们常说的，即便只有1%的可能，也要付出100%的努力；即便失败了，但心也安了，因为你去做了，去争取了。然而若不去做，那就只有100%的失败了。那是你主动放弃了希望，会后悔一辈子的。这就是我们深圳外商协会不断进取的动力与信念。"

1993年11月，深圳外商协会组织了一个22人的代表团，穿梭于国家计委、体改委、外经贸部、财政部、国务院特区办、中国人民银行、全国人大财经委员会、全国政协经济委员会等各部委之间，不断地座谈、研讨、游说、答疑、建议，让外商介绍国外股市融资如何促进经济发展，并且提出如果怕国有资产流失，可以让合资企业先行试点上市的建议。

半个多月风风火火、高速、高效的工作解除了一些部门的疑虑，得到了有关领导的理解。一个半月后，国家批准深圳24家合资企业作为试点先行上市，包括当今深圳主板的深大通、深科技、深中华……

事后，时任深圳市委书记李灏见到了郭小慧，拍着她的肩膀说，外商协会给深圳立了大功。当时的市长郑良玉特意到协会听取汇报，与各位副会长座谈了5个多小时。

"有志者，事竟成"，郭小慧在协会的实践中再次验证了这个道理。当有的记者要采访"外商投资企业协会如何推动第二期股票上市"时，郭小慧他们拒绝了，他们说，第二期股票上市，是深圳市政府的努力，是国家的决策，我们协会只是反映了一些情况，敲了敲边鼓。他们始终把协会定位为"服务于企业，助手于政府"。

郭小慧多年置身于军队的领导机关，具有政策的敏感性和对政策"度"的把握，加之对企业情况的熟悉，使协会的政策服务水平得到了极大的提高。

1993年，他们高瞻远瞩地预见金融改革和国际化发展的趋势，向中国人民银行提交了"允许外资银行适度经营人民币业务的建议"（由于当时的条件还不够成熟，因此建议没能实现，现在国家已允许外资银行经营人民币业务）。

1994年，当国家研究内资企业出口退税及机电产品配额招标问题时，他们超前地提出外资企业国民待遇的问题，建议解决外资企业出口退税和机电产品配额招标问题，得到了国家的批准。

1995年，香港回归之前，他们预感到香港回归祖国后，香港与内地的经济对接是稳定香港繁荣发展的重要环节，于是他们联合香港工业总会在深圳召开"深港经济对接研讨会"，时任深圳市市长李子彬、深圳市政府各局局长到会，与香港近百名经济界官员、学者、立法会议员、各商会会长切磋研究两地经济对接的各种方案和可行性。会后归纳的各个领域的对接方案，大多纳入深圳市政府"深港经济对接"的B方案中。

1996年，国家拟实行加工贸易进口材料征税、出口再退税的政策，考虑到可能出现加工贸易企业几十亿的流动资金会压在海关，企业无流动资金运作的情况，他们联合香港四大商会提出将台账"实转"变"空转"的建言，被国家采纳，从此实行了加工贸易"台账"制度，缓解了企业的资金压力。

1997年，面对加工贸易企业规模、实力、信誉不一的状况，他们向海关总署提交了对加工贸易企业实行分类管理的建言。在海关对加工贸易分类管理实施细则出台后，他们又提出将"违规"2次便降级的标准，改为百分比的建议，使出口大户得到公平的待遇。

1997年5月，驻港部队即将赴港，协会组织了100家港资企业慰问即将赴港的驻港部队，并捐助了20多万元的物资及资金，表达了港人对驻港部队的支持和香港平稳回归的信心。

1998年，当企业对即将实行的"免抵退"税政策一无所知时，他们做了抽样调查和计算，阐明了若实行此政策的后果，向国家有关部门提出"免抵退"税政策推迟两年实施的建言，国家采纳了企业的建议，"免抵退"税政策推迟了两年实施。

1999年，当社会各界都在关注大企业的发展时，中小企业遇到很多困难，协会向深圳市政府上报了《关于中小企业当前存在的六个问题及解决这些问题的八点建议》。这个建议及协会收集的世界不同国家对中小企业的扶持政策受到政府的重视，被当年召开的"深圳市经济工作会议"作为政府经济工作报告之外唯一的大会文件附件颁发。

2000年，国家拟实行"钢材、成品油以产顶进"政策，协会就"钢材、成品油以产顶进问题"做了三次"外商反映"，受到了国务院领导的高度重视，并批示有关部门进一步调研，解决了企业的困难。

2000年以后，协会先后就"非典对深圳经济的影响及对策""SA8000与企业劳动工时问题""CEPA给港资企业带来的影响与机遇""关于企业应对欧盟两个指令的建议""关于企业社保中存在的问题及建议"等问题的建议，都受到了政府的重视和企业的欢迎。

2005年，在国际资本大面积寻求到中国投资，全国各省市如火如荼地开展招商引资时，协会又适时地成立了"深圳市国际投融资商会"，提出与深圳外商投资企业协会共同为投资者与企业打造一条"全程服务链"的全新理念，即从投资意向的委托、选项、论证、选址、签约、注册，到企业落成、运作中解决各种政策疑难、政府协调、运作协调，再到企业发展中的人力资源招聘、融资、上市等全方位的"全程服务"理念，通过"深圳外商投资企业协会"与"深圳市国际投融资商会"两个兄弟协会的联手服务来完成。从体制、机制方面完成了一个全新的"打造全程服务链条"的创新。

2005年年底,协会预感到纺织品配额取消后,纺织品出口会激增,必将引起纺织品贸易摩擦,他们组织人员进行了充分的市场调研,并向各级政府上报了相关问题。

2006年,中美、中欧纺织品摩擦凸显,协会会同我国及香港几大纺织商会共谋对策,及时将市场的客观情况、有关数据及业界建议反映给国家商务部,使中国在与欧、美的纺织品贸易谈判中赢得了主动权,维护了中国纺织企业的利益与国家的利益,为中欧、中美更健康的纺织品商贸关系做出了贡献。

2007年,协会与中国国际经济贸易仲裁委员会华南分会联手,成立"深圳外商投资企业协会企业商事调解委员会",弥补了正式的"企业商事调解机构"的空缺,并把企业商事调解与仲裁进行了"无缝对接"。这是他们在新形势下的又一个创新。商事调解委员会成立以后,形成了调解与仲裁紧密结合的机制。由于中国国际经济贸易仲裁委员会华南分会的仲裁裁决具有"一裁终局"的约束力,因此,可赋予调解结果以仲裁裁决的强制效力,也就是说,他们联手的商事调解,可以被迅速赋予在广大范围内可强制执行的法律效力。商事调解委员会成立的头两年便已经开庭解决了资金达4个亿的案例纠纷,受到了企业的欢迎。

2008年1月,深圳市政府发文开征堤围防护费,协会经过调研,向市政府提出降低收费标准、缴费上限封顶、减免收费等项建议。4月,深圳市政府通过了《关于堤围防护费等收取问题的意见》,决定以最低标准即0.1%为基准征收,收费下调了80%。7月,在企业普遍成本上升、订单减少、经营困难的情况下,协会在政府的重要调研会上提出鼓励发展支柱产业时也要支持优势传统产业发展;"腾笼换鸟"应注意既不要让凤凰飞走了,也不要让企业悲情离去;在淘汰低端产业时,要防止产业链松脱等重要建议。

2009年,美国次贷危机发展为影响全球的金融风暴时,协会向政府提出拓展内销市场、出台"企业休眠"政策等六点建议。

2011年,协会在温家宝总理的调研会上反映了企业成本上升的情况,郭小慧女士及其团队受到了领导的表扬。

### 创新理念,不断引领协会发展

10年过后,在中国大多数协会、商会为"官办"还是"民间化"而争论,为自身的生存而奔忙的时候,郭小慧所带领的深圳外商协会并没有躺在"民间化成功的榜样"的光环中,而是在"协会发展纲要"中义无反顾地推出了"向国际化商会发展"的目标,对协会的未来发展进行了进一步的提升与创新。同时又有了第三个创新:先后成立了"欧美工作委员会""日资企业工作委员会""家用电器工作委员会""纺织品工作委员会""中小企业工作委员会""物流工作委员会""企业权益保障委员会""转型升级工作委员会""清洁生产工作委员会"等机构,深化了专业化服务,延伸了服务的链条。这些创新的思路,正是基于协会对中国即将"入世"及国际经济向全球化发展趋势所做出的正确判断的结果。

在我国加入 WTO 前,协会已经意识到,经济全球化已是世界经济发展不可扭转的趋势,企业将面对世界大市场,国内市场也将成为国际市场的一部分,这些都是不可回避的。国际舞台要有中国商会的声音,作为外资企业组成的外商协会,更应率先与国际接轨,走一条国际化的商会发展之路。在郭小慧看来,协会的国际化发展有两个层面的含义:一个是自身理念和自身运作标准的国际化;另一个是提供国际维权和国际化的商务功能的服务。因此,他们以提高工作人员职业素质及协会运作标准国际化为突破点,适应经济发展对协会工作水准、服务质量的要求,以发达国家成熟商会的完备功能为比照,不断提升协会核心竞争力,力求协会发展理念国际化、运作要求国际化、服务标准国际化、联系网络国际化、会务交流国际化。经过多年的积累,协会在国内已建立了与香港、澳门、台湾地区的 30 多个商会、团体,在国外已建立了与美国、英国、法国、意大利、德国、奥地利、瑞典、丹麦、希腊、加拿大、俄罗斯、波兰、日本、韩国、泰国、新加坡、菲律宾、马来西亚、印度尼西亚、澳大利亚、埃及、卢旺达、阿联酋、突尼斯等 30 多个国家的商会和工商机构以会务、商务往来、信息交流为主要内容的联系网络。

作为中国经济"三驾马车"之一,招商引资一直是政府发展的重要政策之一。深圳外商协会在为深圳发展、为政府引入外商投资方面发挥了重要的作用。现在世界 500 强中有 110 多家入驻深圳,占深圳工业总产值的一半以上。

## 结语

郭小慧这个名字在中外企业界非常响亮,她是深圳这座城市改革开放 40 年发展的开拓者、经历者、见证者、贡献者;她是深圳外商投资企业协会创始人,是世界杰出女性代表;她是一位具有开拓与创新精神的女性领导者。

在郭小慧办公室的墙上,挂着一幅精致、古朴中带有象形神韵的雕刻木版画，似风，似水，似飞天飘飘欲仙的水袖，似春风吹拂杨柳荡起的枝条。这是一个变形的"涉"字。"涉"字字面上讲的是徒步过水，也泛指从水上经过。这个"涉"字，更寓意着水的流动，水的动感，水的韧性、灵活性、亲和性。这幅珍藏多年的雕刻木版画隐喻地道出了深圳外商协会由小到大、蓬勃向上的发展秘诀。那是心灵、智慧与理想相融合的美好境界，是一段迎着挑战、不断进取的生命旅程，是梦想前进的动力。那画面带有郭小慧"上善若水"的执着信念，蕴含着她 30 多年来"水利万物而不争"，利他、利社会的人生成功智慧。

与郭小慧会长交流中，我们感受到一位卓越女性领导者的智慧与优雅的魅力与气质，这是由内而外的自信、喜悦、圆融、绽放的成熟。在她的思想中，我们能感受到她对深圳这座城市发展的使命感与情怀。

笔者一行与郭小慧留影

## 后记

### 中国 NGO 的传奇 —— 郭小慧

NGO，是英文"Non-Government Organization"的缩写，代表非政府组织。它是独立于政府体系之外的具有一定程度公共性质并承担一定公共职能的社会组织，一般都具有非政府性、非营利性、公益性、志愿性的特点。NGO 在全球范围的兴起始于 20 世纪 80 年代。由于依靠传统的政府和市场两级已无法解决人类可持续发展的诸多问题，因此，NGO 应运而生，迅速成长并构成社会新的一级。在中国，真正意义上的 NGO 始于改革开放的前沿阵地——深圳。深圳外商投资企业协会无疑就是那个"敢为天下先"的先行者，而它的创始人郭小慧，用 28 年的时间，矢志不渝，改革创新，创造了中国 NGO 的辉煌传奇。

郭小慧这个名字，注定是中国 NGO 发展史上一个标杆化的存在。她赫然被列在"改革开放三十年，影响深圳的三十个经济人物"榜单上，对她的贡献的定义是：郭小慧用近 20 年的时间，使"行业协会商会工作"成为一门新的学科，成为一种全新的职业，为中国行业协会、商会建设做出了非常突出的贡献。作为凝聚中外企业家、具有领袖风范的中国卓越女性，她曾以亚洲唯一代表的身份站在"世界女议员大会"的讲坛上，为中国的改革开放向世界做了崭新意义上的诠释。她所领导的深圳外商投资企业协会励精图治，先后荣膺"全国先进民间组织""广东省先进民间组织""全国慈善突出贡献奖""深圳市 5A 级社会组织"等称号。2016 年，在轰动深圳的首届"社会组织十大功勋人物"评选中，她以无可争议的高票当选，再一次奠定了她在行业内当之无愧的地位。

如果要定义郭小慧 28 年 NGO 职业生涯中所担当的角色，称其为中国 NGO "先行者""创新者""引领者"，均实至名归。然而，对于这位拥有济世情怀、执着信仰又独具风范的传奇人物而言，似乎更值得用以下 6 个角色定义她：

她是一位令人敬仰的"改革者"。20 多年间，她与时俱进，挥斥方遒，敢于突破桎梏，引领深圳外商协会展开了五次颠覆性的波澜壮阔的改革创新。

她是一位呕心沥血的"匠人"，是将协会的"立命之本"，即服务企业、服务政府、服务社会这一贯穿始终的"大服务"做到极致、具备卓绝"工匠精神"的杰出匠人。

她是一位怀揣使命的"痛客"。痛客，这个当今世界最新的名词，用在从创会之初到如今的她身上，竟有一种令人难以置信的契合感。痛客，就是发现那些未被满足而又被广泛渴望的需求并提出痛点的人。那些被发掘的具有商业价值或社会价值的痛点，经过分析和调研，用以指引改革和创新。郭小慧在创会伊始，就深谙"先找需求，再供服务"之道，敏锐地找寻并发现企业与政府的痛点，认准目标，制定方向，大胆突破。

她是一位高屋建瓴的"创客"。有想法的是痛客，有办法的是创客。她先为痛客，再当创客，用创新思维和创新方式去解决痛点，闯出新路，开出新局，从而助协政府，施惠企业。

她是一位纵横捭阖的民间大使：向政府积极建言、力推经济发展的民间大使，同时还是心系桑梓的公益慈善大使、联通世界的民间外交大使。

她是一位无私奉献的 NGO 创始人。她将她 20 多年在 NGO 行业摸爬滚打、殚精竭虑、辛勤耕耘赢得的宝贵经验和智慧，无私地传授给全国 NGO 的后来人，为中国 NGO 的发展贡献了无价珍宝。这个英姿勃发的军中女杰，这个条件优渥的京城之女，在那个特区拓荒的艰苦年代，义无反顾地奔赴改革开放的前线，用她的激情与信念、勇气与智慧、坚韧与执着，面对挑战，无远弗届。面对时代，吐故纳新，面对社会，不辱使命，成就了一个组织的崛起，也成就了她一生的辉煌。

**创会功臣**

她从当年那首风靡中国的《我爱这蓝色的海洋》歌曲的优美旋律中飘然而来，这首激发无数人对海军崇拜敬仰的歌曲的词作，就出自郭小慧那位才情横溢的军旅作家丈夫王川流之手。大海、军港、战舰、青春最美的印记、相濡以沫的爱人、催人奋进的情愫，汇聚成内心一股对生命、对生活、对未来汹涌澎湃的激情，一旦有机会，就如火山喷发，惊天动地。

1989 年年初，一个极为偶然的机会，当时在北京的郭小慧从一位来自深圳的领导那里闻悉深圳正急需各路英才，尤其是起点高、视野宽、有魄力并有部队经历的高素质人才，这位海军女杰内心强烈的使命感被激发了，就像当年热血儿女奔赴延安一样，她满怀投入特区建设的豪情，毅然舍弃了已拥有的待遇和优越条件，辞去公职，南下深圳，开始了创建深圳外商协会的艰辛征程。

这是郭小慧人生中最为重要的选择之一，验证了世界著名的公司亚马逊的创始人贝索斯有过的一个题为"伟大的人生只与选择有关，与天赋、贫富无关"的风靡世界的经典演讲，在演讲中，贝索斯说过这样的一句话："是选择塑造了我们的人生，是你自己塑造了一个伟大的人生故事。"那么，是什么样的信念和力量让郭小慧敢于舍弃终身职业军人干部的铁饭碗，去创办一个前所未有、毫无保障的外商协会？郭小慧后来说："能在那个大变革的年代参与特区的建设，接受时代的挑战，这样的人生，多么有价值啊！"

紧接着，一个后来堪称可以改变中国 NGO 历史的更为重要的选择出现了：这个新创建的深圳外商协会，该走什么样的道路？是附属于政府，稳定保险，风雨无惧，做个被戏称为"二政府"的组织？还是大胆独闯，甘冒风险，和政府脱钩，走民间化办会的道路？郭小慧当时义无反顾地选择了后者。当时深圳市的几位主要领导积极支持了这一大胆的探索与创新，协会毅然从深圳市政府提供的办公室里搬出来，在行政编制上与政府脱钩，成为独立的社团法人，这在全国是开天辟地的第一家。后来的故事告诉我们，那个当时令很多人难以置信的冒险选择，之后成了郭小慧和深圳外商协会成就辉煌最为关键的抉择。

从此,郭小慧与她的团队在"无政府编制、无行政拨款、无政府授权的特殊职能"的情况下,开始了艰苦卓绝的跋涉,他们借鉴国际化商会的会员大会、理事会的运作模式,探索着走进了市场,寻求自我生存之道、完善组织服务,以贴近企业的真诚而有效的服务,迅速凝聚了几千家企业,成为当时最早投资中国经济特区的外资企业的"娘家",为进一步吸引外商投身特区建设立下了不可磨灭的功勋。深圳外商协会后来也由此被评为中国"NGO 最早的实践者",并被列入国家的 NGO 案例。

## 改革先锋

"满眼生机转化钧,天工人巧日争新。"郭小慧,这位在解放战争的隆隆炮火中出生、在军队大熔炉经受过千锤百炼的巾帼女杰,身上流着与深圳敢为人先精神一脉相承的热血,那种与生俱来的直面挑战、无所畏惧的禀赋,令她足以在不同时期都能让人惊叹于她风起云涌般大手笔改革的壮观。

第一次改革:毅然与政府脱钩,坚定走民间化道路,选择置身市场、自我发展、自主运作的冒险性生存模式,在那个年代,这是一次破釜沉舟的改革,非常人所能为。在协会发展的第一个十年,如何探寻一条"具有中国特色的民间化发展"的道路,成了郭小慧面临的最大问题。创会之初,外商来中国投资,对当时不够透明且经常调整的政府政策不明就里,郭小慧抓住了外商最关心的"政策"这个关键,确立了"以政策服务为主"的服务模式,充当政企沟通的桥梁。在那个尚处于计划经济的时代,协会侧重的这一共性服务,为外资企业在深圳的生存发展提供了最切实的帮助,杀出了一条民间化初步成功的血路。

第二次改革:将囿于深圳的协会改造成面向全球的"国际化"组织。10 年后,当中国大多数协会、商会还在为"官办"还是"民间化"纠结、为自身的前景而迷惘的时候,郭小慧再次超前地推出了"向国际化商会迈进"的恢宏目标。她要让全世界听到中国 NGO 的声音!她为协会设计的国际化的发展之路是这样的:首先是制度设置、发展理念、服务标准、服务体系的国际化。其次是运作的国际化:积极参与国际经贸交流,帮助外资企业开发国内外市场,如帮助奥林巴斯进入中国、飞利浦市场开发路演推荐;帮助企业走出去,协会是最早把手机制造业引向非洲卢旺达并辐射周边 6 个国家的机构,是国家"一带一路"倡议的践行者,并促成卢旺达首都基加利和深圳市建立友好城市关系等。再次是服务的个性化:针对不同投资国、不同行业的特点,成立了不同类型的工作委员会,提供差异化、个性化的服务。"欧美工作委员会""日资企业工作委员会""家用电器工作委员会""纺织品工作委员会""中小企业工作委员会""物流工作委员会"等行业和投资地区的工作委员会相继成立。最后是联系网络国际化、会务交流国际化、贸易平台的全球化：协会搭建全球贸易合作平台，与美国、英国、澳大利亚、意大利、韩国、日本、比利时、卢旺达等30多个国家建立了长期稳定的商务发展关系，同各国商会和大型企业、律所、咨询公司、投资公司开展商务合作，助力企业的全球贸易活动。

第三次改革：将原来"桥梁"式对接服务模式升级为"链条型"全程服务模式，这个改变意味着原来为面上点对点的单项服务可升级为很多点提供纵深的全程链条服务。这是当时为适应市场对协会的需求，为整个外资企业进入中国以后遇到的问题提供整体的解决方案。

2005年，在国际资本大面积寻求到中国投资、全国各省市如火如荼地开展招商引资时，郭小慧适时布局，成立了"深圳市国际投融资商会"，为企业提供从投资开始一直到落地包括转型期融资、并购、升级等金融服务，并与深圳外商协会共同为投资者与企业打造一条"全程服务链"。

第四次改革：由"桥梁式""链条式"服务模式演化成"网状式"交叉服务模式，这个崭新模式的出台，意味着协会将所有服务的企业编织成了一张网，这张网里的每个企业都是一个节点，每个企业不但是被服务者，还是服务者。每个企业不但被协会、被其他企业服务，还帮助协会服务其他企业。协会负责整合这些企业资源，为企业提供双赢、多赢、共赢的专业化服务。每个企业都有各类专业服务的需求，郭小慧指导成立了如法律工作、劳动关系、知识产权、海关事务、商事调解、金融服务、节能环保、转型升级等各大专业委员会，将协会服务提升到更加专业的层面。

第五次改革：建立三维（立体）"互联网＋"大平台型服务模式，没有什么比郭小慧这个自信霸气的创新杰作更能激发人们对外商协会的敬意了。这个平台的显著优势是：跨界融合、创新驱动、重塑结构、开放生态、连接一切。如今，深圳外商协会成为一个饱满丰富的三维立体大平台，强大又有力、坚实又巨大，它不是一蹴而就的，而是郭小慧及她带领的团队29年来用精益求精、脚踏实地的"工匠精神"塑造成的。从一维的线（桥梁式），到二维的面（网状式），再到三维的立体空间（平台型），协会成熟品牌的价值和力量，将这个平台上成千上万家企业高度黏合，传统型企业和新兴互联网企业在平台上面有机融合，高度合作，协会用立体多样的服务方式整合企业服务资源，形成职业加专业的多元化跨界服务，促成双方或多方之间的跨国、跨行、跨界合作。这里有传统的服务，有创新的服务，有共性的服务，有个性的服务，有普及性服务，有专业化服务……其高质量的服务团队、服务能力、服务体系使得协会有足够力量推动和促进企业实现可持续新发展。在这个能量巨大的平台上，协会与政府携手帮助近千个企业完成了转型、培训、个性服务、经验推广和招商引资转移，帮助国内多个省市地区政府完成了企业的转型和政府招商的对接。

2016年，协会还利用前海的开放政策，促成中国第一支由央企、外企、民企合资的文化产业股权基金，突破了文化产业发展融资难的问题。筹备了前海三大母基金——新能源产业基金、战略创新产业基金、军民融合产业基金。2017年，协会携手国家PPP权威机构，积极鼓励引导民间资本通过PPP模式参与政府公共项目的开发建设，更好地发挥企业投资的效益，并组织专家对政府与企业进行PPP知识及运作培训；发挥好国际仲裁院PPP专业委员会专家库的作用，协调PPP案件纠纷解决，通过案件研究、咨询，从法律、政策、行业惯例对项目进行支持。同年，协会筹划建立互联网信息化社交平台，实现会员管理无边际会员服务，建立会员企业框架下的业务信息发布、自主互动、互联互通、信息交互、实时检索符合需求的最新商业机会和合作对象，方便会员开展合作，实现项目资本对接，实现线下线上联动协力，促进政府、协会、企业多赢互利的可持续发展。

郭小慧的改革创新，多年来，静水深流，又雷霆万钧。国家民政部领导到协会调研后感慨地说："没有想到一个民间化的协会能办得这么有生气，这么大的规模，这么有影响力。感谢你们为民间组织的发展做出的努力、做出的榜样！"

### 杰出"匠人"

从某种意义上讲，郭小慧是一个杰出的匠人，她与她领导的组织长期磨炼铸就的无与伦比的出色技能就是服务。郭小慧自来到深圳，自始至终只用心做协会服务这一件事情，这种行为来自内心的热爱，源于灵魂的本真，不图名不为利，只是单纯地想把一件事情做到极致。现在国家大力提倡的"工匠精神"，就是以极致的态度对自己的产品精雕细琢、精益求精、追求完美。工匠精神的目标是打造本行业最优质的产品，打造其他同行难以匹敌的卓越产品。"服务"是一个极为普通的词，但是郭小慧赋予了它全新的理念和深邃的内涵，她将服务定为协会的"立命之本"。郭小慧坦言：过去她是为军队服务、为国防事业服务，今后是为企业服务、为政府服务、为社会服务、为世界经济发展服务。"服务"不仅是她从事每一项工作的精髓，也是她永远追求的生命主题之一，她将倾其一生追求卓越。

郭小慧带领她的团队,把"服务"当成一门立身的手艺,无论是小服务,还是大服务,都兢兢业业,如履薄冰,不敢懈怠。她十分注重工匠文化和精神的传承,就像一个工匠师傅一样,她反复告诫团队的徒弟们:我们是服务者,服务要真诚、务实、创新,要全心全意,要不断顺应新时代的企业需求,不断丰富自身的服务功能,创新服务项目,另外还要把服务的眼界放宽,服务会员的同时,也服务政府和社会,要跟得上时代的步伐。

多年以来,人们时常被郭小慧这个极品"匠人"大胸怀、大魄力下的"大服务"所深深震撼。

20世纪90年代初,国家经济政策变化多,郭小慧指示协会加大政策服务力度,仅政策法规信息一年就出了100多期,平均3天出一期,送到外资企业家手里。协会的主要贡献如下:1994年,促成14家外资企业股票上市,使外资企业进入中国证券市场,同时促成多家中国企业在美国上市。1995年,向政府反映免抵退税政策对出口企业的影响,形成内参报到最高决策层,国家决定暂缓两年执行;国家拟实行加工贸易进料缴税、出口再退税政策,经与香港商会联手建言,国家改为建立台账制度;向中央建议外资银行经营人民币业务并获批准;联合国家体制改革研究会、中国工业经济联合会共同在深圳召开中国商协会改革研讨会;香港回归前,与香港工业总会共同组织了深港两地经济对接研讨会,联合社会各界向中央提交了第一份民间的关于深港对接的建议案,并组织了200个港资企业慰问驻港部队,得到了国务院的高度肯定;劳动关系三方协调机制协调罢工处理;与政府合作,对企业进行政策管理、资质培训,开发原创安全课程,每年达1万人次。在郭小慧担任人大常委期间,还推动了和谐劳动关系条例的出台,并用10年的时间,积极发挥人大常委的作用,最终促使深圳协会行业条例出台。

郭小慧不仅在关乎企业生死存亡的大事上有着杰出匠人的高超服务水准,在平时的基础服务中,也带领团队一步一个脚印扎实而为。协会每年举办的各种政策通报会、咨询会、研讨会、答疑会、对话会、协调会、政策培训均有近百场,各种专业培训、人力资源培训、管理培训每年也有几十场,每年培训2万人次以上。每年协调处理商事纠纷、投诉近百件,内容涉及海关事务、外汇管理、税务政策、水电供应、项目报建、土地使用、社会保险、劳资纠纷、办事效率、廉政建设等方方面面,通过协会的协商与协调,结案率在95%以上。协会还组织年会、理事会、表彰会、深圳投资环境论坛、行业工作委员会活动、总经理沙龙、政企联谊、银企联谊、"走进海关、贴近企业"活动、高尔夫俱乐部、企业户外郊游活动、招商引资、境内外商务考察,等等。

当企业遇到劳资冲突、突发事件、天灾火情向协会求助时，无论是深夜还是假期，协会都会第一时间派人赶赴现场，协调解决。精益求精、追求完美和极致、严谨、一丝不苟、耐心、专注、坚持、专业、敬业、淡泊名利……这些闪着人性光芒的工匠精神，让郭小慧和她领导的协会赢得了无数会员企业发自内心的信赖和爱戴。"痛客""创客"——这个时代造就的突如其来的新名词——直指当今中国经济的纵深之处。"痛客"是提出痛点的人。中国社会、经济各个层面的需求，都可能通过痛点的表现和汇聚，从而被人们找到创新的解决方案。"创客"指勇于创新，努力将自己的创意变为现实的人。"痛客""创客"合二为一，可能类似于人们常说的"创新者"，但似乎比"创新者"这个词多了一种济世的情怀。事实上，20多年前的郭小慧，就已经是今天"痛客""创客"的先驱。从创会伊始，她就胸怀责任感和使命感，时时去主动挖掘企业、政府、社会的痛点，然后去研究、去思考、去找出解决痛点的方法，然后成为用创新方式成功解决痛点的"创客"。

（1）当年的深圳特区开发如火如荼，需要吸引大量外商投资，然而外商来了，却茫然不知所措，不懂政策法规、不知办事程序，每走一步都步履维艰，这是个大大的痛点。外商痛，政府也痛，担心外商知难而退。郭小慧敏锐地发现了这个痛点，于是诞生了备受外商赞誉的深圳外商协会"全程服务链"，即打造从投资意向的委托、选项、论证、选址、签约、注册，到企业落成、运作中解决各种政策疑难、政府协调、运作协调，再到企业发展中的人力资源招聘、融资、上市等全方位的"全程服务"理念，并以"深圳外商投资企业协会"与"深圳市国际投融资商会"两个兄弟协会的联手服务来完成。从体制、机制上完成了一个创新——"打造全程服务链条"。

（2）随着来华投资企业的增多，协会的会员企业也迅速增加，在经营中，为数众多的商业纠纷也纷纷出现了，这个痛点怎么解决？2007年，郭小慧经过多方论证和协调，决定与中国国际经贸仲裁委员会华南分会联手，成立"深圳外商投资企业协会企业商事调解委员会"，以弥补正式的"企业商事调解机构"的空缺，并将企业商事调解与仲裁进行了"无缝对接"。这是协会在新形势下的又一个创新。

深圳外商投资企业协会企业商事调解委员会成立以后，形成了调解与仲裁紧密结合的机制，由于中国国际经济贸易仲裁委员会华南分会的仲裁裁决具有"一裁终局"的约束力，因此，可赋予调解结果以仲裁裁决的强制效力。也就是说，协会的商事调解，可以迅速被赋予在广大范围内可强制执行的法律效力。

（3）1996年，政府规定加工贸易企业进口原材料要上税，出口时再退税。这主要是针对一些企业的偷税漏税和走私行为，出发点是好的，而且非常必要。但是，如果具体执行的话，会出现企业大批资金被扣在海关，企业无法正常运作，甚至垮掉的状况。这个痛点怎么解决？郭小慧和她的团队经过调研、分析，提出了一个建立"台账"的建议，就是企业进口原材料时只记账，不真交钱，等到产品出口，销账就行了。这就是现在还在执行的台账制度。

像这样的事例在郭小慧身上不胜枚举。办协会，尤其是办"第一个吃螃蟹"的NGO，尤其需要"痛客"的想法，也需要"创客"的办法和行动。20多年来，郭小慧无愧于"痛客""创客"这两个时尚又沉甸甸的称号。

## 民间大使

本来郭小慧在她的军旅生涯中能够获得很好的发展，可她却放下"身段"，选择走进民间。这个角色的大逆转，丝毫没能阻挡她成为一位拥有无数拥趸的另外意义上的大使，一个张力更大、范围更广的新角色。她的民间大使身份是多重的：不但是民间建言大使，还是民间外交大使，更是慈善公益大使。

（1）民间建言大使。作为深圳外商协会的"掌门人"、深圳市人大常委、深圳市人大法制委员会委员，郭小慧以她敏锐的政治素质、正直的社会责任感和丰富的外资工作经验，为企业排忧解难、奔走呼号，向政府积极建言，成就斐然。1993年下半年，中国股市还在破冰期，一个由她率领的22人的代表团，穿梭于国家计委、体改委、外经贸部、财政部、国务院特区办、中国人民银行、全国人大财经委员会、全国政协经济委员会等各部委之间，他们不断地进行座谈、研讨、游说、答疑、建议，目的是推动国家批准深圳14家合资企业先行在中国上市。结果，他们成功了。这是她职业生涯中最成功的"大使之作"之一，毋庸置疑会载入中国NGO史册。

多年来，郭小慧作为民间大使为企业向政府反映并解决的重大政策问题数不胜数，其中包括：1994年的外资企业出口退税和机电产品配额招标问题；1995年的深港经济对接问题；1997年关于加工贸易分类管理问题的建言；1998年关于"免抵退税政策推迟两年实施"的建言；1999年"关于中小企业当前存在的六个问题及解决这些问题的八点建议"；2000

年关于"钢材、成品油以产顶进问题"的三次反映，等等，都得到了国家有关部门甚至国务院领导的高度重视。2011年，郭小慧向国家政府汇报了深圳外贸进出口情况，对近期企业遇到的问题与困难等调研情况做了详细的反映和汇报。同年，郭小慧代表工商界，也是唯一的地方协会代表，在中南海就劳动关系等问题向国家有关部门汇报情况并提出相关建议。这些有数据、有分析、有建议的反映，得到了领导的肯定，领导在听取建议后说："小慧同志，你们是工作在第一线的，掌握着第一手材料，很敏感，也很敏锐。"

（2）民间外交大使。20多年来，郭小慧每年带领深圳外资企业代表团，到世界各地投资考察、拓展市场、交流学习，足迹遍及五大洲，她以民间大使的身份向外推广中国和深圳。她带领协会与国内港、澳、台地区的30多个商会、团体，以及国外如美国、英国、法国、意大利、德国、奥地利等30多个国家的商会及工商机构建立了会务、商务往来等合作机制。2006年，她带领深圳企业家代表团踏上非洲大地，埃及媒体为此做了大篇幅报道。在卢旺达受到了卢旺达总统、总理、议长的接见，并在考察基加利自由贸易区时，与卢旺达投资促进局签订了经贸合作意向书，几个随团企业还初步确立了投资建厂意向。"中非论坛"期间，她应卢旺达卡加梅总统及总理的邀请在北京见面。而此时，她率领的考察团成员管理的深圳一公司的手机生产线建设已经在卢旺达动工。

2007年，世界女议员大会在非洲举行。郭小慧受全国人大的委托和大会邀请，代表中国参加了该次大会，并作为中国及亚洲的唯一演讲人，做了题为"妇女及民间组织在经济发展与国际交往中的作用"的演讲，与希拉里、布莱尔夫人以及一些女总统、女总理同台演讲，与各国总统、联合国官员同台交流，宣传中国，传播友谊，引起了极大的反响，受到了来自100多个国家的400多位女议员的高度赞扬，她被称为从中国民间走出来的和平使者。

（3）慈善公益大使。兼任深圳市慈善会副会长之职的郭小慧，一直坚持把社会责任放在首位。深圳外商协会曾荣获"中华慈善突出贡献奖"，是深圳市唯一获得此项荣誉的机构。

每次的救灾募款，协会总是走在最前面，发挥出强大的民间组织力量，募捐款项任务总是超额完成，这种强大的凝聚力也是其他协会难以企及的。郭小慧高度重视慈善事业，做了大量卓有成效的具体工作：2006年，广东水灾，协会组织会员企业捐款800余万元；2007年，集中会员企业捐赠资金600万元，设立"深圳外商投资企业协会慈善基金"，并赴贵州黔南援建希望小学；2008年，汶川地震，协会组织会员企业捐款3000多万元，同年郭小慧作为慈善大使代表深圳人民在中央电视台的赈灾晚会上捐款1.3亿元；2009年，组织会员参与"一米阳光"工程，帮助西藏墨脱建设公路。举办"深圳市外商投资企业'就业助残'专场招聘大会"，提供了1500多个就业岗位，1000多名残疾人参加了应聘。连续多年与深圳市妇联、卫生局、总工会联合举办"关爱女性健康公益活动"，组织会员企业1万多名女性参加免费检查等。

此外，2015年，郭小慧带领协会举办中国远程卫星同步教育公益论坛，举行了远程卫星同步教育项目落地签约仪式和中国斯坦梦教育联盟发起仪式，明确斯坦梦教育公益基金会为中国远程卫星同步教育项目。论坛以"知识改变命运，科技成就梦想"为主题，以创新的视角、国际化视野和公益的角度开创性地引入国际STEM项目资源和国内知名通信企业，将科技与远程教育、公益教育相结合，形成"公益为本、混合参与"机制模式，共同打造中国新型希望学校和现代公益教育新篇章。几年内，斯坦梦教育公益基金会已在贵州200多所学校及非洲乌干达等地区援建"中国远程卫星同步教育网络"系统，逐步解决2000多万名偏远贫困地区儿童的远程教育问题，并开通卫星互联网服务。2015年6月，第69届联合国大会主席萨姆·库泰萨夫人艾蒂斯·库泰萨为郭小慧颁发了《全球可持续发展基金会妇女儿童委员会特别顾问》证书，以表彰她为全球可持续发展事业做出的突出贡献。

郭小慧接受笔者一行采访

### 无私NGO创始人

中国NGO第一人，郭小慧是否实至名归？答案是肯定的。经历了漫长的求索期，郭小慧终于迎来了中国NGO的春天。她的有关NGO的一切，终于有了普及与传承的机会。2015年，国家开始全面开启从中央到地方商协会组织和政府脱钩、走民间化道路的进程。作为中国最早的真正意义上的NGO创始人，同年11月，郭小慧应国家民政部邀请，在全国性行业协会、商会领军人才研修班授课上介绍深圳外商协会发展的成功经验。郭小慧用她20多年宝贵的工作经验，为正迷茫探索的学员们做了题为"面对新形势、创新求发展"的演讲，她的成熟经验和独到见解，得到了民政部门领导和研修班学员的高度评价。

2017年2月，深圳市社会组织总会举行"全国社会组织教育培训基地"启动暨开班仪式，首批35位授课老师由知名企业家郭小慧、王石、马蔚华，著名经济学家樊纲，清华大学公共管理学院副院长王名，中组部千人计划专家张良杰等各领域的领军人物、专家、学者和长期工作在社会组织一线的会长、秘书长和党务工作者组成。来自全市各类社会组织的90多位负责人参加启动开班仪式并接受首期培训，他们也纷纷被郭小慧的经历所折服。

2017年5月，全国社会组织教育培训基地"优秀秘书长实战训练营"培训班约70位社会组织负责人走进深圳外商协会参观学习，郭小慧作为训练营首批导师，分享了协会的情况和办会经验，她从协会在经济社会发展中的自身地位、作用和影响力，协会的创业、转型、持续发展，协会的职业化团队建设三方面分享经验，强调职业化团队建设是协会发展的关键，并以协会为例子分享团队建设经验。全程妙语连珠，赢得掌声不断。

## 结语

当今，中国协会、商会界群英荟萃、人才辈出，但能30年始终如一，矢志不渝，集创新者、改革者、匠人、痛客、创客、民间大使、NGO创始人等诸多角色为一体，并创造了一个伟大组织的人物，非郭小慧莫属。

郭小慧身上有一种奇特的魔力和气场，她沉着淡定，气质高贵，谈话时双眼透出炯炯如炬的光芒，无论是同事会员，还是仅有短暂交集的宾客，都被她的气度和温柔里透出的铿锵而折服。她知识广博，内涵丰富，见地独特，举手投足间无不透出自信、睿智和大气，让每个走近她的人感受到活力、信心和力量！她尊重传统的人生，但不囿于传统；她领会哲学的内涵，但不困于哲学。

在用理想、信念、价值、道德、情操所描绘的人生道路上，她那军队铸就的执着、坚韧、勇气和极具凝聚力的实践，向人们诠释了为谁活着、怎样活着的精彩人生⋯⋯以郭小慧为代表的深圳外商投资企业协会，是中国改革开放的产物，是改革者驰骋的疆场。她的创业史和成功史，是一代NGO先驱励精图治的缩影。她无可争议地成为新一代 NGO 人奋斗的楷模、前行的标杆。

郭小慧与笔者留影

# 第六章 蜕变成长——内圣外王

## 第一节 走进 LED 未来商业
——记中国 LED 工程商联盟秘书长曹立新

**人物名片**：曹立新，中国 LED 工程商联盟秘书长。

曹立新从事 LED 研发、生产、销售、工程等工作已有 20 年，从 20 世纪 90 年代中国照明产业起步，到 LED 技术在我国奥运会、亚运会及韩国平昌冬运会上神奇的灯光技术应用，再到如今我们身边大街小巷商业中心、电影院、地铁公交及小区电梯等 LED 显示屏技术的应用与推广，可以说，曹立新是 LED 产业发展的见证者、经历者、拥抱者。

近年来，LED 显示技术的营销模式发生了重大变化，由原来单一的市场营销模式转化为生产厂家直销模式与以全国各地区代理商批发销售模式共存的市场格局，这种变化也激发了渠道营销与工程营销两者之间的市场争夺之战。

通过聆听曹立新的分享，笔者了解到，LED 在各个领域中有着广泛应用，特别是在节能减排、照明应用上发挥了重要的作用。同时，带着对今后发展 LED 产业、推进 LED 技术创新应用，对降低能源消耗和环境污染，对环境保护领域等发展与应用等考虑，我们邀请曹立新分享他的前沿观点与行业经验。

**笔者**：近年来，国内景观照明飞速发展，LED 工程企业是怎样一个状况以及未来发展趋势如何？

**曹立新**：中国景观照明产业经过 30 多年的发展，从 20 世纪八九十年代景观照明原来只在北上广深及全国一些大城市使用，到 2000 年后开始不断走向各市县，尤其是 2010 年以后部分乡镇及特色农庄等也流行做景观照明。从行业内照明工程公司来看，主流夜景照明工程项目由灯具安装变为灯光集成。从灯具产品看，由金卤灯转变为 LED 灯。从工程设计看，由效果图上升为逻辑性的系统设计图。

景观照明工程也发生了很多变化,从原先的照明用途景观工程转变为带有旅游效果的艺术产品。例如,2013年南昌一江两岸群楼联动灯光秀,南昌市政府就是按照文旅灯光思路来打造的,这是国内第一个群楼联动灯光秀项目。再如,2018年7月深圳南区灯光"深圳夜景周"上,群楼联动夜景秀,用灯光展现了深圳这座城市的"科技美"。景观照明在上海黄浦江、广州珠江等地都收到了很好的景观旅游效果,在今后其沿海沿江城市景点,例如杭州的钱塘江、丹东的鸭禄江等地会有更大的发展空间。

但是,照明行业产品及设计水平还有待提高,例如有的产品虽获得了CCC认证,但是灯具光学性能与品质还需要提升。另外,国内照明设计人才短缺,国内只有少数本科专业院校开设照明设计专业,据我所知,目前仅有原北京广播学院(现在叫"中国传媒大学")和四川美术学院等高校开办了本专业。

笔者:近年来随着共享单车、共享充电宝、共享汽车等共享商业模式出现,使共享经济成为最流行的商业话题,您怎样看待共享经济模式?LED显示屏有无成为共享的可能?LED显示屏和互联网共联、融合有哪些增值空间?

曹立新:共享经济模式给予我们当前经济各个行业无限畅想的可能性,同时,党的十八届五中全会公报提出,要发展分享经济,分享经济也被确立为国家的一项重要发展战略。但LED显示屏产品有三大特殊性,一是LED显示屏从诞生起就是一个工程性很强的产品,它的工程属性决定了它运行时必须要有专业人员操作,要实现像单车一样大众化的共享,在技术上还有很多难度。二是LED显示屏依然是很昂贵的高端产品,一块LED显示屏动则几万甚至几十万,这么昂贵的费用,如果在共享的路上出现诸如屏被损坏等问题,相比共享微薄的收益与共享主体所要承受的巨大风险,这个风险是很多共享主体不愿意承担的。三是LED共享收益方面,不同于共享单车、共享汽车,LED显示屏受商场人气客流选址及广告业者回报等条件限制,还需要对市场进行培育,对消费者进行培育教化。当前盛行的共享经济,无论是滴滴打车,还是共享单车,都在前期市场进行了培育,影响了人们的出行习惯,才有后期人们付费的可能。就目前LED显示屏经过几十年发展的状况而言,全国各地城市的各大商场、酒店、公共场所安装了很多显示屏,但是这些显示屏绝大多数都缺乏有效的管理,都处于闲置状态。同时相比目前的投入与产出而言,很少有企业愿意投资结果不可预期的共享LED显示屏。

然而,如果LED显示屏租赁企业把这些闲置的资源进行互联共通,联播联控,用技术系统将闲置的LED显示屏资源盘活,将是一个很大的前景市场。并且如果能将散落在各个角落的显示屏联网互通，在此基础上做运营共享，将对 LED 显示屏行业有着重要的跨时代意义。近年来，伴随着互联网、物联网、云计算、大数据技术的不断成熟应用，也为 LED 显示技术服务模式提升了增值空间，相信随着技术的进步、资源的整合、资本的加入，LED 产业未来在用户体验、在信息传播的互联互通上会出现新的商业生态。

笔者：2018 年，新型显示屏群雄逐鹿，各领风骚，在各大相关展会中，Micro LED 显示器以及 Mini LED 背光技术无疑是焦点。三星、索尼、友达等企业皆展出相关概念性产品，三星更是传出第三季度将正式上市 Micro LED 电视的消息。LED 企业未来竞争压力也逐步增加，未来 LED 企业何去何从？请您分享一下自己对行业的看法。

曹立新：从 2013 年开始，随着行业下游需求及上游供给的同时扩大，市场这块"蛋糕"也越做越大。行业在经历小间距 LED 显示屏爆发元年的 2016 年之后，在未来 3～5 年仍会保持超高增速，这也为 LED 显示屏行业提供了更多机会。据我了解，就小间距 LED 而言，在经历了一个从无到有、从小到大的发展过程之后，经历了业内所谓的"小间距 2.0 时代"，并在逐步开启细分市场领域需求的"3.0 时代"，这正好符合国家倡导的消费升级的概念。我熟知的企业例如×××企业，并没有一头扎进产品价格战，走大规模、大批量的同质化生产，而是在小间距领域进行优化与创新，深入挖掘 LED 显示屏的场景应用，对特定场景为客户提供显示解决方案，由场景需求倒推企业产品研发的方向，解决客户在不同场景下使用的痛点。例如×××企业的产品在造型、安装方式、颜色、尺寸等方面进行了优化与创新，相比传统的产品，其重量降低了 30%～40%，厚度减少了 30%，降低了小间距产品的累灯率。同时，在维护方式及接线方式上也做了相应的改良，增强了产品在使用时的稳定性。这种在两者之间寻求一个需求、在行业中走出一条差异化道路的发展思维，值得生产企业借鉴。

笔者：众所周知，LED 显示屏发展的过程经历了单双色到全彩，而后走向 2K、4K，到 8K，未来可能会有更高清晰度的 LED 显示屏出来，那么，HDR 究竟是什么样的技术呢？对提升 LED 显示屏的画质又有怎样的影响？请您为我们揭开 HDR 的神秘面纱。

曹立新：HDR 全称是 High-Dynamic Range，即高动态范围图像技术。这项技术最早应用于摄影，在拍照过程中开启 HDR，可以让原先的暗场景变得更明亮、更通透。现在，HDR 技术已经应用于家电、智能终端等各个方面。

举个例子，传统电视所能展现的亮度范围极为有限，与人眼所能感知的范围相差甚远。其原因是传统电视在画面明亮处的亮度提不上去，暗处暗不下来。这导致了人眼最终所感知到的画面层次感较差，大量细节丢失。

HDR 超画质显示技术能完美地解决这个问题。HDR 相对于目前市面上主流的 SDR 1080P 显示技术来说，具有更高的像素带载：3840×2160，更宽的色域范围：BT.2020。同一幅画面能够显示更多的颜色信息，更多图像的细节纹路。同时加上先进的电光转换技术，全方位提升了图画的明暗对比度，让一幅画面全方位展现出最真实的样子，有一种身临其境的感觉。

目前，HDR 行业标准是在 2015 年 8 月 27 日由美国消费者科技协会公布，迄今为止得到了戴尔、LG、三星、夏普、索尼和 VIZIO 等监控和电视机制造商的支持和认可。索尼的 PS4 和 X Box One S 游戏主机均已支持 HDR10 标准。

HDR10 标准对图像还原能力规定了一系列条件，其中就包括我们前面提到的 10Bit 色深和 BT.2020 色彩空间。另外，显示屏亮度至少在 1000nits 以上，只有满足这些条件，才能宣称自己是 HDR10。

HLG 是由英国 BBC 广播公司与日本放送协会（NHK）共同开发的"数位节目放送" HDR 标准，全名为 Hybrid Log-Gamma（混合对数伽码），于 2015 年 5 月推出。

HDR 无疑是中国 LED 显示屏突破现状、缩小差距、追赶国际一流显示水平的重要技术，可使我们赢得未来的竞争，继续扩大我们的应用市场。

笔者：HDR 对显示屏的要求是什么？

曹立新：显示屏的峰值亮度≥1000 nits，显示屏的最低亮度≤0.05 nits，覆盖 90% 以上的 DCI-P3 色域空间高亮度只是亮度动态范围的一个象限，另一个是极低的亮度，能够呈现出更加深邃的黑色。这种极高和极低的亮度之间还要有很好的等级控制，这样才是实现 HDR 技术的基础条件。有了这种极限的亮暗和等级控制，就能将极限亮度下的色彩表达得更加精准，能包容的亮度范围越大，亮度的层次也会越多，同样地，色彩、灰度这些信息也会更加丰富。

而 LED 具有 LCD 所不能比拟的高亮度范围优势。在色域范围上，LED 也广于 LCD。过去制约 LED 行业 HDR 技术应用的最大瓶颈是没有能够处理 HDR 动态范围的处理系统。现在已研制出处理 HDR 源的控制系统，完美解决了 HDR 在 LED 领域应用问题。高亮度所带来的效果不仅仅只是"晃眼"，还能够带来更加丰富的色彩。

LED 显示屏行业内出现的第一块支持 HDR 的显示屏，恐怕非三星 2017 年推出的全球首块 LED 电影屏莫属。该 LED 电影屏安装在韩国乐天电影世界大厦，长 10.3 米，作为第一款配备 HDR 高动态范围图像技术的 LED 电影屏，屏幕上所显示画面的峰值亮度水平大约是标准电影放映机的 10 倍（146FL∶14FL），亮度的一致性有所提升，并且没有光学失真和光波干扰。通俗地讲，就是提高了视频中的色度对比，让白色变得更白，黑色变得更黑，特别是在影院，观众观影更有视觉体验感。

## 第二节　德胜洋楼：打造"诚信无价"的管理体系

人物名片：赵雷，德胜（苏州）洋楼有限公司总经理。

德胜洋楼是一家 1997 年在苏州注册成立的公司，主要业务是从事美制现代木结构住宅的研究、开发设计及建造，经数年发展，年收入达到 6 亿元，占据了国内 60% 的市场份额。公司虽然规模不大，但是它独树一帜的管理文化引起了企业界的广泛关注。德胜公司出版的《企业文化地图》《德胜管理》《德胜员工守则》，被誉为中国企业的"圣经"。他们的经营理念是"诚实、勤劳、有爱心、不走捷径"，这家公司仅有一名销售人员，更让这家公司出名的是员工报销不用领导审批。没有复杂的层层签字流程，没有短则一星期长则个把月的漫长等待，员工填好报销数据可以直接对接财务报销费用。为什么连一些知识型企业也无法做到的人性化管理，德胜洋楼却敢于这样做？信心是从哪里来的呢？这家企业为什么要这么做？又是怎么做到的呢？这跟它的组织经营体系有很大关系。其组织经营体系的三大特点表现在：经营组织信任体系；改造人，打造人性与制度"软与硬"相结合的企业文化；培养君子文化，塑造匠人精神。

### 经营组织信任体系

报销者报销前要先听财务人员宣读声明——《严肃提示——报销前的声明》，宣读的具体内容也比较简单："您现在所报销的凭据必须真实及符合《财务报销规则》，否则都将成为您欺诈、违规甚至违法的证据，您必将受到严厉的处罚并付出相应的代价，这个污点将伴随您一生。如果您因记忆模糊而不能确认报销的真实性，请再一次认真回忆并确认凭据无误，然后开始报销，这是极其严肃的问题。"宣读完后报销流程就此结束，员工可以领到自己所报销的现金。

这种没有约束机制的报销管理会不会出问题呢？即便企业相信大部分员工都是好人、守诚信的人，但谁能保证不会出现背信弃义的人呢？

其实，为防止制度可能的风险发生，德胜洋楼在制定这个制度时设置了一套"分析系统"，并支持这一个制度的落地执行，那就是"个人诚信分析系统"，它是专门针对报销问题建立的，能分析员工报销行为，为每个员工归纳报销习惯。这套系统可以从员工的报销单据中分析出单据的真实性和费用发生的必要性，并通过一些方法总结分析员工的信用度，确定他在公司的信用级别及借款信用额度，信用度高的员工甚至可以借款十几万元。在德胜洋楼，任何腐败与欺诈行为一旦通过抽样调查和个人信用计算机辅助系统被发现，员工就要为自己的不诚信行为付出昂贵的代价。

德胜洋楼为什么要这么做呢？为什么要宣读那份财务报销声明呢？这除了是一种心理监督技巧外，其实最重要的目的是培养员工自我管理、自我约束的能力，把员工打造成企业高素质的产业工人和绅士，让员工对自己的信用负责，同时减少管理部门的层层审批手续。这一报销制度的建立是让员工自己选择做一个君子而不是一个小人。这套报销机制很大程度上体现了企业对员工的信任与尊重，同时启发员工自尊、自爱、自省、自律，到最后形成对自己、对企业的自信转变。

信任能最大限度地降低经营管理成本。中国人骨子里自古就有一种"士为知己者死"的精神，被人信任，能激发人内在的自律潜能。作为一个企业老板，你的员工心甘情愿地追随你，这说明你一定赢得了员工对你的信任。信任是建立在对人的尊重的基础上的，信任可以为企业创造很多价值，你信任员工，员工才会信任你、信任你的客户，员工会将这种信任转化为一种力量，成为企业成长进步的驱动力。有了对企业的信任，员工才有可能将专注力放到产品上，专心将产品做到极致。员工将企业对自己的信任转化为把企业的事当成自己的事，小到物料使用的节约，大到为企业提出建设性的改善方案等。同时，员工与员工之间、员工与企业之间有了信任，就会减少人与人之间的内耗。从某种意义上说，建立一个有信任的社会体系，对于一个企业、一个国家、一个社会来说，管理成本将是最低的。反之，对于一个没有信任的企业、国家、社会来说，管理成本将是最高的。例如，根据商务部发布的数据显示，我国企业每年因信用缺失导致直接和间接经济损失高达6000亿元，其中因产品质量低劣造成的各种损失达2000亿元。三聚氰胺事件使奶业巨头三鹿集团倒下，几十年来树立的优秀品牌资源瞬间土崩瓦解。社会管理需要信任，没有信任，"你坑我""我害你"，人们急功近利，社会道德退化，再完善的法规制度还是会有人钻空子。企业与员工之间如果缺乏信任，企业执行力无从谈起，所以，一个企业、一个社会最需要经营的首先就是诚信。

## 改造人，打造人性与制度"软与硬"相结合的企业文化

用德鲁克的话来说，经营企业就是"左手管理，右手信仰"，此话用来形容德胜洋楼的管理是最恰当不过了。打造企业"一手要硬、一手要软"双制管理文化。一手要硬的是制度，就是做好精细化管理，如德胜有详细的

员工手册、施工手册、制度学习会、督察制度、训导会。德胜设有自己的程序中心，给公司的各个运营环节、各项工作都制定了明确的操作细则，包括建筑工地的施工程序、物业管理的服务程序、值班程序、召开会议的程序、餐厅服务程序、采购程序，等等。不能省程序，要消除"差不多"态度，擦桌子按标准要擦三次以上，一次都不能少，洗厕所要洗到厕所的水能饮用的程度，如此严格的标准要求，就是告诉员工不能耍小聪明、走捷径，必须严格按照程序完美地做好。一手要软的是企业人性化管理，即管理是人性把握的艺术，把爱给够，包容关爱员工。德胜有听证会，员工在工作中遇到的不合理问题可以在听证会上提出，不得在工作中私下议论，如果合理则采纳。收到的客户礼品在员工内部低价拍卖，满足员工个人需求，义卖所得款项捐献给爱心基金，这样既避免了商业贿赂，同时又保护了客户的一番心意。德胜不允许员工带病上班，上班不打卡，员工报销不需要领导签字，充分信任员工。每年德胜洋楼会在苏州最豪华的五星级酒店召开年会，邀请全体员工参与。酒店方面担心员工会闹出尴尬，然而员工们的端正行为远远超出了酒店的预期，不仅没有大声喧哗、乱撒酒疯、吐痰抽烟的现象，而且衣着得体、彬彬有礼，把所有进城务工人员请到五星级酒店开大会，恐怕国内仅有德胜一家，它之所以这样做，是希望让员工们享受到绅士的待遇，感受高品质的生活，从而获得一份自豪感和尊严感。只有得到尊重、拥有尊严感的员工才能尊重工作，把自豪感带到工作中。

**培养君子文化，塑造匠人精神**

前文开头提到德胜洋楼只有一名销售人员，一年做六七个亿订单，送订单都要排队，相比其他企业拼命拉业务、找订单的经营状况形成巨大反差，但仔细研究德胜后你会发现，它与很多企业极力营销产品或打价格战不同，走的是"信任无价"的匠人品牌道路。价格战不仅会伤害商家，也会伤害消费者，但德胜拼的是信用，经营的是让人信任的匠人产品，而不是拼价格。其实营销的核心说到底就是信任，信任是品牌的核心价值。同时，打造客户依赖的产品、保证品质的前提是要有过硬的团队员工技工素质，在人才的培养上肯下功夫，这也是德胜的核心竞争力之一。德胜洋楼以产品是企业在竞争中存活的根本原因为企业生存竞争理念，为了确保质量服务，他们每年送一批员工到美国、加拿大、芬兰学习培训，还成立了一所德胜鲁班木工学校，房间内的电线板，所有的螺丝凸凹线都是整齐划一的，对木屋建造要求把产品和服务做到极致。德胜对品质严谨的要求，让人想到古代匠人们对器具工艺执着追求的精神境界。从对人的信任上升为培养员工的匠人精神，用匠人精神打造精工产品，让人依赖的产品又持续循环，这应该是很多企业梦想打造的运营模式。

查尔斯·M.萨维奇在《第五代管理》一书中认为，怀疑和不信任是公司真正的成本之源。它们不是生产成本，却会影响生产成本；它们不是科研成本，却会阻碍科研的进步；它们不是营销成本，却会使市场开拓成本大大增加；它们不是管理成本，却会因内讧而使管理成本加重。海底捞充分信任员工，授权给员工"免单权"，让员工成为企业自主管理的决策高手，稻盛和夫信任员工，用"阿米巴自主经营体"创造了两个世界五百强企业，德胜洋楼信任自己的员工，把员工都培养成绅士、匠人。对于企业老板而言，要想让员工前堂后堂跑得快，就得让员工与老板一条心，让员工发自内心地爱这个企业。要做到这一点，首先要赢得员工的信任，赢得信任的重要前提是要考虑员工的需求。经营企业，实际上就是经营"人心"工程，政治家需要赢得人民的信任，企业家需要赢得员工的信任，构建好的商业模式要赢得消费者的信任，最终市场才会信任你这个老板。因此，企业经营者要以开放、利他的心态，要给足钱、给足爱，学会授权给部下，学会相信员工，学会运用制度与规则营造一个大家都能为之而奋斗、成就功名利禄的梦想。

德胜洋楼是继海底捞之后又一个值得企业家们学习参考的经典企业，它们都有一个共同的特点，那就是特别注重经营人心，懂得经营人性。有人说，中国人是一个没有信仰的群体，没有信仰是很难管理群体的。其实这句话要改一下，中国人是有信仰的，中国人信仰的是家文化，家是每一个人心灵的归宿，家的最大魅力是有亲情、有爱、有信任。尊重体现了爱，也体现了人的精神归宿，这种力量一旦被触动了，人就会自觉地维护自己的信用，维护自己在企业的信用，进而维护企业的信用。对于企业来说，企业肯相信员工，善待员工，员工就会相信企业，这样的企业一定是非常强的有力量的团队。这种内部信任某种程度上又转化为顾客对企业品牌的信任。德胜洋楼的经营案例告诉我们，企业经营者在企业经营思维上应重新思考人性化管理创新的课题。如何更多地激发人性的善？如何让员工100%遵守和执行？德胜洋楼的创新管理带给我们的启示是，人性与制度是相辅相成的，人性在于经营好员工的精神世界，培养员工对工作的神圣感，作为企业经营者，要找到人性思维的"点"；制度需要统一的思想来执行，当人性与制度相互结合时，将会形成巨大的企业文化生命力。

## 第三节 何享健的企业传承智慧

**人物名片**：何享健，广东顺德美的集团创始人，现任美的控股有限公司董事长。

在中国众多民营企业中，有一位企业家在创办企业中创造了众多第一，其中一个就是把上千亿的企业交棒给职业经理人掌舵。这个人就是美的集团创始人何享健。

2012年8月25日，中国最富家族之一的何氏家族掌门人、70岁的何享健交出了手中的接力棒，接棒者为年仅45岁的职业经理人方洪波，总裁和董事长的职位都交给这位职业经理人打理。这位美的集团创始者，也创造了众多第一，如中国第一家上市的乡镇企业、第一家将企业改制事业部的企业、佛山第一家千亿级企业、第一家将上千亿企业交给职业经理人打理的企业家，其企业治理的机制与管理之道值得企业界参考与学习。

众所周知，美的集团是一家以家电制造业为主的综合性企业集团，旗下拥有美的电器、小天鹅、威灵控股三家上市公司，同时涉足房产、物流等领域，2011年整体营业收入达1400亿元。

其前身可以追溯到1968年，为了解决乡亲们的生计，何享健冒着巨大风险和23位北滘街道居民集资5000元，创办了北滘街办塑料生产组，生产药用玻璃瓶和塑料盖，后来替一些企业生产配件。随后的10多年里，何享健在走南闯北的过程中磨炼出了对市场的敏感嗅觉。1980年，何享健正式涉足家电制造业，为广州第二电器厂生产电风扇零配件，拉开了美的发迹的序幕。1981年8月，注册"美的"商标，并于同年11月将工厂更名为"顺德县美的风扇厂"，何享健担任厂长。1984年更名为"顺德县美的家用电器公司"，何享健任总经理。1985年5月，经过考察，美的引进日本的生产技术和管理方法，同时开始与日本企业展开合作。也是在这一年的4月8日，美的成立了空调设备厂，开始了窗式空调机的组装生产。1986年，美的转页扇开始出口香港地区。1988年，美的电器公司实现产值1.24亿元，成为顺德10家超亿元企业之一，其中出口创汇达810万美元。1993年，美的上市获批，成为第一家上市乡镇企业。

从美的的发展历程来看，我们可以从五个方面来解读何享健机制与统制的企业治理方式，以供民营企业思考与借鉴。

（1）放权与分责。1992年，容声冰箱成为全国冰箱行业的"老大"，坐拥30亿资产,而当时仍以电风扇为主业的美的,资产不过五六亿元。面对当时行业巨大的竞争压力,何享健并没有坐以待毙,一直想找突破口。就在这一年,广东省推出股份制改革,当容声等大公司对是否参与改制犹豫不决时,何享健主动争取到顺德唯一的股份制试点名额。在当时被大家看来是一步"险棋",却被何享健抓到了,公司成为全国第一家在乡镇企业基础上改造而成并向社会发行股票的企业,为日后发展拓宽了大道。到1997年,美的已拥有空调、风扇、电饭煲等五大类数百个产品。当美的产值临近30亿元的时候,何享健明显地感受到增长的瓶颈。研发、生产、销售等过分集权于总部造成大量的管理问题日益突出,从而导致了美的销售额急剧下滑,从全国第三名跌落到第七名,甚至一度传出要被科龙兼并的消息,何享健不得不亲自出来辟谣。危机之后,何享健决心要对现有的管理体系进行改革,于是事业部改革拉开了序幕,改革重点为引入将集团改制为事业部制,实行职业经理人制度。美的实施以产品划分的事业部为基础的分权制改革,空调、家用电器、压缩机、电机、厨具5个事业部相继成立,专业的职业经理人制度被引入美的。何享健对职业经理人在激励上非常慷慨,他给职业经理人的报酬非常高。二级集团的总裁身价至少在千万级以上,事业部层面的则不低于百万级。坊间同行流传着一句不成文的话,就是羡慕美的经理人,"他们活得更像老板一样,而不是在给别人打工,给别的老板打工好好干年末会被邀请吃顿饭,给美的老板好好打工可以够吃一辈子的饭"。可见何享健对职业经理人下的功夫之深。

(2)"三权分立"。何享健开了民营企业先河,把股东、董事会、经营层进行三权分立制度安排,在股东上,何享健安排其子何剑锋进入董事会,保证何氏家族在企业的利益。掌控股权是创始人利益最重要的核心保证,有了股权制度安排,创始人的权力什么时候该收,什么时候该放,都要看是否有利于公司长远发展和股东利益,这就有效地保障了创始人的权力。在改制集团管控模式上,集团总部将重心放在财务、预算、投资、人事任免上。下面的事业部则在价值链决策上高度自治,事业部的总经理可以自己组织经营团队,并拥有数千万的资金审批权。但如何防控职业经理人风险发生呢?这是长期困惑民营企业的一大问题。这就有了何享健另一管控职业经理人风险的杀手锏——"金手铐"股权激励。

首先,何享健在选人用人上很下功夫,用职业经理人第一步就是选好人,发现人才,精心培养。方洪波在1992年被何享健看中,到2012年交棒给他时,何享健花了近20年时间,先后在不同部门、不同岗位对他进行历练,可见何享健用人之慎重。重用职业经理人的确体现了何享健的巨大魄力。其次，精心培养的同时，给予职业经理人丰厚的薪酬待遇，且有很大一部分收入来自绩效分红，这也使职业经理人和股东的利益在很大程度上一致。另外，股权对激励经理人有着无法替代的作用。进入董事会的7位职业经理人虽然不持有美的电器的股权，但是据相关数据显示，他们合计持有未上市的美的集团约16%的股权。就在交班的几个月前，何享健对外表示将拿出3%的集团股权用以激励几十位高管，价值超15亿元。高管持股对使经理人目标与大股东利益一致起到了重要作用。可见何享健对待职业经理人的气度，将股权与企业中长期经营业绩挂钩，使职业经理人与股东利益保持一致。

（3）"小人的机制，君子的态度"，构建了层层的约束机制、完善的审计监察体系和全面的财务预算体系。审计监察体系由审计监察委员会、审计监察部以及审计监察室组成。审计监察委员会由集团董事长为审计负责人、相关部门负责人及各二级集团总裁组成。各二级集团设置审计监察部，直接由审计监察委员会领导。各事业部设置审计监察室，直接由总裁管理。这样的安排既能使权力得到很好的分配，调动职业经理人的积极性，同时又能防止职业经理人滥用手中的权力。清晰的组织结构的建立和完善是大股东放权的重要保障。正是事业部的分权改革成果，何享健继续引导企业开始走向重用职业经理人，同时构造股东、董事会、经营团队"三权分立"的经营模式。2009年8月26日，何享健辞去美的电器董事局副主席及董事职务，仅任非执行董事，其原职由原总裁兼董事局副主席方洪波接任，何享健通过事业部改制和分权经营的机会，劝退了部分创业元老，组建职业经理人队伍。但随后如何完善公司的治理机制却也不得不着力考虑。如何使创办人退出企业的日常经营管理，所有权和经营权统一逐步安全着路分离？何享健用的是先"小人"的制度，后施的是"君子"的气度，何享健认人用人，又能巧妙机智地控制职业经理人，打造了一支最优秀、最有战斗力的团队，借用他本人的话："既然决定不做家族企业，就需要用人，需要优秀的团队，需要经过不断淘汰、不断完善，打造一支最优秀、最有战斗力的团队。"何享健的治理智慧、高明的授权法是既要下放一定的权力给部下，又不能让他们产生不受重视的感觉；既要检查督促部属的工作，又不能使部属感到无名无权。从公司长远发展来说，作为企业领导人要先"小人"才能君子，有了"小人"的机制才不会伤了君子的气度。

（4）完善监督与咨询职能。何享健还不断完善董事会的监督和咨询职能，他在任命方洪波掌舵的同时，提拔了两位深受其信赖的副董事长。在美的电器新的6位内董事构成中，有3位同时来自美的集团，几乎都是从美的电器股份制改革开始就跟随何享健的亲密部属，而且和方洪波不曾有过上下级关系。不难看出，何享健意图在董事会内部制造一种均衡，这样的安排以辅佐为名，行监督之实，在董事会内部意见无法统一的时候，方洪波个人只有一票而已，可以有效避免职业经理人做出损害大股东利益的行为。在这样的董事会安排下，何享健才放心大胆地把美的交给职业经理人来打理。

同时，治理机制的改善也不可忽视。首先是董事会的构成。美的电器董事会规模不断扩大，其中独立董事也是早期从单一财务背景拓展为财务、法务、经济三方面的专家，即引入外部"独立董事"制度。独立董事是独立于公司股东且不在公司内部任职，并与公司或公司经营管理者没有重要的业务联系或专业联系，能对公司事务做出独立判断的董事。外部独立董事具有独立性、客观性、公正性，改变了公司董事会成员的利益结构。此外，独立董事能够客观地监督经理层，维护中小股东权益，防止内部人控制。一般独立董事都兼职数家，并能得到丰厚的费用，他们大多都是财务出身，何享健要求外部董事限定2家任职，美的独立董事不仅有财务背景，还有法务、经营管理出身背景的独立董事，这些措施保证了独立董事有能力、有精力并且有动力为企业的战略发展提供专业的意见和建议，对企业的重要决策制定和重要制度安排提供监督。

（5）牢牢掌握管控核心权力——"股权"。大胆引入职业经理人机制且高度分权自制的背后，何享健不得不考虑职业经理人的风险把控问题。实现控制权的有效武器就是高度集中的股权。如果创始人的股权过于稀释，将无法完全掌控经理人，创始人将失去对企业战略方向和重大决策的掌控。牢牢掌握股权，在分权治理中，集团总部保留了最核心的决策权，事业部经理有制定营销计划的权力，但是没有投资权，所有的投资权都集中在集团总部的战略管理部门。这一布局也为何享健加强对集团的掌控力度奠定了基础。

由以上可以看出，公司治理机制的实质是控股治理，何享健通过美的集团控股美的电器，为了巩固第一大股东的地位，何享健从2006年2月23日起先后8次通过协议受让或在二级市场上增持美的股票，控股比例一直未低于40%，实现了股权的高度集中。与之相对应的是前十大股东中，除了大股东和开联实业（何氏控制），其余股东在股份制改革后的持股比例之和一直处于下降状态，2011年更是只有9.98%，公司股权高度集中更加突出，持股比例显著上升。

但是，大股东更为稳固的绝对控股地位，并不利于形成对大股东的监督和制约。而控股公司引进比较有实力的机构投资者一般被认为有利于促进公司治理制度的完善、管理模式的转型，同时推动股权结构的多元化，也有利于促进对控股股东以及经理人的监督。出于该考虑，美的于2011年年初向博时、鹏华、平安、耶鲁、华商、国元六大机构投资者进行定向增发，随后在同年10月1—8日，美的电器的控股股东拥有的美的集团的部分股份被转让给融睿与鼎晖两家投资机构。在新的美的集团董事会成员名单中，这两位战略投资机构已派驻董事，既可代表小股东监督控股股东，也能够监督职业经理人，保护已经不参与经营的大股东利益。

不同于日本的"养子"接班人制度，何享健的高明智慧在于，让后代走资本路线，用资本控股，而不是直接接班，从而避免企业传承风险，何享健采取了这样一种开放的、市场化的方式，一种现代化的企业治理模式，拓宽了民企老板的新思路，是企业走向国际化的前瞻性探索，为民营企业家交棒提供新的参考模板。何享健选择了让后代走资本路线，而不是直接的接班，是资本控制和企业管理的有效结合，谋求与利益相关方的价值共享，创造了双赢格局。

使命的力量
——知名企业家谈创业

## 第四节　龚元庆：心性教育，为孩子种下一颗内心强大的种子

人物名片：龚元庆，江西宜春育程教育创始人。

龚元庆

作为关心孩子心性教育的推动者、育程教育创始人，龚元庆与笔者述说曾有位家长对他讲述她孩子说的一句话——"妈妈，感觉人活得好累啊！"这是一句多么令人震惊的话，孩子正处于天真童趣的年龄，童心却被压制。现在时常看到孩子跳楼身亡的新闻，这些极端事件的背后，原因发人深省，我们的教育到底缺少了什么？

龚元庆说，我们的教育是填鸭式知识教育，缺少对孩子心志成长即"心性与心志"的教育。古人语："子孙若如我，留钱做什么，贤而多财，则损其志。"作为父母，不仅要为孩子提供物质需求，更应该注重孩子心志精神培养，将自己的孩子培养成社会领袖与顶尖人士，从当下行动开始！

天赋能量是什么？拥有了天赋能量对孩子有什么样的好处？孩子的心，就如一颗种子的"核"。每一个孩子都有自己特殊的"热情"，这种天赋特殊的"热情"源自内心的爱，因此，作为家长，要激发孩子内心的爱。

随着社会的进步与发展，人们对幼儿教育问题也有了越来越多的关注。未来世界走向一体化是时代发展的趋势，在未来，无论孩子是否愿意，都必须参与社会的竞争。如何让孩子拥有竞争力，成为社会的有用之才？如何让孩子拥有幸福快乐的人生？应该培养孩子什么样的能力？可从以下关键词中找到答案："兴趣点、研讨力、批判性思维、好奇心、想象力、领导力、创造力、适应多元文化的能力。"

首先，我国幼儿教育还存在一个较严重的问题：教育内容单调划一。我

国的幼儿园，不管是公立还是私立，都着重从语言、算术和艺术等方面来教育学生，着重提高孩子们的文化技能，却很少教会孩子们如何正确处理与爸爸妈妈之间的关系、如何礼貌待人、如何在生活中学会独立，等等。这导致了孩子们学到了知识却不能很好地将它们融入生活，逐步体现出了幼儿教育"小学化"的特点，不利于在幼儿阶段的孩子的成长和意识的形成。

其次，幼儿教育资源短缺且地区分布不平衡也是较为突出的特点。一方面，相对于其他国家幼儿教育的投入，从我国对小学、初高中教育的投入来看，我国在幼儿教育上的投资较少，对幼儿教育的关注也较少，从而导致了幼儿教育资源的缺乏。另一方面，我国的幼儿教育资源因经济发展因素和地理环境的影响，呈现出地区分布不均衡的特点。在我国西部地区，幼儿教育的发展落后于东部地区，幼儿享有的教育资源也较东部地区少，儿童的发展状况差异较大。不仅是东西部的教育资源存在差异，农村与城镇的幼儿教育资源也存在着很大的不均衡，许多的农村幼儿园甚至没有像样的娱乐设施，孩子的天性得不到释放。

再次，我国教育部缺少对幼儿教育的战略定位。由于我国教育部对幼儿教育没有足够的认识，也没有从政策上给幼儿教育制定一个较长期的规划，这就使我国的幼儿教育在各地区差异较大，对幼儿的成长也没有稳定的评估标准。同时，没有长期的规划也导致了幼儿教育到小学教育的断层，幼儿不能很好地适应小学生活。

最后，我国幼儿教育的理论研究相对滞后。我国教育界对小学、中学、大学教学的理论研究都较多，而且卓有成效，但是对幼儿教学理论研究却十分少。没有科学的理论的指导，幼儿教育的实践就处于混沌状态，幼儿教育的质量也长期得不到提高。

**注重孩子兴趣的培养**

在我国应试教育的大环境下，学前教育也具有应试教育的思维模式。应试教育是指以考试为目的的教育，主要表现在：重视左脑教育，忽视右脑教育；考试成了选拔人才的唯一方法；教育要求随考试难度增长，考试难度随教育要求增长；在教学中采用的是灌输性的方法，失去了灵活性，学生的想象力和创造力也因此下降。

中西方学前教育存在较大差别，以德国为例，在德国，幼儿园不属于国家的学校体制，而属于青少年福利救济事业，主要有教会、福利联合会、乡镇负责举办的幼儿园，也有企业和协会幼儿园。德国幼儿园的教育内容主要是社会教育，旨在培养儿童既对自己负责又合群的个性。德国幼儿园不是义务教育，幼儿自愿入学，因此要收费。但是，不同家庭所交费用是不一样的，即孩子的父母根据收入情况向幼儿园交费。这就有效地解决了贫穷家庭儿童的入园问题。德国幼儿园的数量很多，据统计，2002年，德国人口约为8253.7万，幼儿园27830所，平均2966个居民就有1所幼儿园。再看德国学前教育内容，学前教育会带领孩子们参观消防队，学习消防知识；参观市政府机构，看政府工作人员如何为市民服务；参观警察局，学习如何报警，以及去超市学习选货与付钱，等等，让学前儿童体验社会是怎样的。

在育程教育接受培训的孩子们

此外，德国学前教育注重培养孩子的兴趣。"同以色列一样，对于学前儿童，家长与学前机构同样注重培养儿童的兴趣，如孩子到3岁时，父母会把蜂蜜涂到字母表上再让小孩子在字母上舔蜂蜜，然后问孩子甜不甜？告诉孩子知识是甜的，从小培养孩子对科学知识的兴趣，从小注重在潜意识层面种下知识兴趣的种子。"[①]"由于德国注重儿童期孩子兴趣的培养，德国学生高中毕业后有80%选择去技术学校学技术，这也是德国一直是世界制造业大国的原因，因为他培养了大量顶尖的技术工程师。"[②]

很多家长经常问孩子最喜欢什么，95%以上的孩子可能会说："我最喜欢玩。"家长们常说自己的孩子最喜欢玩，就知道玩，言语中透露出对"孩子爱玩"的不满。其实"玩"才是孩子的兴趣力量的源泉，培养孩子的兴趣爱好要针对孩子的特点，不能完全凭我们父母的好恶而主观臆断。"心理学家表示，当孩子投入地玩时，他不只是在玩，更是在主动观察、感知、思

---

① 王辽东：《专注与多元》，暨南大学出版社2014版，第27页。
② 潘锡军：《人性与机制》，中山大学出版社2017版，第93页。

考周围的世界,在锻炼大脑和思维。因此,父母要做的不是斥责孩子,而是引导孩子有目的地玩,比如给孩子设计一些游戏,提供丰富的游戏材料,通过具有挑战性的问题来引发孩子动手动脑,经常和孩子做这类游戏,会使孩子变得越来越聪明。"[1]

要根据孩子的性格、气质选择最适合孩子的项目,如画画、手工制作、音乐、体育等,要根据自己孩子的特点,买相关书籍给孩子适当的引导,也可以让孩子参加一些相应的兴趣班等。

我们要循循善诱,使孩子的爱好相对稳定,步步深入,在众多爱好中形成一个中心爱好。由单纯从兴趣出发转到有目的地发展特长的轨道上。不能见异思迁,要持之以恒。特别是当孩子在前进的道路上遇到困难和挫折时,更要鼓励他战胜困难,坚持到底。要通过兴趣的培养来提高孩子做事认真、坚毅的意志品质。在具体过程中,我们可以提一些有效的、有益的建议启发孩子去思考,鼓励他开动脑筋、想办法克服困难,取得成功。一旦选择了兴趣爱好,父母一定要及时关注,要给予孩子鼓励和表扬。

**注重培养孩子的研讨力与批判性思维**

培养孩子的批判性思维也是学前教育的重要内容,因为一个人要想在社会上立足,具有独立的思维辨别能力十分重要。国外学前教育经常组织孩子以两人一组或多人一组的形式,对课题等问题进行讨论,有时孩子们吵得面红耳赤。这样做的目的是通过讨论教育孩子们客观地对待问题,启发他们思考,实在讨论不出结果的时候他们才会去问老师。

现如今人们对"启发式教学"的理解一直存在着一个很大的误区,那就是将教师作为课堂提问的主体,片面地认为教师需要用精心设计的问题去"启发"学生进行相应的思考,这实际上是剥夺了学生从生活实例中发现问题、提出问题的权利,导致学生在获取知识的过程中过度依赖显式的问题而非问题的源头——实践,也导致学生批判性思维的缺失。

而培养孩子的批判性思维,使他们成为具有批判性思维的人。批判性思维有很多特点,比如不草率、不盲从,对问题深思熟虑;保持好奇和质疑的态度;意识到自己的偏见的存在,并注意克服这些偏见对判断的影响;能以一种开放的态度理性地看待各种观点,理解他人,愿意修正自己的观点。具有批判性思维的人,在认知方面往往具有如下能力:一是发现问题、收集信

---

[1] 张盛林:《50招提升孩子的思考力:创意改变生活》,中国妇女出版社2011版,第3页。

息、分析数据、评估证据的能力;二是鉴别事实与个人主张和逻辑判断之间差异的能力;三是能够发现普遍规律,并评价其逻辑严密程度的能力;四是正确、清晰地进行推理,并有效解释结论的能力。

批判性思维的核心集中在"批判"二字上。一个事实或者现象一旦被我们的感官接收,我们首先要做的就是提出问题。培养学生提出问题的能力,是训练学生批判性思维能力的第一步。而这个"问题"的优劣直接决定了批判性思维的效果:一针见血抑或隔靴搔痒,差别只在一个"问",如孩子问答案的时候,要引导孩子自己去思考,要多问为什么或如何才能做到等,这些发问能力都有助于孩子批判性思维的培养。

### 注重培养孩子的好奇心

好奇心是幼儿期突出的心理特征,随着幼儿的不断成长,好奇心会逐渐变成求知欲。例如,幼儿看到新奇的物品、遇到新的场景时,会目不转睛地注视,情不自禁地伸手触摸或玩弄,还不断地向大人发问。小、中班的儿童会问"这是什么?""那是什么?"大班儿童则不同,他们不光会问"是什么",还会问"为什

江西育程文化第一期"幸福2+1"全家福

么",问问题的范围也很广,天文地理,无所不有,并希望大人给予回答。可见,好奇心是学前儿童学习科学的内在动力,被称为"学科学序曲"。

在儿童时期,孩子最初的求知欲往往表现为好奇心,对很多事物都感到很新鲜,喜欢去看、去摆弄,因此作为学前教育老师,就需要正确引导孩子,将孩子的好奇心变为求知欲,孩子对学习的兴趣就会油然而生了。

在孩子眼里,世界很奇妙:树为什么会长叶子?小鸟为什么会飞?天空为什么是蓝色的?太阳为什么会升起和落下?他们对每一件"不可思议"的事物都会产生强烈的好奇心,想将它们弄明白,这就是求知欲。在日常生活中,孩子容易对新鲜事物产生好奇心,从而产生学习新鲜事物的兴趣。对

新知识的接受能力也会随着好奇心的强弱而改变,好奇心越强,接受新知识的速度就会越快。在孩子的日常生活与学习中激发其好奇心是让孩子轻松接受新鲜事物和学习新知识的一种不可缺少的方法和手段!例如孩子会问恐龙是怎么灭绝的,世界上有多少个国家,地球上有多少条大海,有些问题真的让老师或家长一下回答不上来,这就需要老师或家长经常带孩子去博物馆、科技馆等场所,到那里去亲自参观、体验、感受很多书上学不到的知识。这也是培养孩子好奇心的方式之一。

父母若厌烦孩子的问题或他们的好奇行为,采取不理睬或冷言相加的态度,会给孩子的心灵带来极大的伤害。这将会使儿童对周围事物失去兴趣与好奇心,不利于孩子的成长。因此,当家长发现孩子对周围事物产生了好奇心,出现注意或摆弄某一物体、观察某一现象时,应当及时关注

育程文化指导老师与孩子们合影

孩子。当孩子发现什么向你报告或提出疑问时,父母要耐心倾听,并表现出兴趣,以示鼓励,激发孩子的探索精神。父母是孩子的启蒙老师和模仿对象,父母对周围世界的关心和主动态度会极大地感染孩子,促使孩子好奇心的产生与发展。例如,在家种花,让孩子发现植物生长的一些规律;喂养小动物,使孩子了解动物的某些习性;带孩子到大自然中开阔视野、丰富知识,比如参观动物园、植物园、博物馆等,通过这些活动,不但可以增强孩子的好奇心,而且还可以培养他们良好的意志品质和追求精神。

好奇心是幼儿的心理特征,随着幼儿的不断成长,好奇心会逐渐变成求知欲。只有当儿童对新奇的物品表现出浓厚的好奇时,他才有进一步探究的欲望,从而获得相关的经验与知识。因此,做父母的应当学会激发学前儿童的好奇心,把它作为科学教育的重要目标之一。

**培养孩子的想象力**

有这样一个故事:一位妈妈带着 3 岁的女儿去参加朋友的婚礼,因为是

## 使命的力量
### ——知名企业家谈创业

第一次见到新娘子,女儿很激动,跟着其他小朋友一起在旁边看,妈妈的朋友逗她,问:"你妈妈结婚的时候你在哪里啊?"小朋友回答说:"我在旁边看啊!"通过这个故事可以发现,3岁小女孩的想象来自现实的相似情景,这是幼儿想象的最初形式。

著名科学家爱因斯坦说过,"想象力比知识更重要,因为知识是有限的,而想象力概括着世界上的一切,推动着进步,并且是知识进化的源泉"。爱因斯坦把自己的成就主要归功于想象力。科技、教育、政治、经济的发展都离不开人类的想象力。创造学的鼻祖奥斯本指出:"想象力建立了强大的美国。"

儿童想象力的发展,有一个过程:

1~2岁:出现想象的萌芽,依靠相似的事物想象。

2~3岁:发展初级阶段,想象没有目的。

3~4岁:自由联想性质的想象。

4~5岁:从无意想象开始出现有意想象。

5~6岁:想象开始以有意创造为主,而且内容丰富,情节新颖。

6岁以后呢,孩子的想象力会一直保持下去吗?答案是否定的。美国权威机构调查表明:孩子1~2岁时,想象力、创造力高达96%,但6岁上学后就开始骤降,到10岁时,想象力、创造力只剩下4%。教育进展国际评估组织曾对21个国家进行调查,结果显示:中国孩子的计算能力排名第一,想象力倒数第一,创造力倒数第五。为什么会这样呢?因为6岁以后孩子上小学了,上小学就意味着考试、分数、成绩,而这些都是有标准的。

在我们日常生活中常常会碰到以下的对话情景:孩子对妈妈说,妈妈,我要吃天上的棉花糖,妈妈回答说,傻瓜,那是天上的云。而美国妈妈一般会回答,孩子,等你长大了,是可以做一个那么大的棉花糖的。

在学校,孩子的想象力被老师的"评分标准"扼杀;在家里,孩

育程文化家庭教育指导老师合影

子的想象力被大人嫌弃。在老师和家长眼中，对就是对，错就是错，孩子的想象力毫无发挥的余地。这就是上学的孩子想象力急剧下降的原因。

想象力对孩子的学习以及日后发展的重要性无须多说，在"以分数论英雄"的年代，父母更要培养孩子的想象力，别给孩子定限制想象力的标准，比如天空必须是蓝色的、太阳只能是圆的、狗爬树是不对的……这些"必须""只能""不对"都会限制孩子的想象力。

要发挥孩子的想象力，丰富孩子的视野，让他们多接触新鲜的事物。比如在看书、讲故事的时候，适时反问孩子：你猜接下来会怎么样？不要急于说出结局，让孩子大胆猜想，甚至让他们"续写"故事。这些都能培养孩子的想象力。孩子眼中的世界和成人不一样，一朵白云在成人眼中就是云朵，但在孩子眼中可能会是棉花糖、飞毯、大床、羊群等。学前老师或家长应尊重孩子的想象力，孩子喜欢问为什么，是他们想象力萌芽的标志。教育只有顺应孩子的天性，才会真正有效，这就要求老师和家长面对孩子稀奇古怪的想法时，要懂得尊重孩子自由想象的权利，这是对孩子创造天性的最大保护。

德国的父母就如何培养孩子的想象力给出了几条原则：

（1）鼓励积极追求，而不是削弱想象力，就像肌肉需要锻炼一样，不锻炼就会萎缩。读书、画画、户外散步，都是积极的、对想象力有帮助的活动。此外，家长的行为胜过任何训斥和责罚。晚饭后家长看书，孩子会比较安静并且喜欢思考；相反，如果家长沉迷电子游戏，孩子也不会有看书的兴趣。家长的以身作则胜过任何早教方法。

（2）提供各种文具、工具和道具，比如无毒颜料、笔、折纸、橡皮泥等。孩子喜欢做饭，父母应该提供小厨具、小围裙。孩子喜欢玩穿衣游戏，父母则配合准备各种衣服、帽子进行多种搭配。在美国的课堂上，孩子们的桌子上经常会放有很多材料，比如纸巾、彩笔、花环、胶水、橡皮泥等，他们的任务就是用这些材料做自己的作品。这通常是他们最有成就感的时候。

（3）不怕麻烦和脏乱空间在人格心理学上也有重大的意义。在业余活动中，一个人可以自由支配时，他的个性才能得到充分的发展。同时，空间意味着一个人的安全范围，它带来的问题是被动、束缚、控制，这种环境下的人长大了可能会做机械的事，并有疯狂的控制欲。而在和谐宽松的家庭成长的孩子则冒险、主动，并能与别人打成一片，很容易获取成就与幸福人生。给孩子一个自由的空间，才是父母的伟大之处。

（4）家长积极参与，即使像过家家这样的游戏也可以充分培养孩子的想象力，说不定哪天他们编出来的超人逃亡的故事，明天就会成为电影情节。只要家长乐在其中，孩子就会玩得带劲儿。因此，家长要多参与孩子的游戏，多注意引导和知识的讲解。比如在讲到彩虹时，家长可以简单地解释：这是由于空气中的小水珠遇到光的反射和折射而形成的。这并不是让他们记住，而是通过不断地重复，加强他们对这个知识的敏感度。

（5）多鼓励，别强迫。如果孩子不感兴趣，永远不要强迫他学某项艺术。家长应该明白，即使孩子表现出对某类艺术感兴趣，他们的注意力也不可能总是集中在这方面。因此，要鼓励孩子并指出他们做得好的地方，比如孩子画了一幅画，家长应该说：看，你用红色笔画了一个房子，后面还有金色的阳光，线条简洁，很漂亮。同时要多说细节！

## 培养孩子的领导力

领导力是未来社会竞争力中重要的能力之一，是一种通过努力可以获得的高层次能力。这种能力可以拆分为一些可训练的要素，它是由一些可习得的要素所构成的比较稳定的能力，并且能够随着时间的推移和实践的发展不断优化和发展。

领导力是一种能力，应试也是一种能力，应试教育强调人才选拔，对保障社会公平性不可或缺。然而，成绩好的人不一定具备领导力，而具备领导力的人，往往擅长考试。一般而言，具备领导力的人往往独立、自信，更擅长快速掌握科学高效的学习方法，得到老师与同学的认同，其自信心也得到了增强。所以，领导力的开发和学习成绩的提高可以形成一种相互影响、彼此促进的良性循环。我们不排斥应试教育，但要超越应试教育，帮助孩子成为一名具备现代竞争力的综合性优秀人才。而领导力的开发可以超越应试教育，实现把握人生机遇、社会选拔和个人能力开发的有机平衡。

领导力开发意义重大，就现实而言，各行各业的杰出人才、成功人士，包括企业家、政治家、科学家，他们往往是具备杰出领导力的人，这些领导者在实现个人成功的同时，也实现了组织的发展。

美国孩子常常给人一种很阳光、很自信的感觉，殊不知这种自信是来自整个美国教育理念中从小就开始重视培养的领导力。

美国教育中定义的领导者是很宽泛的，它来自不同的背景、领域和多样的性格，有一些领导者可能随和友善，而有一些则相对冷静客观，每个孩子在他的一生中都有成为领导者的潜力。

虽然每个孩子的个性不同，成长环境各异，但是毋庸置疑，领导力是可以培养的。父母是孩子人生的引路人，许多成功的领导者也都坦言，他们的领导能力最初都来自父母的教导和影响。

美国非常重视孩子领导力的培养，以下六种方法非常值得我们学习和借鉴。

一是注意聆听。一个好的领导者并不一定要任何时候都掌握话语权、夸夸其谈，而是要学会倾听别人的意见，在合适的时机表达自己的观点。学会倾听是尊重他人的表现，更是一个从他人观点中不断完善自我观点的过程。如聆听时要面向前方，眼睛看着说话者，手放在膝盖上，认真思考所听到的内容，举手回答问题。

二是学会团队合作。美国教育非常强调团队合作。团队合作是美国孩子时常挂在嘴边的一个词，"孤胆英雄"在美国教育里并不提倡，事实上任何人的成功都离不开团队的合作。美国学校从幼儿园到大学，学生都要集体完成一个又一个项目。小到集体做一个小手工，大到研发一种新产品。美国教育里有一个专门的词叫作 PBL（Project Based Learning），就是以项目/专题形式为基础的学习，而团队合作是项目学习的基础。在一个团队里，每个人的角色是不同的，有领导者就必然有跟随者。而每个孩子的才能也是不一样的，在这个项目里是跟随者，可能在另一个项目里就是领导者。

三是学会控制情绪。一个好的领导者在遇到事情的时候，必定是客观、冷静的。这一点别说对孩子，其实对大人来说都不容易。孩子在成长的过程中经常会遇到种种困难，也常常会出现情绪失控的情况。美国教育强调，在孩子情绪失控的时候，不要试图和他们讲道理。孩子在发脾气时讲任何道理他们都是听不进去的，如果这个时候和他们讲道理，只会火上浇油。越小的孩子越容易因为一些很小的事情情绪失控。笔者通常的做法是：在孩子情绪失控的时候，把他带到自己的房间或是没有人的地方，先让他冷静下来。当然，孩子有时也需要通过哭来发泄一下自己的情绪。笔者通常会告诉孩子，你可以用哭来宣泄自己的情绪，但是哭并不能解决实际问题，我给你5分钟宣泄情绪的时间，但是5分钟过后，我希望你能够平静下来和我讨论这件事情的解决方案。

四是培养孩子的责任感。一个好的领导者要比一般人承担更多的责任和更大的压力。所以培养孩子的领导力就一定要让他们知道，他们未来必定会接受更多的挑战，承担更多的责任。培养孩子的责任感可以从一些小事做起。比如给孩子制定一个相对容易实现的目标，或是分配他做一些力所能及的家务，这些都是培养孩子责任感的好方法。责任感也意味着"言必行、行必果"，答应的事情就一定要做到。美国教育强调，父母不要对孩子轻易地承诺，但是一旦承诺就要想尽办法做到。如果父母不能做到的事情，就不要对孩子开空头支票，因为父母的每一句承诺孩子都会牢记在心。一旦不能实现，久而久之，孩子也会养成没有担当的习惯。父母可以帮助孩子一起制订计划，并加以实施，这也是培养孩子领导力的好方法。

五是培养孩子在公开场合演讲的能力。在美国，小到一个班长的产生，大到美国总统的选举，都要通过演讲。美国从幼儿园开始就非常注重培养孩子在公开场合的演讲能力，每一个学期孩子都有 public speaking（公开演讲）的课程。并且每做完一个项目，学生都要做 presentation（项目总结）。

公开演讲的能力是可以通过训练培养的。从幼儿园开始，每周的讲故事时间，老师都会邀请一名同学充当小老师，协助老师完成课堂教学。笔者的儿子第一次被选上当小老师的时候，非常紧张。他很担心自己做不好，对笔者说："妈妈，我觉得我站在台上一定会脸红心跳，脑子里一片空白的。"于是笔者在家里和他进行了好几次模拟，从每一句话的停顿到要配合什么样的肢体语言，反反复复练习几次后，儿子变得越来越有自信了。这样做的目的是帮助孩子建立自信，同时预测如果发生状况的时候应该如何去应对。

六是培养谈判技巧。中国教育强调孩子在家要听父母的话、在学校要听老师的话，而美国教育则强调任何事情都可以商量/谈判。谈判的对象可以是父母，可以是老师，甚至可以是任何一个权威。打破条条框框，培养孩子挑战权威，勇于表达出自己的不同意见的能力，这也是美国教育中训练孩子成为未来领导者很重要的一条。

## 培养孩子的创造力

创造力是人类特有的一种综合性本领，是一种产生新思想、发现和创造新事物的能力，同时它是成功地完成某种创造性活动所必需的心理品质。创造力主要由四个要素构成：一是知识，二是智力，三是能力，四是人格。

（1）知识。外在知识是看不见的，吸收多少在于孩子，在于孩子认识知识、记忆知识、运用知识的能力。知识是创造力的基础，丰富的知识对孩子日后提出创造性的设想非常有帮助。知识可以丰富孩子的内在，克服自卑心理，增强自信。

（2）智力，是指人认识、理解客观事物并运用知识解决实际问题的能力，包括观察力、洞察力、记忆力、创造性的思维能力等方面。从多元智能来看，一个人从出生就有八种能力，一般孩子之间智能的板块差别是不大的，只是在于某一个领域的区别。

（3）能力，是一个比较抽象的概念，日常生活中，我们常常会说某个人某一方面的能力很强，通常是通过某一件事来做出判定的，也可以说这个能力是综合性的。我们的孩子学习知识的能力非常强，但是在运用知识的能力上却表现得比较弱，这与国外的孩子恰恰相反。我们在教育过程中要重视什么？我们的教育缺失了什么？这值得我们深思。

（4）人格，是一个人在创造活动中表现出来的创造素质。一个人格健全的人，情商和意志力非常重要。情商是一个人控制自己感情和情绪的能力，以及坚强的意志力。

了解了创造力之后，那我们怎么判断一个孩子是否有创造力呢？老师或家长可以通过孩子日常行为上的表现来判断他是否具有创造力。创造力表现在一个孩子行为上的变通性、流畅性、独特性。变通性是指思维能随机应变，举一反三，不容易受到其他因素的干扰。比如画画，每个孩子都是天生的画家，孩子与众不同的画就是他创造性的表现。流畅性是指一个人的思维是跳跃的，也是联动的，反应较快，能够在较短时间内表达较多的观念。独特性是指对事物具有不同寻常的见解。

一个有创造力的孩子的智商必然很高，而一个高智商的孩子创造力却未必很强。理解了创造力，我们才能更好地激发孩子的创造力。如果父母停止学习，那么孩子也停止学习，要成为"学习型父母"，通过自身的学习影响孩子的学习。创造性始于个体，但又离不开环境。家庭是个体生活最初的场所，父母是第一任老师，父母的教育方式对个体的创造力产生巨大的影响。学校更多的是按照统一的标准来施教，真正的因材施教、个性化教育更多的是在家庭教育中实现。而家庭教育的根本在于父母，家庭教育可分成四大类型：①忽略型：给孩子很少的爱，低标准和低要求。②溺爱型：对孩子满满的爱，低标准和低要求。③独裁型（野兽型）：对孩子很少的爱，高标准和高要求。④恩威型（积极引导型）：对孩子满满的爱，高标准和高要求。陪伴孩子往往也就是那么短短的几年时间，孩子天生对父母充满了爱与期待，因此父母要给予孩子充分的爱与合理的引导。一个值得孩子尊重和信任的父母，才能更好地进行亲子沟通。

## 培养孩子多元文化的交流能力

世界一体化是时代大趋势，中国是一个多民族的国家，无论是对内还是对外，都需要处理好多元文化的关系，对内是各民族的文化共存发展问题，对外则是与他国文化交流发展的问题。为了适应社会发展，培养孩子适应多元文化的能力非常重要，如培养国际语言交流的能力，培养换位思考的能力，培养孩子的包容力等，这些决定了孩子的视野与发展机遇。

培养孩子多元文化能力，首先就要培养孩子对多元语言的兴趣爱好，如儿童英语教育已经逐步发展成一门重要的学科。英语，作为一门国际语言，也越来越受家长们的重视。作为启蒙教育的奠基石，幼儿英语教育也成为社会所关注的热点。现在，随着社会经济的发展，家长们越来越注重双语教育，这已成为他们的迫切需求。实践证明：让孩子在语言发育时期就接触英语，同时运用英语和中文去表达自己的意思，对孩子的语言发展有很大的好处。可以通过多种多样的教学方法，提高幼儿对英语的兴趣。

双语教育能让孩子们接触到多元文化，拥有良好的元语言意识，使孩子们的思维更开放、更客观。再加上日常生活中接受双语教育的学生不断进行两种语言学习自由切换训练，能够从不同角度看待问题，认知灵活性更强。也就是说，个人创造力越来越强，奠定好基础，有助于提高孩子处理和解决问题的能力。

不同的语言背后蕴含着对这个世界的不同理解，多掌握一门语言，就能够多领悟一种思维方式和价值观。就拿汉语和英语来说，句子结构就不太一样，学过英语的人应该都知道，英语长难句极其复杂，一个长难句中包含了很多的从句、倒装句、被动句，等等，和中文差距较大，想要真正理解它的意思，还需要一番细致的学习。在这样的环境中成长的孩子，接触多元化学习内容，为他们打开了另一扇窗口。能够熟练掌握一门外语，不仅能与外国人自由交流，成为密友，还可以理解他们的诗歌、民俗等，从而拓展知识、开阔视野。

# 第五节　性格心理学：解密好运，打开慧眼

人物名片：梁芷菁，国际九型人格协会（美国总会）认证资格专业导师，持有高级企业心理教练证书，为 NLP 高级执行师，家庭及心理治疗师，守藏史（广州）企业家研习社联合创始人。

梁芷菁专注研究九型性格心理学超过 12 年，深圳市盛世盛德厚德商学院有限公司、泉州创启传播有限公司及多家香港知名保险公司特聘高级导师，广州麦田教育创始人，已在香港、深圳、广州、佛山、清远、福建等地教授心理沟通技术影响超过 2000 个家庭。

### 拿到心理学的万能钥匙

在工作和日常生活中，你是否会遇到以下问题：在销售中，做出了许多努力，但客户最终仍没接受你的产品或服务；在家庭中，是否有与爱人相处越久，但感觉相互之间却越来越陌生；孩子性格叛逆，不愿意沟通，和你说话越来越少。如何做到与客户有效沟通？如何保持婚姻的鲜活力和与孩子的亲子关系？如何避免负面情绪的影响？如何将负面情绪转换为正面能量？如何通过情绪的能量去影响和感染他人？这就需要学会找到隐藏在情绪背后的密码，拿到心理学的钥匙。

### 解码"好运性格"

每个人都渴望成功，可是成功的路上充满坎坷，由于每个人的思维方式、性格、经历不一样，因此并不是每一个人都能获得成功，个体之间的差异源于不懂自己和他人。古语说，"龙生九子，各有不同"，不同的性格具有不同的能量，不同的性格连接不同的宇宙能量。

一个人的性格形成来自他的成长经历、经验形成的信念与价值观，而不同的信念与价值观会影响人的情绪与思考方式，进而影响他的行为模式。如果一个人能够认知自己的情绪习性，是可以走出自己的性格限制的。

因此，我们只有读懂了人，才能更好地与不同性格的人沟通与合作，人际关系处理好了，事情就会顺利，心情就会好，心态好，命运就会好。那么，如何通过解读自己的性格和了解他人性格来了解不同型格的人之间有哪些关系相互影响呢？可以从以下几方面来了解不同性格对我们的财富、情感、人际关系、个人成长、家庭关系等的影响。

# 使命的力量
## ——知名企业家谈创业

### 财富性格"赢在匹配"

人的性格与人的财富有着密切的关系,在事业中,每个人都扮演或担任着不同角色与职位,我们对此可以把人的性格分为"帅才""慧才""将才"三大类型。

一是直觉主导型——"帅才"。这类人的性格惯性焦点在于习惯控制与打败他人,对他人发号施令,多带有"法官"特性。拥有这类性格的人的强项是高行动性、直率简单、决断力强,弱项是缺乏逻辑分析能力,较为顽固,处理问题没有弹性。

财富能量方面,要提升"共识与欣赏",连接众人的力量;提升"独立与大爱",建立自己的思考系统;连接"欣赏与感恩",要学习多欣赏他人及感悟身边的事物。

二是情感主导型——"将才"。这类人的性格的惯性焦点是寻求他人对自己的认同,不停地进行自我包装,以吸引他人对自己的重视和爱,渴望得到他人的重视,投其所好。

财富能量方面,要提升"内求与慷慨",要回到内心最想要什么;要提升自己的"格局与境界",建立自己的事业的根;要提升"灵活度与大爱",多用体验去换位思考,连接他人。

三是思考主导型——"慧才"。这类型的人喜欢沉浸在自我幻想和自我陶醉的世界里,自我感觉良好。这类人的强项是逻辑思考能力强,是谋略方面的专家。弱项是他们害怕挑战,与人连接的情感表现能力弱,自信心不足,缺乏胆识与魄力。

财富能量方面,要提升"格局与胆识",要向向日葵一样绽放自我;要注重与人的关系进行连接,要注重"融入与体验",融入团队中。

梁芷菁接受广东电视台采访

### 团队性格"赢在同频"

俗话说:"没有完美的个人,只有完善的团队。"作为团队领导者，如果不能清晰团队成员性格的"死点"与"活点"，就无法清晰成员的思维模式及行为背后的深层次动机，也就很难清晰他人的动机与需求，从而很难达成共识。如何才能更好地构建强有力的团队？答案就是要做到知晓团队成员的个性与局限，做到知人善任，扬长避短，人尽其才，从而提升管理效能，建立优胜团队。

在团队中，不同性格色彩的人具有不同的性格特征。根据性格色彩学，我们可以把人分成红色、蓝色、黄色、绿色四种类型。

红色性格特征的人反应快，但往往记性较差，并且这种人往往很要面子，很在意他人对自己是否关注，需要他人及时回应，如较喜欢肢体语言，需要他人及时关注与赞美。这种类型的人喜欢具有挑战性的工作，较适合从事"开疆拓土"的工作，例如营销、公关等岗位。代表人物是孙悟空。

蓝色性格的人的特点是喜欢独立思考，不盲从，坚守原则、注重承诺、遵守规则，做事井井有条，是完美主义者。这种类型的人性格较为内向，更注重事物的逻辑性，经常扮演问题分析的角色。蓝色性格的人意志坚强，但容易墨守成规，死板教条，不懂变通。代表人物是唐僧。

黄色性格的人的特点是以目标和结果为主导，不达目的绝不罢休，更注重价值和结果。黄色性格的人说话喜欢简明扼要，不喜欢拐弯抹角。适合处理纠纷及业务投诉、客户服务等。代表人物是猪八戒。

绿色性格的人的特点是爱静不爱动，追求平淡幸福的生活，追求和谐的人际关系。绿色性格的人反应慢，不太喜欢与人竞争，注重安全感。比较适合办公室文秘类、编辑、财务数据类工作。代表人物是沙僧。

一个卓越的团队要拥有不同性格与能力的人。不同性格的人具有不同的能量，发挥其所长，避其所短。管理者最重要的责任是要将团队中各种性格的人的能量激发出来，将团队中的帅才、将才、慧才放在能发挥他们能力的位置上。对于经营者来说，你能匹配发挥多少帅才、将才、慧才的能量，你的事业就能做多大。

## 人际性格"赢在需求"

人际关系是人与人在相互交往过程中所形成的心理关系，良好的人际关系是一个人高情商的体现。人际关系的能力大小决定着一个人的事业成败。同时，一个人的人际关系也影响着一个人的幸福感。"性格心理学"是一把破译性格密码的钥匙，它能帮助人深入了解自己和他人的性格特征，准确地判断和掌握他人的长处和短处，从而更好地与他人相处、沟通。

性格心理学揭示了人们内在最深层的价值观和注意力焦点，它不受表面的外在行为的变化影响。了解性格心理学，有利于了解人的惯性的思维模式及情绪反应和行为习惯等。人的性格主要分为三大类型：一是直觉主导型，二是情感主导型，三是思考主导型。

（1）直觉主导型。这类人注重通过亲身经历来明白事理，他们不喜欢空泛的理论与抽象的表达沟通方式。这类人多侧重于用经历与体验、感觉去感知和了解事物。同直觉型的人沟通，要用分享体验、感受的方式去表达。沟通时要鼓励他们去体验所有情绪，关注他们的快乐、哀愁与痛苦，采用对方体验并感受到的关怀与爱的方式去同他们交流。

在培训中的梁芷菁老师

（2）情感主导型。这类型的人多通过情感来明白事理，喜欢以情感感受的方式来沟通。这类人的弱项是太注重他人对自己的观感，对逻辑、数理等表达方式较难掌握与接受，难以用道理说服他们。但是，他们的强项是有同理心，对他人的感受十分敏感。这类人在沟通时大多关注对方的真实感受，不喜欢讲大道理的表达方式。与他们沟通时要关注他们的内心感受，要真心对他们的问题表示关心，分享体验或以实际事实体验来表达沟通，称赞他们的成就及成功，注重他们一切的感受。沟通时，多带情感去表达。

（3）思考主导型。这类人注重视觉感，注重画面感，沟通表达时语言词汇要有画面感，采用简洁、直观的表达方式，要告诉他们依据与因果关系。这类人的强项是逻辑性强，是问问题的专家，反思能力强。弱项是情感表达薄弱，同理心不足，自信心不足。同这类人沟通要多以理性表达为主，要有例证与证据，要有逻辑性。

### 家庭关系"赢在亲密"

在家庭关系中，夫妻关系是最重要的关系，当新婚夫妻度过了蜜月期，特别是有了孩子以后，生活与工作压力也随之而来。人在受到压力或痛苦时，往往会把坏情绪带给自己最亲近的人。这样夫妻一方往往会伤害到另一方，自己最亲密的人的关心、付出与支持也变成理所当然。

在芷菁老师的案例中就有这样一位婚姻的"受害者"小静。小静与老公小李恋爱结婚后，小静为支持老公的事业，家里家外都是自己一个人干，然而没想到随着老公的职务的提升，现实生活与小静的理想越来越远，小静感到越来越孤单。以前有事都会找自己商量的老公，现在连话都不愿意说了，她有时为老公工作上的事想发表一些自己的看法，总是被老公无情地挡回来，不是说"你不懂"，就是说"我累了"，小静内心十分委屈，心想"我不是担心你吗？你干吗总是拿好心当驴肝肺"。

有时让老公去厨房洗个碗，可是过去一看，厨房灶台上的油渍一道一道的，小静就唠叨老公连这点活都干不好，老公感到不舒服，从此回家后，不是看电视，就是玩游戏。生活中他们总是为琐事吵吵闹闹，到后来发展到老公干脆很晚回家，理由不是工作忙，就是应酬多。后来两个人吵得不可开交，用小静的话说，"彼此找不到感觉，想有一个亲密感觉比登天还难"。最后两个人的关系发展成"冷暴力"，谁也不理睬谁。

面对这种冷暴力，该如何处理呢？

冷暴力往往发生在男人身上，因为大多数男人不擅于表达。对于女性来说，一生气或者可以用哭来表达；或者可以找他人诉说。而男人大多采取的是冷暴力。其实这种性格的模式多源自原生家庭，如原生家庭父母愤怒的表达方式是爸爸一句话也不说。这种原生家庭关系的影响会折射到小孩未来的婚姻生活中。因为这种影响会在孩子小的时候产生婚姻关系的意识，意识背后会形成信念与价值观。因此，婚姻关系的处理其实也是信念与价值观的处理。

如何让家庭关系更和谐、更亲密呢？真正有效的处理方式就是改变沟通方式。最重要的是如何表达及如何让对方接收到，这就要清晰对方的性格特点，清晰对方的动机与需求。

以小静老公的性格为例，小静的老公属于思考智慧型性格，多沉浸在自己的世界里，与现实脱离，重视自己的隐私，是一位不容易受情感牵动且看透世情的人，同时也是一个典型的自力更生及独立解决问题的人。这种类型的人不想让别人参与他的世界，除非他主动找你，否则不能打扰他的空间，要尊重他的私人空间。面对这种性格的人，要恳请他勇于分享，鼓励他敢于表达，同时要尊重其隐私权，不要误以为他在拒绝你。要告诉这种性格的人你的需求，要用一个清楚但不是要求的态度。例如："谢谢你的分享，我看到你思考问题的深度，也看到你处理问题的智慧。有你这样有机智处理能力的老公,我感到很有安全感。"如果清晰了解对方的性格与需求,很多问题或矛盾都可以通过沟通来化解。例如,情感主导型要的是关心与拥抱。思考主导型要的是尊重与不定时的礼物。直觉主导型要的是赞美与感谢。"性格心理学"可以让"爱"有正确的表达方式,可以改善夫妻关系,帮助夫妻实现高品质婚姻。

梁芷菁老师在培训中

## 结语

曾创造两家世界五百强企业、"拯救日航"的日本经营之神稻盛和夫强调,"作为企业家,一定要同时具备两方面的性格特征:该大胆时大胆,该细心时细心"。① 美国作家斯科特·菲茨杰拉德也曾说过:"一流知性之人同时拥有两种互相对立的思维方式,能使其各自正常发挥作用"。

因此,领导者要有大胆与细心的"两面性格"。毛泽东形容自己的性格具有"虎性与猴性"。道家老子则主张:"学识渊深而莫测,志趣高邈而难知;如蛇之随时屈伸,如龙之应时变化。"性格没有好坏之分,只在于适时、适人、适地。

芷菁老师数十年如一日将性格心理学应用到人的心性修炼中,为正确引导和培养孩子身心健康、快乐成长提供有效的方法,从而发现孩子的先天优势,打开孩子的天赋才华。

芷菁老师将性格心理学与个人事业财富、家庭情感关系、个人成长等方面联系起来进行原理分析,帮助人们从性格心理学上觉察人与人的关系、人与家庭的关系、人与事业的关系,从而更好地处理各种关系。特别是在夫妻情感关系与事业关系方面,帮助更多的人提升个人情绪管理能力与财富能

---

① [日]稻盛和夫:《京瓷哲学:人生与经营的原点》,周征文译,曹岫云译校,东方出版社2015年版,第175页。

量，从而深层次认可自己、接纳自己、欣赏自己。

关于教学，芷菁老师认为，中国家庭教育最应接受教育的不是孩子，而是父母。孩子12岁之前的经历、体验决定了今后的信念与价值观。心理学对婚姻家庭同样具有重要的作用，离婚的背后不是因为存在第三者，不是因为价值观，而是因为不会沟通。改变要先放弃"刀子嘴、豆腐心"的表达方式。

关于人际关系，芷菁老师认为，一个人喜欢你是因为你让他更喜欢自己，当你懂得性格心理学时，你可以召唤人际关系中一切你所需要的资源。

## 第六节　徐氏中医：为中医寻找出路的人

**人物名片**：江西徐氏中医第四代传承人徐袈宸，中医诊治标准化的探索者。其开创的"中医智能诊断系统"得到了国家的肯定与支持，将传承中医积累下的经验结合现代化的管理方式服务于更多患者。

徐氏中医何许人也？带着这个问题，笔者一行走进这百年中医世家，以期了解它的发展历程。在我国，无论是标准化、连锁化，还是智能诊疗系统，作为国粹，中医都优于西医。中医可以避免西医点滴打针的副作用。为了少打针、少打点滴，徐氏中医人在实现将中医走出去、为世人做贡献的路上付出了很多努力；特别是同第四代传承人徐袈宸的交流中，我们感受到徐氏人对中医事业的情怀与使命感。聆听他们一段段不平凡的人生故事，笔者热泪盈眶；洞悉他们那非凡的灵魂，他们是那么真实，令笔者久久难忘。人生发生的一切都是完美计划的一部分，而他们已经创造出一个"中医界的阿里巴巴"——徐氏中医。

要了解徐氏中医，就要从第一代徐氏中医的创立者、中国近现代中医名家——徐永生说起。徐永生（1896—1976）1912年跟着父亲创立上饶徐氏中医馆，1940年参与创建上饶市人民医院并任院长，1950年之后，历任上饶市人民委员会卫生科副科长、上饶市人民医院副院长兼中医科主任、上饶卫生局负责人、上饶市立医院院长、上饶市政协委员等职。作为上饶医学界"泰斗级"人物，徐永生的个人事迹被收录于《上饶名人录》。

徐永生自幼就受传统中医文化的影响，跟随父亲专心学习医术，24岁时已经能独当一面，开始独立应诊。他一生遵循"医乃仁术"的古训，治病不分贵贱贫富，一视同仁。在徐永生的医案记里面记载着这样一个故事：1955年，一位年轻的女孩不幸得了葡萄胎，因不愿手术治疗而转求徐永生收治。病人再三恳求，经过慎重考虑，徐永生答应收治该患者，并尽其所能为患者治疗。他通过四诊仔细辨析了病人身体的综合情况，决定采用扶正益气、破血引血的治疗方法，开方三剂，患者很快便康复，后来还连生两胎，母子平安。这样的案例在徐永生一生行医救人的过程中数不胜数。他治病不分贵贱贫富，一视同仁，足迹广涉上饶的玉山、广丰、铅山、横峰等地，年纪轻轻就已经是上饶远近闻名的医生了。他学习各种临床诊疗知识，精研中医医理，特别擅长中医内科、儿科、妇科，尤以妇科闻名于世。时至今日，这些仍是徐氏中医在人们心中留下深刻印象的名片。

徐氏中医第二代传承人徐远震,同样从小受家庭中医文化的熏陶,20岁时从江西省第五医士学校毕业,学的是中医。然而,新中国成立以后,存在中医不科学、可能会被取消的传言,为了保证能够继续学医,徐远震就改学了西医,在医士学校学了两年半,毕业后在医院从事临床工作。1951年被调到卫生局工作。1958年,几个大城市中医学院成立,各省陆续成立中医学院,于是徐远震又考了中医学院,在江西中医学院又学了4年。当时都是老中医讲课,言传身教,临床经验丰富,理论知识讲得不多,主要讲的是如何看病。毕业后,徐远震回到市立医院中医科,和父亲一起工作。当时中医科人数比较少,一共6人,但是门诊量比西医还多,中医很快兴旺起来了。

一次徐远震在吉安跟一名老中医实习期间,遇见一名6岁男孩患者,不会说话,一身冰凉,也不吃饭。老中医问:"徐远震,这是什么病?"把《汤头歌诀》背得滚瓜烂熟的徐远震回答:"这是'蛔厥'(伤寒厥阴证)。"老中医接着说:"把乌梅汤写出来。"徐远震从容地将它写了下来。男孩的病西医治疗7天也没有见好转,而吃了他们开的第一副药后便有了好转的迹象,拉了30几条蛔虫出来,接着男孩说要吃饭、喝水。吃了三包药过后,男孩就痊愈出院了。

2012年,徐氏中医第三代传承人徐绍萍受邀为毛泽东之女李讷、刘少奇之女刘涛等同志问诊,徐氏医术进一步得到大家的肯定。刘涛女士为徐绍萍提笔赠墨——"徐氏中医,传承中医,造福人类",李讷女士则称赞徐氏中医"精益求精"。2013年4月6日,俄罗斯、斯洛文尼亚、马达加斯加、立陶宛、波兰、克罗地亚、乌克兰、捷克8国大使齐聚上饶,一同体验徐氏中医博大精深的中医文化。

2014年,徐氏中医在上海股权交易中心挂牌上市,成为江西省第一家挂牌上市的中医企业。同年6月8日,徐绍萍为缅甸总统吴登盛及缅甸将军看病。

徐氏中医第四代传承人魏袈宸,作为与时俱进的开拓者,将中医这门古老的国粹与现代化的管理方式相结合,开创了中医连锁标准化的模式与规划。他凭借徐氏中医100多年的经验,解决了连锁中医馆"诊治标准化"的难题。

在徐袈宸看来,徐氏中医在100多年的发展历程中经历的许多波折,与传统中医在近现代遭遇的危机是同步的。每一次波折都有一个或几个传承人"守死善道"、无所畏惧地坚持下来,才有了它那百年的历史。

纵观我国医学发展史,近代西方国家派遣了大量传教士及医务人员到我国，到处设立诊所、开办医院，妄图以此来争夺在文化方面的"势力范围"。据记载，到1911年，各教会医院设立护士学院，以半工半读的方式培养医务人员的情况则更为普遍。在他们的影响下，接触学习西医的人，对中医抱着一种不以为然的态度，甚至认为它是一种封建迷信的骗人把戏，不但对它加以反对，还提出废止的建议。中医的发展受到了巨大的冲击和阻碍。但是，由于中医在人们当中有着深厚的基础和很高的威望，因此在广大农村，人们防病治病一直采用中医治疗；甚至是在已经设立了西医医院的大中城市，大部分内科患者也还是愿意找中医而不找西医看病。而徐袈宸的太公徐永生就是在这样的时代背景下创办了徐氏中医，既为悬壶济世，治病救人，也担负着传承中医事业的家国使命。虽然因为受到历史、社会形势屡屡变化等因素影响，徐氏中医的发展充满坎坷与波折，甚至很多时候以"家即医馆，医馆即家"的形式渡过难关，但徐氏中医的精髓与使命却绵绵相续，成为今天的徐氏中医人秉承的医者精神和时代使命。

党的九大以来，国家出台了多项扶持中医事业发展的政策，特别是2018年国家出台了开办中医诊所只需备案的政策，使得开中医诊所不再像之前那样要跑很多部门、办很多手续，只需要备案持证上岗即可。这是中医药发展史上一个重要的转折点。可见我国对中医发展越来越重视。随着电视剧《老中医》的热播，"悬壶济世""医者仁心"的传统文化再次走进公众的视野。近年来，越来越多的中医和养生理念进入老百姓的生活。同时，中医药的疗效问题也颇受社会关注。

在徐袈宸看来，人最宝贵的是生命，加强对中医的认识和了解，比如气血畅通、疏通经络等，将有助于促进人体健康、降低得病概率。目前，癌症已成为严重威胁人们身体健康和生活质量的"头号杀手"，据《2018年全球癌症统计数据》报告显示，2018年，全球约有1810万癌症新发病例（我国占380.4万例）和960万癌症死亡病例（我国占229.6万例），我国癌症发病率、死亡率居全球第一。

然而，尽管目前治疗癌症的手段越来越多，从传统的化疗、放疗到靶向治疗、生物疗法等，但治愈率仍然较低，而且化疗的毒副作用大、易产生肿瘤耐药性。而中医在预防癌症方面具有独特的理念体系和辨证诊治诊疗方法。很多中药本身就具有抗癌作用，能够有效抑制肿瘤细胞生长、缩小或稳定肿瘤、提高患者免疫功能、减轻或改善肿瘤患者临床症状和体征。在徐袈宸看来，中医药同时具有时效性、有效性、安全性、副作用小、价格低的特点和优势。加强中医药防治癌症的研究和应用，将有效提高我国癌症防治水平，为推进我国促进医疗卫生事业发展发挥重要支撑作用。

虽然未来的路并不总是一帆风顺的，但作为徐氏中医的第四代传承人，徐袈宸充满信心。现在首先要做的就是让徐氏中医走出江西。他认为，他的医馆给人的感觉应该是其乐融融的、亲切的、暖暖的，而不是一个因循守旧的、非常古板的中医馆的形象。对于新中医的行医观念，特别是医者，徐袈宸有异于别人的看法，医生不仅要保持"医者仁也"之心，同时也要有医者口术。纵观众多医患纠纷案例，有些患者之所以迁怒于医者，是因为觉得医生在治病时失去了人情味，只是冷冰冰地看病、开药，缺乏对患者的关心，让患者感觉自己的死活与医生无关。因此，医生有必要掌握对患者进行心理疏导的话术，掌握与病人沟通的技巧。

中医有"七情致病"之说，说的就是"正气存内，邪不可干"。"七情"是喜、怒、忧、思、悲、恐、惊七种情志活动的合称，《黄帝内经》记载了七情的变化对人体的影响："心在志为喜，肝在志为怒，脾在志为思，肺在志为忧，肾在志为恐"，故"怒伤肝，喜伤心，思伤脾，忧伤肺，恐伤肾"。对七情所致病症的治疗，应以精神治疗消除病因，以药物或其他方法（如针灸）治疗脏腑气血的损伤，或消除病理性产物。作为医生，需要承载更多的能量，通过人文关怀，使患者精神上能够自我调节，心理上保持健康状态，从而达到更好的治疗效果。徐袈宸认为，作为一个医者，他的追求不应在求术而在得道。

徐氏中医经历了100多年的时光积淀，见证了中医的兴衰变迁。多年来，无论社会形势如何变化，道路如何坎坷、波折，徐氏中医人都秉承医者精神治病救人。治病不分贫富贵贱，这既是徐氏中医一直坚持的传统，也是徐氏中医的使命。

笔者与徐袈宸留影
左起：王辽东、徐氏中医第四代传承人徐袈宸老师、温雁冰

徐氏中医第三代传承人徐绍萍医生家庭聚会

笔者一行参加徐氏中医团队聚会

# 第七章　导航品牌，定位商业领袖

## 第一节　让世界看见你
——新时代网红经济操盘手的传奇故事

人物名片：龚春燕，广州古农会企业孵化器有限公司董事长，广州古村之友协会副会长，深圳前创投孵化器有限公司合伙人，广州鼎辉展览有限公司创始人，全球 KOL 电音嘉年创始人，大型 IP 活动展会策划人。

她是打造个人 IP、帮助个人 IP 实现人生价值的平台运营创始者，她是百万人气主播资源的整合者，她是线上数十万网红经济的运营操盘手，她也是线下万人现场活动的举办者。她不但是一位自信且富有爱心的精英女性，同时也是一位具有超级魅力、使命感和执行力的企业经营者。本次笔者一行来到广州保利世贸中心古农会创始人龚春燕的工作室，对龚春燕女士进行了采访。

在交流中我们产生共鸣，特别是谈到企业家精神与企业家使命的话题时，这源于她在企业创立过程中遇到的坎坷和在绝望中的突围。龚春燕出生在一个偏僻的农村，读完中学的她像大多数人一样南下找工作。由于学历不高，龚春燕进入工厂做了一名流水线工人。做了一年多后，她开始思索人生的出路：总不能在工厂打一辈子工，但当时的她不知道未来在哪里，总之就想换一份工作，不想这么平淡无奇地度过一生。于是她去找了其他工作，从事过保姆、派单员等工作，但这些工作并没有让她增加多少收入，也没让她学习到什么技术。

10 多年前，一次偶然的机会，龚春燕来到广州，为了找客户，她从街边店开始，一家家地去拜访，结果拜访了 5000 多个客户。这样的打拼，不仅锻炼了她的意志，让她树立了自信，也成就了她今天的事业。

当今时代，一个网红在直播平台上做销售月收入十几万元也不是什么稀奇的事了。时代真的变了。龚春燕认为，时代在发展，不要看不惯 "80 后""90 后""00 后" 的一些习惯，因为他们现在是这个时代的主角。从电商到微商再到现在的"直播+创业",每一个人都可以成为自己的CEO——个人自媒体时代到来了。

会展业是社会经济发展的风向标。在有着10多年会展活动举办经验的龚春燕看来,会展是最能反映新概念产品的。她看准了这个行业未来巨大的潜力,并开始留意自媒体IP的发展及个人IP的孵化。在她看来,一个好的IP可以发挥出巨大的社会价值。伴随着社会发展,一些虚拟经济项目开始出现,但人们认为真正支撑社会经济发展的还是实体企业。目前,实体企业对新兴的网红经济还不能接受,龚春燕希望能打造企业家IP的故事及CEO品牌故事,让更多的"90后""00后"知道这些故事,以此帮助中小企业主做好自己的实体企业,同时也希望能帮助青年创业者创业。

很多网红找到她,请她帮忙举办线下活动。她举办的电音节变成了网红的狂欢节。她邀请了著名DJ杨振龙、王北车等在广州举办了全球首届KOL电音嘉年华,吸引了全城电音爱好者前来狂欢,人数达上万人。

事实证明龚春燕的想法是正确的。据她了解,2019年春节,百度投了9个亿营销费,收入150亿,抖音收入95亿,如果每个人转发流量1×50;如果每个人用1万×500人流量,再转1000万至3000万的流量,这是完全可以做到的。

她希望通过今年(2019年)的努力,把营业额做到2000万。在了解了她拥有的优势和资源,尤其是她的执行力后,我们认为她的企业可以做到20亿。开始她有一些疑惑,但当我们讲出战略之后,她不仅觉得可以实现,而且迅速锁定目标。

那么如何升级企业目标呢?这需要老板转换思维,把业务思维变成战略思维。业务思维是赚的是部分客户的钱,战略思维是赚的是一类客户的钱;业务思维赚小钱,战略思维赚大钱。

做战略的人喜欢有执行力的人。有战略,没执行,结果等于零;没战略,有执行,结果不知道。没有战略的执行往往靠企业经营者的经历和感觉来判断,在互联网环境和消费升级趋势下,靠感觉和经验已经很难做出准确的判断。

如何让企业实现10倍营业额的目标?我用龚总桌上的一套茶具举例,把小茶杯、倒茶杯、泡茶壶一字排开,然后说,小茶杯中的茶水是我们想喝的,是我们想要的结果,那么结果是如何产生的?需要倒茶杯。茶杯中的茶是怎样来的?需要泡茶杯……以此类推。喝茶是结果,倒茶是行为,泡茶需要掌握茶、水和时间之间的节奏。作为消费者、客户,只要结果而不管过程,我们作为企业经营者却要抓全过程,并且一个环节都不能少。那么结果是如何产生的呢？结果是由行为推动的，行为是由思维产生的，思维是由心力驱使的，心力是由精神推动的。由此可以推出这样的公式：结果＝行为←思维←心力←精神。

问题是大多数人没有精神，心力不足，思维不够，只剩下行为，如何产生良好的结果？要想实现更好的结果，就越要从更高维次去处理问题。这需要从三个方面来解决：升级思维、提升心力、执行战略。

首先，升级思维。升级思维，才能发现未来。在一楼看一楼，处处是障碍；在十楼看一楼，处处是机会；在一百楼看一楼，发现新蓝海。很多生意不是没得做，而是不知道如何做。为什么需要打开思维？因为市场环境变了，客户需求变了，不转换思维，就只能被淘汰。打开思维，不是盲目打开，而是立足于自己的行业，以企业为圆心，以行业为半径，发现新需求、新机遇。

其次，提升心力。开阔了思维，发现了机遇，并不是结果。如何把机遇变成结果？这需要自己先相信。自己如何先相信？需要自己的心力支撑。毛泽东在青年时期就发现"世界、宇宙乃至万物皆为思维心力所驱使"。思维可以学习，但心力不是说说就有，心力体现在不畏困难和勇于担当上。

最后，定位使命和战略。有了心力的支撑，就可以吸引同心同愿者。如何执行？需要把思维和心力转化成使命和战略。使命是为了什么而干，战略解决的是如何从竞争中胜出。有了坚定的方向和明确的目标，才容易产生结果。

听了这样的战略思维，龚春燕认为实现20亿不是梦。很多传统企业家还在水深火热中，而1993年的网红经纪人已经开上劳斯莱斯了。"网红经济，你可以不理它，你可以鄙视它，但你不能忽视它。"互联网战略专家曾鸣也曾说网红经济不可小看。

如何让网红成就企业品牌，而不是简单卖货，是值得思考的战略问题。如果我们重新定位企业战略目标，问她能否整合100个网红，龚春燕说那是轻而易举的事情。我告诉她20亿目标战略，整合100个网红，成就10个企业品牌，每个品牌定位10亿品牌目标，那就是100亿价值，有100亿的创造价值，一年运作下来企业估值10亿，两年保守估值20亿。听完战略后，龚春燕认为完全可以实现。

发现了战略的意义，龚春燕说一定要去思考战略定位的问题。定位战略、升级思维、提升心力。

在采访中，当谈到员工时，龚春燕希望他们成为业务合伙人，月薪过万，买车、买房，安居乐业是她最大的愿望。一般会展行业离职率很高，但

## 使命的力量
——知名企业家谈创业

他们几乎没有离职的，除非她劝退。在龚春燕看来，有能力做老板的，她可以投资；想做职业经理人的，她提供平台；有资金的，可以参与投资。把原来员工的"天花板"打破了，让每个员工都得投资，刚开始她以为员工都会走，结果不仅都没走，每个人还投了13868元，成为公司业务合伙人。

在龚春燕看来，在当今自媒体时代，只要坚守法律与道德底线，人人都更有机会实现自己的梦想，人人都可以是明星。就是凭着这股相信未来的韧劲，她才取得了今天的成就。

龚春燕与笔者一行留影
左起：王辽东、龚春燕、陈永为、旷玲

## 第二节　一切都是伟大计划中的一部分
——记深圳凯词金融控股集团董事长黄词瀚

**人物名片**：黄词瀚，中国经济论坛副主席、ILCC 凯词资本创始人、全球上市公司俱乐部创始人、ILCC 前创汇董事局主席。

他是国际级企业家，是一个具有超级正能量，拥有着传奇人生经历的人物。他初中辍学，通过自学英语和演讲改变了一生，儿时的目标一个接着一个实现。他是众多中小企业家的导师，他相信，在追求真理的路上，无论是成功还是失败，一切都是伟大计划中的一部分。他是一个超级有魅力的男人。他用他的能量帮助和激励了很多人，他就是本次笔者一行采访的对象——黄词瀚，以下是对黄词瀚的访谈内容。

**笔者**：您作为 ILCC 全球上市公司俱乐部创始人，专注于企业上市孵化，同时您还是众多中小企业家的企业经营导师，您能否同我们讲讲您和全球上市公司俱乐部的故事？

**黄词瀚**：我读的书很少，初中 15 岁就退学了。那时候的理想就是离开农村，拥有一个成功的人生。我的经历算是比较"传奇"，从杂工开始自学英语之后成为英语老师，学习雕刻后又成立了雕刻公司，后来又做了职业演讲家，现在正专注于创业投资，也加入了一些国际组织。当时我是最早在国内做教育培训的，后来发现懂资本的不懂培训，懂培训的不懂资本。产融一般是大企业，而大多数中小型企业已成为我国经济发展的中流砥柱，如何帮助中小型企业实现"产业+金融"的升级，即实现凯词金融提出的"狗+狼"的"狼狗"战略，我做了培训家里的资本家，资本家里的培训家。

我国有非常多创业孵化器，在我创立这个创投孵化器之前，我国创业投资的总量实际上是非常少的。在从事多年的职业演讲生涯中，有很多企业家都有投资方面的战略和兴趣，但实际上并没有人教他们，而我自己在多年前学习怎样成为一名风险投资人的时候，也非常难找到合适的老师，这条探索的道路还是比较艰辛的。后来我就想，在"大众创业、万众创新"的背景下，有那么多的创业主体，必然需要很多的职业投资人，所以我们专门成立了一个专业的投资人孵化平台——ILCC 前创汇。

我们通过"导学投"生态系统引导业余投资人成为专业投资人，引导业余创投机构成为专业创投机构，打造"千领万投"的创投联盟圈，共生共赢的创投生态系统。

笔者：您在企业转型升级提出了"产融战略"，并成功地帮助多家企业上市，您能否跟我们分享一下产融战略对企业的影响？

黄词瀚：想要成为高手，没有教练的练习，再多勤奋的付出都有可能把自己练"残废"。在世界经济一体化的趋势下，无论你愿意不愿意，企业发展了就会有市场竞争，就必须与市场资本打交道，这就涉及企业的"产业＋金融"战略，转型的失败率是很大的，跨界需要心存敬畏。作为国内最早的产融平台，很多企业对上市股权资本并不清晰，同样需要导师。ILCC前创汇通过孵化的1800多名投资人、140余家创投机构，为全球股交培育、挂牌的中小企业提供资金源，推动优质项目和投资人的高效对接。凯词基金提供市值管理服务，运用赋能型的价值投资理念，挖掘企业的潜在价值，引领企业走向合适的资本市场。2017年11月，ILCC前创汇在美国成功上市，登上国际资本市场的大舞台。

笔者：是什么契机促使您决定在这个领域扎根？

黄词瀚：我是研究宏观经济学的，对许多金融资本界的人物都有研究，如国外的巴菲特、国内的沈南鹏，当你有了一个信念后，慢慢地会形成自己的一个圈子，我很早就有个梦想，就是希望成为金融界的价值输出者，知道怎样帮助企业跨界转行。

笔者：您有一个"逢九必投"的大会，资本助推企业腾飞，主要对企业有哪些帮助？有怎样的战略意义考虑？企业家如何梳理资本脉络，助力企业腾飞？

黄词瀚：现在"逢九必投"已经第45期了，每一期即每月9日都会邀请一位大咖来分享市场最前沿的金融信息，如我们会邀请纽约金融界的名师来与我们分享金融信息，这种学习形成了一个能量圈。

笔者：现在商界都在谈论商业模式、资本模式、融资模式等，都各自强调其在企业运营中的重要性，您认为一个企业最关键的成功要素是什么？

黄词瀚：我个人觉得企业成功的要素还是领导力，有些企业之所以被市场淘汰，其实是因为企业老板学习的速度没有超过社会发展的速度。

笔者：在移动互联时代，很多的实体经济、传统制造业都受到了很大冲击，它们应该进行战略转型还是经营模式创新？您是怎么做的？您怎么看待行业的转型升级？

黄词瀚：小成功靠计谋，大成功靠磨难。企业老板要把男孩子变成男子汉，如同稻盛和夫先生所说，企业家经营企业要有格斗般的精神，不要害怕失败，因为失败可以教会我们很多东西。企业家要具备不断提高意识的能力,这个很重要。要思考你是在为人民币服务还是在为人民服务,只有明确了自己的使命,才能发挥无限潜能,应对一切困难和变化。我创业以来搬家40多次,之前是像水一样漂浮,现在是做山引人,付出可以净化灵魂,我喜欢分享。

笔者:您是一个特别鼓励年轻人奋进的企业家,您对青年企业家有什么样忠告或者建议?

黄词瀚:千万不要让你的技巧超越你的品德,使命是最大的吸引力,这种力量一定是发自内心的。

笔者:您的使命是什么?您是怎样看待人生曲折与困难的?

黄词瀚:我从农村出来到自学英语,再到成为一个演说家,改变了自己的命运,整个过程是曲折的,但同时也是幸运的。小时候家里很穷,我就设定了几十年后的目标,向设定的方向努力,之后又有很多"贵人"出现在我的生命中,帮我实现目标。当目标变成现实后,整个人就会变得很有信心。我相信一切都是伟大计划中的一部分,一切的发生都是美丽的发生。

黄词瀚与笔者一行留影
左起:梁芷菁、刘娜、黄词瀚、王辽东

# 结　　语

　　改革开放以来，中国发生了翻天覆地的变化，人民生活水平得到了极大的提高，基础设施建设得到了极大的改善，国防力量日趋强大，国际地位日益稳固，国际影响力越来越大，科技水平日益发展。一座座高楼拔地而起，人民富裕，国家强盛。在党和国家领导人的带领下，我们国家取得了一个又一个辉煌成就。而在这改革开放的大潮中，还有一群为社会经济发展做出重大贡献的人，他们就是中国的企业家。他们是这个时代的开拓者、推动者、实践者、见证者、贡献者。他们有的从国外回来创业，将国外的先进管理理念、技术资金带到国内，致力于祖国的发展建设。他们有的背井离乡，从内地来到沿海城市，勤奋苦干，刻苦创新，谱写从制造业大国到制造业强国的中国企业故事。

　　他们很多人在最初的时候，其实并不明确自己的使命，只是想在这个时代做点事情。或许是先找到有能力干的事，干着干着就产生了价值，就有了热情，慢慢就找到了意义与自信，并相信了价值、坚信了意义，当一个人坚定自己、相信自己，慢慢地就有了使命。

　　如何找到自己的使命？企业家一路成长的故事，会给正在创业的年轻人很多启示。在走访企业家时，让他们给现在一些刚走出校门的年轻人及创业者一些建议时，他们给出的回答是，最初也不清楚自己的使命在哪里，只是有一个大概的愿景，就是想去改变。有时候也不太清楚企业是怎样走到今天的，有的认为是因为自己的勤奋和努力，也有一些市场机遇。但是，一个人一定要找到自己的热情，并将自己的热情转化为社会价值。当问到使命的重要性时，绝大多数成功的企业家们认为使命很重要，因为它就如前行的指南针，是团队的导航，是团队的风帆。过去怎么走过来的，也许也不太清楚，或许只是一种强烈的愿望；但是未来怎么活，则一定要清楚。

　　笔者团队一行在走访企业，同企业家交流的过程中发现，凡是优秀的企业，都有一种精神在影响着企业经营者。或许是自己的父母，抑或是自己的老师。生命中总有一个人的精神影响、指引自己，他们把这种精神作为自己的指引或创业的标杆。如宏远集团创始人林叔，父亲告诉他在改革开放时代"你要拥抱这个时代"。天安集团创始人马申回国创业，坚信中国一定会强大起来。广东温氏集团"精诚合作、贡献社会"的宗旨已融入第二代接班人团队里。他们的信条与家风家训已成为指引企业发展的强大的价值观，已经内化于心、外化于形。笔者猜想，或许这就是企业的力量之源，就是企业家精神，就是企业家社会担当与热情能量所在。

如何找到自己的使命与热情？我们总结了以下五个方面：一是用心体验，用心去体验这个世界，用心去做好每一件事，体验中去验证自己的想法，多出去走走、看看，体验了世界才有世界观；二是先广后深、先博后专，大千世界，总会有你自己喜欢的一样事业在等着你；三是将热情转化为价值，将自己喜欢的事转化为为社会做贡献、为世人做奉献的价值；四是找到人生榜样或行业标杆，向榜样与标杆学习，超越榜样与标杆；五是当人生什么都还没有找到的时候，用心做好四个方面：正心、意诚、致知、格物。

展望下一个40年。如果说上一个40年是我们"企业引进来"，是企业家打基础的40年，那么，未来40年将是我们"企业走出去"，在"一带一路"倡议实施的进程中，我们将带着"为实现中华民族伟大复兴"的使命，将我们的中国文化、中国故事传递出去，影响惠及世界更多的国家和人们。

守藏史团队

2018年10月18日

# 参考文献

［1］王辽东. 专注与多元［M］. 广州：暨南大学出版社，2014.

［2］潘锡军. 人性与机制［M］. 广州：中山大学出版社，2017.

［3］张盛林. 50招提升孩子的思考力：创意改变生活［M］. 北京：中国妇女出版社，2011.

［4］胡荣锦. 温北英的伊甸园梦［M］. 广州：华南理工出版社，2015.

［5］稻盛和夫. 京瓷哲学：人生与经营的原点［M］. 曹岫云，译. 北京：东方出版社，2016.

"企业家访谈"创作团队成员介绍：

守藏史创始人：陈思言女士

企业战略顾问导师：陈永为老师

守藏史企业家研习社团队介绍：

**陈思言简介**　河南·周口人

广州守藏史企业家研习社联合创始人；
深圳共好科技教育有限公司创始人；
深圳共好《经营智慧》系列期刊总编辑；
共好《经营智慧》系列期刊企业家访谈策划人；
义皇部落创始人

**刘娜简介**　湖北·襄阳人

毕业于武汉大学中文系；
广州守藏史企业家研习社联合创始人；
广州黑沙发品牌策划咨询有限公司创始人；
《心之力》《使命的力量》《经营智慧》书籍策划人、企业家访谈人

**梁芷菁简介**　广东·顺德人

国际九型人格协会（美国总会）认证资格专业导师；
持高级企业心理教练证书；
NLP高级执行师、广州麦田教育创始人、家庭及心理治疗师；
守藏史（广州）企业家研习社联合创始人

**彭梦吉简介**　河南·周口人

香港城市大学商学院研究生毕业；
广州守藏史企业家研习社联合创始人；
共好《经营智慧》系列期刊企业家访谈策划人兼撰稿人；
DISC 行为科学认证讲师及顾问；
4D 领导力系统认证导师及教练；
英国博赞思维导图认证管理师

**王辽东简介**　河南·周口人

大学本科学历，获中国政法大学法学学士学位；
广州守藏史企业家研习社联合创始人；
有方企业法律顾问团队《公司法》委员会主任；
企业法务顶层设计师；
现任共好《经营智慧》系列期刊特约撰稿人、点评人、首席文化官；
多家上市公司法律顾问；
出版《专注与多元》《人性与机制》《心之力》等系列作品

**温雁冰简介**　广东·江门人

广州守藏史企业家研习社联合创始人；
微时代电子商务创始人；
移动互联网营销顾问；
《心之力》《使命的力量》《经营智慧》书籍策划人、企业家访谈人

**乔方简介**　江苏·徐州人

2012 年毕业于上海政法学院；
守藏史（广州）企业家研习社联合创始人、访谈人兼撰稿

**旷玲简介**　湖南·衡阳人

广州守藏史企业家研习社联合创始人；
守藏史团队首席设计师；
共好《经营智慧》《心之力》《使命的力量》系列期刊企业家访谈人兼撰稿人

**褚慧诗简介**　广州·番禺人

广州守藏史企业家研习社联合创始人；
共好《经营智慧》《心之力》《使命的力量》系列期刊企业家访谈人兼撰稿人

**邢薇简介**　北京人

广州守藏史企业家研习社联合创始人；
共好《经营智慧》系列期刊企业家访谈人兼撰稿人；
中企职训创始人；
北京智科在线职业培训学校校长

**郭庆彬简介**　广东·汕头人

广东诚联律师事务所主任；
公司治理顾问；
高端个人（家族）顾问；
广东省公安厅《南方法治报》青少年版块特约撰稿人和专家评论员；
拥有 10 多年从业经验，长期专注于公司股权架构设计、控制权安排、章程定制、合同管理、家族（企业）治理、企业风险管理、刑事风险防落与控制

**梁惠明简介**　广东·佛山人

广州守藏史企业家研习社联合创始人；
"85 后"情感类公众号自由撰稿人；
共好《经营智慧》《心之力》《使命的力量》系列期刊企业家访谈人兼撰稿人；
紫微斗数钻石级研习者、师从四化派